소셜미디어 영작문⁺

SNS에서 **바로** 활용하는

소셜미디어
영작문

초판 인쇄일 2020년 6월 11일
초판 발행일 2020년 6월 18일

지은이 포틴 언어연구소
발행인 박정모
등록번호 제9-295호
발행처 도서출판 혜지원
주소 (10881) 경기도 파주시 회동길 445-4(문발동 638) 302호
전화 031)955-9221~5 팩스 031)955-9220
홈페이지 www.hyejiwon.co.kr

기획·진행 박혜지
디자인 김보리
영업마케팅 황대일, 서지영
ISBN 978-89-8379-431-4
정가 15,000원

이 도서의 국립중앙도서관 출판시도서목록(CIP)은 서지정보유통지원시스템 홈페이지(http://seoji.nl.go.kr)와 국가자료공동목록시스템(http://www.nl.go.kr/kolisnet)에서 이용하실 수 있습니다.(CIP제어번호 : CIP2020021382)

SNS에서 바로 활용하는

소셜미디어 영작문⁺

포틴 언어연구소 지음

영어에 능숙하기 위해서는 언어의 4대 영역인 듣기, 말하기, 읽기, 쓰기를 모두 잘해야 합니다. 하지만 네 가지 영역을 모두 다 잘하기는 정말 어렵습니다. 특히 영어를 외국어로 사용하는 사람이라면 더욱 더 그렇습니다. 그런데 사람은 어떤 과정을 거쳐 모국어를 습득하게 될까요? 갓 태어난 아기는 계속 듣기만 합니다. 그러다가 어느 순간 입을 떼기 시작합니다. 좀 더 자라서 5, 6세가 되면 문자를 배우면서 글을 읽고 맨 마지막에 쓰기를 배웁니다. 이렇게 마지막에 쓰기를 배우는 만큼, 쓰기는 언어 습득에 있어서 최고로 어려운 영역이라고 할 수 있습니다.

그런데 쓰기를 잘하려면 읽기 능력을 함께 갖추는 것이 중요합니다. 그 읽기 능력을 키우기 위해서는 단어가 필수입니다. 아이들은 길을 지나면서, 유치원에서 또는 집에서 뭐든 보이는 글자를 읽어 보고 자기가 아는 글자를 써 보려고 합니다. 아이들은 이러한 노력과 연습 끝에 한글로 글을 쓸 수 있게 됩니다. 이러한 아이들의 언어 습득 과정을 이해하고 영어 글쓰기에 도전한다면 충분히 자신의 생각을 글로 표현할 수 있을 것입니다.

글쓰기를 위한 첫 번째 단계는 문자 익히기와 단어 익히기입니다. 고등교육을 받았다고 해도, 의외로 영어 단어를 많이 모르는 사람들이 많습니다. 그 이유는 우리가 일상생활에서 영어로 의사소통을 하지 않기 때문입니다. 따라서 의도적으로 글을 통해서 영어 단어를 계속 접해야 하고 그렇게 해야 잊지 않고 오래 기억할 수 있습니다. 그 다음 단계는 구(phrase) 단위의 표현(expression)을 익히는 것입니다. 한 단어만으로도 의미를 가질 수 있지만, 습득한 단어를 이용해 자신의 생각을 문장으로 만들어 낼 수 있습니다.

본 도서의 문형편과 기능편에 엄선된 표현은 듣기, 말하기, 읽기뿐만 아니라 쓰기를 할 때에 반드시 필요한 필수적인 표현들입니다. 문형편의 다양한 표현들과 함께 기능편의 표현들을 적절히 사용한다면 자신이 전달하고자 하는 내용을 글로써 명확하게 전달할 수 있게 될 것입니다. 이 책을 통해서 여러분들이 표현하고자 하는 문장과 더불어 영작문 실력이 한층 더 향상되기를 진심으로 바랍니다.

포틴 언어연구소

문장 구조를 파악하기 쉽도록 하기 위해 각 Unit의 구조 파악에 제시된 예문에는 핵심이 되는 문장 구성 요소나 어구의 역할을 표기하였습니다. 이러한 용어를 숙지하고 설명을 보면 문장을 이해하는 데 더욱 도움이 될 것입니다.

구 문장이나 절의 일부분으로서 두 개 이상의 단어로 이루어진다.
예)명사구, 동사구, 형용사구, 부사구

절 주어와 동사를 가진 문장의 한 부분이다.
문장=주부(주어가 중심 역할)+술부(동사가 중심 역할을 하며 목적어, 보어 등이 함께 쓰임)

가주어 문장 구조를 완전히 갖추도록 하기 위해 넣는 형식적인 주어를 말한다.

진주어 가주어를 앞에 두고 뒤에서 진짜 주어의 기능을 하는 주어를 말한다.
예) It is fun to learn English. 영어를 배우는 것은 재미있다.
　　가주어　　　　　진주어

동명사 동사원형+ing. 동사가 명사형이 된 말로써 동사와 명사의 기능을 함께한다.

현재분사 동사원형+ing. 형용사 기능을 하지만 동사의 성질을 가지고 진행, 능동의 의미를 가진다.

과거분사 동사원형+ed. 형용사 기능을 하지만 동사의 성질을 가지고 완료, 수동의 의미를 가진다.

to 동사원형 to부정사를 일컫는 말로써 문장에서 명사, 형용사, 부사 등의 역할을 한다.

학습자가 좀 더 쉽게 영작을 할 수 있도록 한글 번역은 직역에 가깝게 하였습니다. 다소 어색한 부분이 있더라도 학습의 편의을 위한 것이니 이해해 주시기 바랍니다.

foreword
책의 구성

STEP 01 어순 연습

Unit별 표현을 배우기에 앞서 연습 문제를 통해 먼저 어순을 익혀 보세요.

STEP 02 구조 파악

핵심 표현이 들어간 문장의 구조를 다양한 예문을 통해 익혀 보세요.

Better Writer

핵심 표현과 관련된 유사 표현입니다.

STEP 03 표현 영작

다양한 대화문 속에서 핵심 표현 위주로 써 보는 연습입니다.
앞에서 배운 내용을 바탕으로 힌트를 보고 한 문장씩 써 보세요.

STEP 04 문장 영작

앞에서 배운 내용을 바탕으로 힌트를 보고 한 문장씩 써 보세요.
힌트로 주어진 단어들은 문장 내의 순서에 따릅니다.

STEP 05 소셜 미디어와 메신저

각종 소셜 미디어와 메신저에 글을 남길 수 있도록 써 보세요.
힌트로 주어진 단어들은 문장 내의 순서에 따릅니다.

contents
목차

contents

PART 01   문형편

PART 02 기능편

PART

01

문형편

Unit 1~30

Unit 1

~인 것처럼 보이다

seem+that/like/to 동사원형

뭔가 일이 생길 것 같을 때, 앞선 상황을 고려해서 어떤 일이 터질 것 같을 때, 아니면 왠지 그럴 것 같은 느낌적인 느낌으로 말할 때 사용할 수 있는 표현입니다.

STEP 01 | 어순 연습

한글 뜻과 힌트를 보고 순서에 맞게 써 보세요.

● 이번엔 네가 1등할 것 같아.

it seems / this time / you're going to / that / win first prize

_____

_____

Hint be going to ~ ~할 것(예정)이다

● 이 식당이 저녁 먹기 좋은 곳인 것 같아.

seems like / this restaurant / dinner / to have / a good place

_____

_____

Hint a good place to 동사원형 ~하기에 좋은 장소

구조 파악

본격적인 영작에 앞서 자세한 설명을 읽어 보세요.

> ### seem+that/like/to 동사원형
> ### ~인 것처럼 보이다

1 모든 게 계획대로 순조롭게 된 것 같아.

It seems that <u>everything went</u> smooth as planned.
주어+동사

➡ It seems that 주어+동사에서 It는 가주어로서 진주어인 that절의 내용을 가리키는 말이다.

2 그 사람들 버스를 놓칠 것 같아.

It seems that <u>they're going to miss</u> the bus.
주어+동사

➡ are going to miss는 미래를 나타내는 be going to와 동사가 합쳐져서 문장에서 동사의 역할을 하고 있다.

3 사무실이 갑자기 사람들로 붐비는 시장 같았어.

The office suddenly seemed like <u>a crowded market.</u>
명사형

➡ seem like로 쓰면 뒤에 보어로서 절뿐만 아니라 명사나 형용사가 올 수도 있다.

4 쌍둥이의 방이 폭탄을 맞은 것처럼 보였어.

The twins' room seemed like <u>it had been bombed.</u>
주어+동사

➡ seem that에서 that 대신에 like를 써서 같은 뜻을 나타낼 수도 있다. 또한 like 자리에 as if나 as though를 주어, 동사와 함께 써서 '마치 ~인 것처럼'이라는 의미로 쓸 수도 있다.

⑤ 그 남자 아주 좋은 사람처럼 보여.

He seems to be **a really nice guy.**
　　　　　　　　　　　명사형

➡ seem 다음에 to부정사+명사/형용사를 써서 주어를 보충해 주는 보어가 되게 한다.

⑥ 가게에 있던 그 남자는 아주 낯이 익은 것 같아.

The man at the store seems to be **very familiar.**
　　　　　　　　　　　　　　　　　　　　형용사

➡ to 부정사 다음에 형용사가 오므로 to be의 형태로 쓴다.

✎ Better Writer

어떤 일이 일어날 것 같거나 그럴 가능성이 보일 때는 'be likely to'라는 표현을 씁니다. to 뒤에는 동사 원형을 쓰면 됩니다. 아래 첫 번째 예문은 시험에서 자주 볼 수 있는 질문인데요. most와 함께 쓰여 '가장 맞을 것 같은 말/것'이라는 뜻으로 쓰였습니다.

- Which of the following **is most likely to** be true?
  다음 중 가장 맞는 말은 어느 것인가요?

- The gas prices **are likely to** rise slightly in the coming days.
  휘발유 값이 며칠 내로 좀 올라갈 것 같아.

표현 영작

주어진 내용을 바탕으로 대화에 맞게 문장을 완성해 보세요.

1. A Oh no! My computer suddenly restarted. My work is lost!

   B Hm, _____an update is being installed.

   A: 아, 안 돼! 컴퓨터가 갑자기 재부팅됐어. 작업한 게 날아갔어.
   B: 흠, 업데이트가 설치되고 있는 것 같네.

2. A What _____ the problem?

   B Well, my AC turns off when I hit a bump, so I think it's a
      loose connection.

   A: 뭐가 문제인 것 같나요?
   B: 방지턱을 넘을 때 에어컨이 꺼지는데, 제가 생각하기엔 선 연결이 느슨한 것 같아요.

3. A _____they're going to lose the game.

   B I guess they won't make the playoffs this year.

   A: 쟤네들 경기에 질 것 같은데.
   B: 올해엔 플레이오프에 진출하지 못할 것 같아.

4. A I can't figure this problem out. Can you help?

   B I'm not sure. _____ related to history,
      and that's not my strong point.

   A: 이 문제를 어떻게 풀어야 할지 모르겠어. 도와줄래?
   B: 도와줄 수 있을지 모르겠네. 역사하고 연관이 있어 보이는데 내가 잘하는 부분이 아냐.

문장 영작

주어진 힌트를 참고하여 다음 한글을 영작해 보세요.

1. 결국 앙코르 곡은 없을 것 같네.

_____

Hint there is ~이 있다 be going to ~할 것(예정)이다 an encore 앙코르 연주/공연 after all 결국

2. 그녀는 감기에 걸린 것 같아.

_____

Hint catch a cold 감기에 걸리다 * 감기에 걸린 상태이므로 현재완료 시제를 사용한다.

3. 그는 결과에 기뻐하지 않는 것 같아.

_____

Hint be happy with ~에 기뻐하다 the result 결과

4. 시간이 충분치 않을 것 같아.

_____

Hint there is ~이 있다 enough 충분한 * 시제에 유의할 것

5. 개가 밖으로 나가고 싶어 하는 것 같아.

_____

Hint go outside 밖으로 나가다

STEP 05

소셜 미디어와 메신저

힌트와 한글을 보고 빈칸에 영어로 써 보세요.

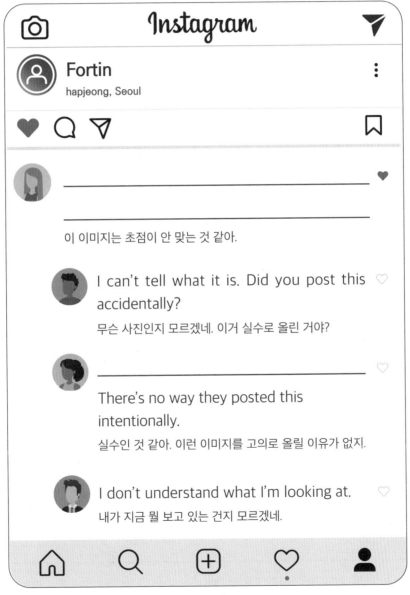

Instagram

Fortin
hapjeong, Seoul

⋮

_____ ♥

_____

이 이미지는 초점이 안 맞는 것 같아.

I can't tell what it is. Did you post this ♡
accidentally?

무슨 사진인지 모르겠네. 이거 실수로 올린 거야?

_____ ♡

There's no way they posted this
intentionally.

실수인 것 같아. 이런 이미지를 고의로 올릴 이유가 없지.

I don't understand what I'm looking at. ♡
내가 지금 뭘 보고 있는 건지 모르겠네.

Hint out of focus 초점이 안 맞는   a mistake 실수

Unit 2

~인지(아닌지) 확실치 않다

be not sure+if/의문사

~인지 아닌지 여부가 확실치 않을 때, 또는 누가(who), 언제(when), 어디서(where), 무엇을(what), 어떻게(how), 왜(why) 했는지 어떤 상황이 확실치 않을 때 의문사를 넣어서 쓰면 됩니다.

STEP 01 | 어순 연습

한글 뜻과 힌트를 보고 순서에 맞게 써 보세요.

- 콜센터 상담원은 고객 불만에 어떻게 응답을 해야 할지 확실히 알지 못했다.

respond to / he should / the call center representative was not sure / his client's complaint / how

_____

_____

Hint 의문사를 쓸 때는 의문사+주어+동사의 순으로 쓴다.

- 그 환자는 아침에 약을 복용했는지 확실히 알지 못했다.

she took the pill / was not sure / the patient / this morning / if

_____

_____

Hint if 다음에 어떤 일에 대한 여부를 나타내는 절을 쓴다.

구조 파악

본격적인 영작에 앞서 자세한 설명을 읽어 보세요.

> ### be not sure+if/의문사
> ~인지 (아닌지) 확실치 않다

1 난 이 우유가 아직 마실 만한지 확실히 모르겠어.

I am not sure if **this milk is still good to drink.**
<u>주어+동사</u>

➡ be not sure if 다음에는 주어+동사를 포함하는 절을 쓴다.

2 그 남자는 교사 임용고시를 통과할 수 있을지 확실히 알지 못했다.

The man was not sure if <u>he could pass</u> the teacher certification
주어+동사

exam.

➡ 주절이 과거일 경우, 종속절의 시제를 과거나 과거완료로 잘 맞춰서 써 주는 것이 중요하다.

3 그녀는 밖에 나가기 전에 가스레인지를 껐는지 확실히 알지 못했다.

She was not sure if <u>she had turned off</u> the gas stove before
주어+동사

she went out.

➡ 가스레인지를 끈 것이 그녀가 나가기 전의 일이므로 종속절의 동사를 had turned off로 썼다.

4 그 모델은 똑같은 옷을 어디에서 찾을 수 있을지 확실히 알지 못했다.

The model was not sure **where** <u>she could find</u> the same clothes.

 주어+동사

➡ be not sure 다음에 where 등과 같은 의문사를 쓰고 주어+동사를 쓴다.

5 이 문제와 관련해서 누구에게 얘기해야 할지 확실히 모르겠어.

I am not sure who <u>I should talk to</u> about this issue.

 주어+동사

➡ I should talk to whom의 형태에서 whom이 앞으로 옮겨가면서 who로 바뀐 것이다.

6 사람들은 도둑이 어떻게 집에서 빠져나갔는지 확실히 알지 못했다.

People were not sure how <u>the thief slipped away</u> from the house.

 주어+동사

➡ 간접의문문 형태의 종속절이므로 의문사+주어+동사의 순으로 써 준다.

🖊 Better Writer

어떤 일에 대해 확실히 알지 못하는 것이 아니라 아예 알지 못할 경우에는 be not sure+if/의문사 대신에 '~인지 모르겠다'라는 뜻으로 don't know+if/의문사를 쓰면 됩니다. 그렇지만 간혹 두 표현을 혼용해서 쓰기도 합니다.

- I **don't know if** he actually made this cake for me.
  그가 정말로 나를 위해 이 케이크를 만들었는지 모르겠어.

- She **didn't know how** her husband had fixed the washing machine.
  그녀는 남편이 어떻게 세탁기를 고쳤는지 알지 못했다.

표현 영작

주어진 내용을 바탕으로 대화에 맞게 문장을 완성해 보세요.

1. A   Is Shelly bringing Jake to the party?

   B   _____she's coming with.

A: Shelly가 파티에 Jake를 데리고 오나?
B: 누구랑 같이 오는지 확실치 않아.

2. A   _____else this dish needs. Maybe salt?

   B   Hm, I think it's okay as it is.

A: 이 요리에 다른 게 뭐가 들어가야 할지 애매하네. 혹시 소금?
B: 흠, 지금 이대로 좋은 것 같아.

3. A   Can you help me move my bed?

   B   _____I'm strong enough, but I'll try.

A: 침대 옮기는 거 도와줄래?
B: 힘이 될지 모르겠지만 한 번 해 볼게.

4. A   Do you think I should get more wrapping paper?

   B   Yes, _____ that's going to be enough.

A: 포장지 더 사야 할까?
B: 응, 그걸로 충분할지 확실히 모르겠어.

문장 영작

주어진 힌트를 참고하여 다음 한글을 영작해 보세요.

1. 집에 갈 만큼 기름이 충분한지 나는 확실히 모르겠다.

_____

Hint enough gas 충분한 휘발유   to get home 집까지 가다

2. 화요일에 누가 시간이 될지 그녀는 확실히 알지 못한다.

_____

Hint be available 시간이 되는 on Tuesday 화요일에   * 종속절의 시제에 유의

3. 그가 제시간에 거기에 올지 그는 확실히 알지 못한다.

_____

Hint be there 거기에 오다   on time 제시간에

4. 뮤지컬이 어디에서 공연할지 그들은 잘 모른다.

_____

Hint be performed 공연되다   * 의문사+주어+동사의 순서에 유의

5. 파이프에 새는 구멍이 있는 건지 그녀는 확실히 알지 못한다.

_____

Hint there is ~가 있다   a leak 새는 구멍

소셜 미디어와 메신저

힌트와 한글을 보고 빈칸에 영어로 써 보세요.

Fortin
Wed PM 14:25
···

Anyone interested in going rock climbing this weekend?
Wanna join?

이번 주말에 암벽 등반 가는데 관심 있는 사람? 같이 갈래?

_____

_____

일을 하게 될지 아닐지 아직 확실히 모르겠어.

Oh, that's too bad. I've been invited to go rock climbing,
but _____ And I
want someone to talk to.

안됐군. 암벽 등반 가는 거에 초대받았는데 여행에 누가 가는지는 아직 확실히
모르겠어. 그리고 얘기할 사람이 있으면 좋겠고.

Ah, well, I should know by the end of the day. I'll text you.
오늘 다 가기 전엔 알게 될 거니까 문자할게.

I'm definitely going.   난 확실히 갈 거야.

Hint will be working or not 일을 하게 될지 아닐지   yet 아직   go on the trip 여행을 가다

23

Unit 3

~에 관심이 있다/생기다

be/get+interested in+명사형

사는 것이 지루하다면 평소 하고 싶었던 것이나 최근에 본 것 중에 흥미로워 보이는 것을 하나 골라 관심을 가져 보세요. 그게 평생 취미가 될 수도 있고 삶의 활력소가 될 수도 있을 거예요.

STEP 01 | 어순 연습

한글 뜻과 힌트를 보고 순서에 맞게 써 보세요.

● 요가가 몸과 마음에도 좋다고 해서 요가에 관심이 생겼어.

Yoga / your body and mind / I got interested in / it is said / because / to be good for

_____

_____

Hint it is said to be 사람들이 ~라고 말하다.   * 이유를 나타내는 부사절을 주절 뒤에 쓴다.

● 그는 고등학교 다닐 때 소프트웨어 개발에 관심을 가졌다고 했어.

he / in high school / he said / got interested in / software development

_____

_____

Hint He said가 주절이다 get interested in 관심을 가지다

구조 파악

본격적인 영작에 앞서 자세한 설명을 읽어 보세요.

> ### be/get+interested in+명사형
> ~에 관심이 있다/생기다

1 저는 지역 센터가 제공하는 몇 가지 프로그램에 관심이 있습니다.

I am interested in <u>a few programs</u> the community center is offering.
명사구

➡ be interested in 다음에 명사형을 쓸 수 있다. the community center is offering이 a few programs를 수식하는 역할을 한다.

2 어떤 숙련된 기술자들은 해외에서 일하는 것에 관심이 있다.

Some skilled workers are interested in <u>working</u> overseas.
동명사

➡ be interested in 다음에 동명사를 쓸 수 있다. 동명사는 동사에 ing를 붙여서 명사 역할을 하는 것이므로 명사형이라고 보면 된다.

3 그 문제와 관련해서 당신의 의견을 받아 본다면 흥미롭겠네요.

I would be interested in <u>receiving</u> your comments on the matter.
동명사

➡ 동사 receive에 ing를 붙여서 동명사 receiving이 되었다.

4 제가 다이어트할 때 건강 음식에 관심을 가졌어요.

I got interested in <u>health foods</u> when I was on a diet.
명사구

➡️ 동사 get에 '~하게 되다'라는 뜻이 있어서 get interested in은 '~에 관심을 가지게 되다'라는 뜻이 된다. health foods는 두 명사가 합쳐진 복합명사이다.

5 사람들은 황사 때문에 실내 공기를 정화해 주는 식물을 기르는 데 관심을 가졌다.

People got interested in <u>growing</u> plants that purify indoor
동명사

air due to yellow dust.

➡️ growing plants는 '식물 기르기'라는 뜻이다. get interested in 다음에 명사형을 써야 하므로 동명사 growing을 썼다.

6 제 딸이 이제 십대이다 보니 화장을 하는 데 관심을 가지고 있어요.

My daughter is a teenager now and she is getting interested

in <u>wearing</u> makeup.
동명사

➡️ get interested in은 현재진행 시제로도 쓸 수 있다.

Better Writer

어떤 일을 하다 보면 자신과 맞지 않는 일은 재미가 없고 흥미를 잃게 되죠. '관심을 가지다'는 말과 반대로 '흥미나 관심을 잃다'라는 말을 하고 싶을 때는 lose interest in이라는 표현을 쓰면 됩니다. 여기서 interest는 흥미나 관심을 뜻하는 명사입니다. in 다음에는 명사나 동명사를 써 줍니다.

- He **lost interest in the way** car engines work after starting to work on bicycles.
  그는 자전거를 만지기 시작한 후로 자동차 엔진 작동하는 방식에 흥미를 잃었다.

- I started to **lose interest in running** a marathon after I injured my ankle.
  나는 발목을 다친 후로 마라톤을 뛰는 것에 흥미를 잃어 갔다.

표현 영작

주어진 내용을 바탕으로 대화에 맞게 문장을 완성해 보세요.

1. A I _____ your ideas for this proposal.

   B I'd be happy to help out. Can you email it to me?

   A: 이 제안서에 대한 당신의 생각을 듣고 싶어요.
   B: 기꺼이 도움 드릴게요. 제안서를 저에게 보내 주시겠어요?

2. A Are those knitting needles?

   B Yes! I _____ last winter when
   I broke my leg.

   A: 그거 뜨개질 바늘이니?
   B: 응! 작년 겨울에 다리가 부러졌을 때 뜨개질에 관심이 생겼어.

3. A I _____ the new Thai restaurant
   that just opened. Want to join me Friday after work?

   B I'd love to! I've been meaning to go myself.

   A: 새로 문 연 태국 식당을 한번 가 보고 싶어. 금요일 퇴근 후에 함께 갈래?
   B: 좋지! 나 혼자서라도 갈 생각이었거든.   * check out 확인하다

4. A What's been keeping you busy these days?

   B I _____ after seeing a special about
   it on TV.   * racquetball 라켓볼

   A: 요즘 뭣 때문에 바빠?
   B: TV에서 스페셜 프로그램을 본 후로 라켓볼에 관심이 생겼어.

문장 영작

주어진 힌트를 참고하여 다음 한글을 영작해 보세요.

1. 야구장에서 경기를 관람한 후에 야구에 관심이 생겼어.

_____

Hint attend 참석하다   a live game 야구장 경기 관람

*접속사 after 다음에 나오는 주어가 주절의 주어와 같을 경우 생략이 가능한데 이럴 경우엔 동사에 ing를 붙여 부사구로 변경한다.

2. 새 매니저가 우리 부서에 온 후로 내 일에 흥미를 잃었어.

_____

Hint department 부서   get 생기다

3. 그는 지난 봄에 검도에 흥미를 갖기 시작했다.

_____

Hint start to ~하기 시작하다   Kumdo 검도

4. 그들은 공연을 본 후로 동아리에 가입하고 싶어졌다.

_____

Hint join the club 동아리에 가입하다   performance 공연

* 주절과 종속절의 주어가 같은 경우 종속절의 주어를 생략하고 동사에 ing를 붙여 부사구로 변경한다.

5. 내 (남자)상사는 자신의 팀으로부터 피드백을 받고 싶어 한다.

_____

Hint 상사가 남자이므로 소유격에 유의한다   get feedback 피드백을 받다

소셜 미디어와 메신저

힌트와 한글을 보고 빈칸에 영어로 써 보세요.

Fortin

_____
_____and donated half

my wardrobe to charity.

Tidying Up with Marie Kondo에 관심이 생겼어. 그러고는 내 옷장에 있는 옷의 절반을 자선 단체에 기부했어.

Oh? _____

_____

PM 15:45   그래? 옷장에 그 옷들을 보관하는 거에는 흥미를 잃은 건가?

Fortin

I appreciated them, but because they didn't "spark joy" as Kondo says, they had to go.

아주 잘 입었지. 하지만 Kondo가 말한 것처럼 불꽃 튀는 기쁨을 주지 않아서 내보낸 거야.

Well, let me know if you ever need me to lend you something.   내가 빌려줄 게 있음 언제든 나한테 말해.

PM 15:50

Hint Tidying Up with Marie Kondo 집안 정리 관련 넷플릭스 프로그램   keep 보관하다   closet 옷장

Unit 4

남에게 ~하게 하다

make/have+someone+동사원형

다른 누군가에게 일을 시키거나 또는 하게끔 요청하는 경우 쓰는 표현입니다. 강제성을 많이 나타내려면 make를 쓰고, 요청이나 책임을 부여하는 의미라면 have를 쓰면 됩니다.

STEP 01 어순 연습

한글 뜻과 힌트를 보고 순서에 맞게 써 보세요.

● 그녀는 언제나 나를 웃게 만들어서 그녀와 얘기하는 것이 정말 즐거워.

because she makes / I really enjoy / me / talking to her / laugh all the time

_____

_____

Hint 이유를 나타내는 절은 주절 앞뒤에 다 쓸 수 있다. 다만 앞에 올 때는 절 끝에 콤마(,)를 넣어 줘야 한다.

● 코치가 나보고 가서 땅에 떨어진 공을 모두 주우라고 시켰어.

me / had / the coach / all the balls on the ground / go and pick up

_____

_____

Hint pick up ~을 줍다

구조 파악

본격적인 영작에 앞서 자세한 설명을 읽어 보세요.

> ### make/have+someone+동사원형
> 남에게 ~하게 하다

1 난 구강 세정제 강한 게 싫은데 아빠가 억지로 쓰게 했어.

I hated the strong mouthwash but my dad made me use it.
동사원형

➡ 사역동사 make는 목적어로 사람을 쓰고 그 뒤에 동사원형을 쓴다. 예문에서는 강한 구강 세정제를 싫어하는 아이에게 아빠가 사용을 강제하고 있음을 나타내고 있다.

2 뒤에서 들리는 이상한 소음에 뒤를 돌아본 그녀는 비명을 질렀다.

A strange noise behind her made her spin around, and she
동사원형(동사구)

screamed.

➡ 사역동사의 주어로는 사람, 사물 둘 다 쓸 수 있다. 동사구 spin around의 spin을 동사원형으로 썼다.

3 와인과 따뜻한 공기가 방에 있던 모든 이들을 집에 있는 듯 편안한 기분이 들게 했다.

The wine and the warm heat made everyone in the room

feel at home.
동사원형

➡ feel at home은 '집에 있는 듯 편안하게 느끼다'라는 뜻이다. 예문에서는 어떤 조건으로 인해 특정한 상황이 만들어졌음을 나타내고 있다.

4 제 상사가 자신의 일 일부를 저에게 떠맡겼어요.

My supervisor at work had me take over **some of his work.**
동사원형(동사구)

➡️ 사역동사를 쓸 때는 뒤에 동사원형을 쓴다.

5 역사 선생님은 그가 그 사건에 대해 묘사하고 있는 것을 학생들에게 받아 적게 했다.

The history teacher had the students write down **what he**
동사원형(동사구)

was describing about the incident.

➡️ what he was describing은 '그가 묘사하고 있는 것'이라는 명사형의 뜻으로, write down 의 목적어 역할을 하고 있다.

6 제 아내는 항상 애들에게 식사 전에 식탁에 식기를 놓도록 해요.

My wife always has our kids set **the table before a meal.**
동사원형

➡️ 사역동사 has 다음에 동사원형 set을 썼다. set the table은 '식탁을 차리다'라는 뜻이다.

Better Writer

사역동사 make와 have를 강제나 책임 부여의 의미로 '~에게 ~하게 하다'라는 뜻으로 썼다면, get someone to 동사는 설득이나 설명을 통해 누군가에게 어떤 일을 하게 할 경우 쓸 수 있습니다. 유의할 점은 make와 have는 someone 다음에 동사원형을 쓰지만 get은 someone 다음에 to 동사원형을 쓴다는 것입니다.

- My boss always **gets Jenny to fetch** coffee at meetings which is pretty sexist.
  내 상사는 회의에서 Jenny에게 커피를 가져오라고 시키는데 이것은 아주 성차별적인 것이다.

- My friend often **gets me to pick up** wine for our monthly book club meetings.
  내 친구는 종종 월간 북 클럽 모임에 와인을 사 오라고 시킨다.

주어진 내용을 바탕으로 대화에 맞게 문장을 완성해 보세요.

1. A How can I make Jared fall in love with me?

   B You can't _____ anything.
      It's their choice.

   A: 어떻게 해야 Jared가 나한테 사랑에 빠지게 할 수 있을까?
   B: 누구한테든 뭔가를 하게 할 순 없어. 그건 그 사람들의 선택이지.

2. A I need to _____ me to the
      hospital tomorrow morning. Are you available?

   B Sure, what time do you need to be picked up?

   A: 내일 아침에 날 병원에 데려가 줄 사람이 필요해. 너 시간 되니?
   B: 그럼. 몇 시에 데리러 가면 돼?

3. A Can I _____ these numbers
      and report back by the end of the week?

   B I'm a bit swamped this week, but I can finish by next
      Tuesday.   * go over 검토하다

   A: 이 숫자들 살펴보고 이번 주 말까지 다시 보고해달라고 해도 될까요?
   B: 이번 주는 일이 좀 쌓여 있어서 안 되지만 다음 주 화요일까진 끝낼 수 있어요.

4. A I'm a bit thirsty. Mind if I get myself some water?

   B Please, _____ at home.

   A: 목이 좀 마르네요. 제가 물을 좀 갖다 마셔도 되나요?   * feel at home 마음이 편안하다
   B: 그렇게 하세요. 집처럼 편안하게 계세요.

문장 영작

주어진 힌트를 참고하여 다음 한글을 영작해 보세요.

1. 정비사한테 내 차 변속기를 봐달라고 해야겠어.

Hint need ~할 필요가 있다 mechanic 정비사 look at ~을 보다 transmission 변속기

2. 다음 주에 사장님을 공항에 모셔다 드리는 거 부탁해도 되죠?

Hint take someone to a place 장소로 누군가를 데려다 주다

3. 술 한 잔 사 주면 그녀와 데이트를 하게 될 거라 그는 생각하고 있다.

Hint buying a drink 술 사기 go on a date 데이트를 하다

4. 그녀는 그를 떠나보내려고 애쓰고 있다.

Hint try to 동사원형 ~하려고 노력하다 leave 떠나다

5. 그들은 공휴일 파티를 하는 것에 동의해달라고 사장님을 설득해 오고 있다.

Hint agree to~ ~에 동의하다 holiday 공휴일

* '~해 오고 있는 중이다'는 현재완료진행 시제를 사용한다.

소셜 미디어와 메신저

힌트와 한글을 보고 빈칸에 영어로 써 보세요.

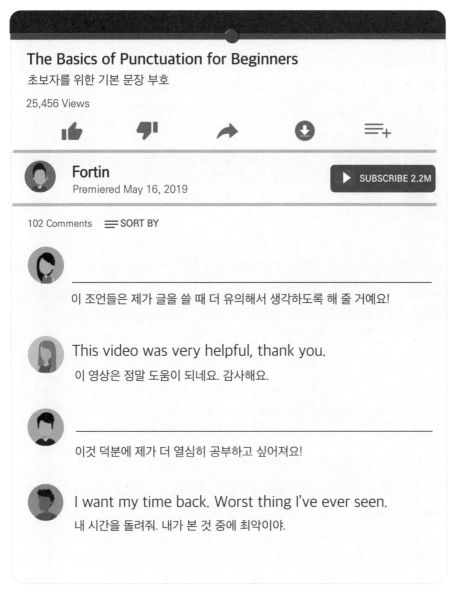

The Basics of Punctuation for Beginners

초보자를 위한 기본 문장 부호

25,456 Views

Fortin
Premiered May 16, 2019

▶ SUBSCRIBE 2.2M

102 Comments ≡ SORT BY

_____

이 조언들은 제가 글을 쓸 때 더 유의해서 생각하도록 해 줄 거예요!

This video was very helpful, thank you.

이 영상은 정말 도움이 되네요. 감사해요.

_____

이것 덕분에 제가 더 열심히 공부하고 싶어져요!

I want my time back. Worst thing I've ever seen.

내 시간을 돌려줘. 내가 본 것 중에 최악이야.

Hint tips 조언   carefully 조심스럽게   harder 더 열심히

Unit 5

~가 ~하는 것을 보다 (듣다, 느끼다…)

지각동사+sb/sth+동사원형/ing

사람의 지각은 쉴 틈 없이 24시간 보고 듣고 느낍니다. 여러분이 매일 보고 듣고 느끼는 일상을 글로 표현해 보세요. 여러분이 키보드를 열심히 두드리는 소리가 들리는 것 같네요.

STEP 01 어순 연습

한글 뜻과 힌트를 보고 순서에 맞게 써 보세요.

● 매니저는 그의 직원이 오후 내내 공급사가 될 만한 곳에 전화하는 것을 보았다.

watched / all afternoon / the manager / call possible suppliers / his staff

_____

_____

Hint 지각동사+목적어+동사원형

● 가이드는 조난 호루라기 소리가 계곡 아래에서 울리는 걸 들었다.

in the valley below / ringing / heard / the sound of a distress whistle / the guide

_____

_____

Hint 지각동사+목적어+현재분사

구조 파악

본격적인 영작에 앞서 자세한 설명을 읽어 보세요.

> ### 지각동사+sb/sth+동사원형/ing
> ~가 ~하는 것을 보다(듣다, 느끼다…)

1 그 할머니는 멈춰서 고양이가 도로를 건너는 것을 보고 놀랐다.

The old lady stopped and was surprised to see the cat crossing
_{현재분사}
the road.

➡️ 지각동사 뒤에는 동사원형이나 현재분사를 쓸 수 있다. 고양이가 도로를 건너가고 있는 모습을 강조하므로 현재분사 crossing을 썼다.

2 감독관으로서 그는 주로 장비 기사가 기계를 운전하는 것을 지켜본다.

As an inspector he mainly watches the operators run **machines.**
_{동사원형}

➡️ 지각동사 뒤에 동사원형을 쓸지, 현재분사를 쓸지는 글을 쓰는 사람이 어떤 상황인지를 염두에 두고 선택해서 쓰면 된다.

3 내가 줄을 서서 기다리고 있는데 한 남자가 새치기를 하고 있는 게 보였어.

When I was waiting I noticed one man cutting **in line**
_{현재분사}

➡️ 새치기를 하고 있는 모습이 눈에 들어온 상황을 말한다. 현재 진행되고 있는 모습을 강조하므로 현재분사 cutting을 썼다.

4 내 절친이 자기 학교 생활에 대해 말하는 걸 듣는 게 이번이 처음이야.

This is the first time I heard my best friend **talk about** his
school life.
동사원형(동사구)

➡️ 목적격보어 talk을 동사원형으로 썼다.

---

5 면접자는 면접관들이 서로 논의하고 있는 것을 들었다.

The interviewee listened to the interviewers **discussing**
each other.
현재분사

➡️ 면접자의 시선으로 봤을 때 면접관들이 서로 얘기를 주고받는 모습을 강조하고 있으므로
현재분사 discussing을 썼다.

---

6 문이 끼익 소리를 내며 열려서 머리카락이 곤두서는 것 같았어.

The door squeaked open and I felt my hair **stand** on end.
동사원형

➡️ felt의 목적어로 사물인 my hair가 쓰였다. my hair를 설명해 주는 stand는 동사원형이다.

🖊️ **Better Writer**

지각동사 중에 feel, look, taste, smell, sound라는 동사는 linking verb라고도 하는데요. 이런 종류
의 동사는 2형식으로 쓰이며 동사 뒤에는 꼭 형용사를 써야 합니다. 형용사는 주어를 묘사하는 보어 역
할을 하게 됩니다.

• Getting a letter in the mail made James **feel excited.**
  우편으로 편지를 받아서 James는 기분이 아주 좋다.

• Putting the candy in a special bowl made it **look luxurious.**
  특별한 그릇에 사탕을 담아서 고급스럽게 보인다.

• The pasta my girlfriend made **tasted a bit spicy** but good.
  여자친구가 만든 파스타가 살짝 매웠지만 맛있었다.

표현 영작

주어진 내용을 바탕으로 대화에 맞게 문장을 완성해 보세요.

1. A I _____ at Pete last night.

   B It sounds like he's not going to be here much longer.

   A: 어제 관리자가 Pete한테 소리 지르는 거 봤어.   * yell 소리 지르다
   B: 그 사람 여기 오래 있지 못할 것 같군.

2. A Did you _____ last night?

   B No, I slept right through it!   * crash 요란한 소리를 내다

   A: 지난밤에 폭풍우가 몰아치는 소리 들었어?
   B: 아니. 난 안 깨고 내내 잤어.

3. A I _____ to the gym these

   days and he looks slimmer. Has he started exercising?

   B Yes, but a healthy diet is 80% of the work.

   A: 내가 보기에 그가 요즘 체육관에 간 뒤로 더 날씬해 보이던데. 운동 시작했나?
   B: 응, 하지만 다이어트의 80%는 식이요법이지.

4. A My mom woke up when she _____

   home last night.

   B Was she upset you stayed out so late?

   A: 내가 어젯밤 집에 들어오는 걸 엄마가 알아채시고는 일어났어.
   B: 그렇게 늦게까지 밖에 나가 있어서 엄마가 화났어?

문장 영작

주어진 힌트를 참고하여 다음 한글을 영작해 보세요.

1. Marsha는 의사들이 환자에 대해 얘기하는 것을 지켜보았는데 이름을 말하는 건 못 들었다.

_____

Hint observe 지켜보다   patient 환자   hear 듣다

2. Spencer는 거실에서 소리가 들려 나와서 살펴보러 나갔다.

_____

Hint come from ~에서 나오다   investigate 살펴보다

3. 학생들은 그들의 동료가 상대팀에 맞서 힘겹게 싸우고 있는 것을 보았다.

_____

Hint watch 보다   peers 동료   struggle against 맞서 싸우다   opposing team 상대팀

4. 현장 감독은 그의 팀이 지지대를 설치하고 있는 것을 지켜보았다.

_____

Hint foreman 현장 감독   observe 지켜보다   install 설치하다   support beams 지지대

5. 대부분의 청중은 소프라노의 목소리가 강당을 울리자 기쁨을 만끽했다.

_____

Hint audience 청중   feel 느끼다   joyful 기쁜   echo through ~에 울려 퍼지다   auditorium 강당

소셜 미디어와 메신저

힌트와 한글을 보고 빈칸에 영어로 써 보세요.

Instagram

Fortin
hapjeong, Seoul

⋮

The restaurant I had dinner on the island
섬에서 저녁을 먹었을 때 갔던 식당

♥ ◯ ◁   🔖

Great photo! This is beautiful!   ♥
사진 멋지다! 아름답다!

_____   ♡

This place is on my list!
거기 곧 가는데 신난다. 이 장소는 가야 할 목록에 넣어야지.

Feels like _____   ♡
_____ I hope you'll show us some photos.

거기서 좋은 음식 많이 먹고 있는 나를 보는 것 같은 기분이야. 우리한테 사진 좀 보여 줬음 좋겠네.

Wow, How long are you going to spend   ♡
there?   와, 거기서 며칠 보낼 거야?

Hint excited 신이 난, 들뜬   see myself 내 자신을 보다   a lot of 많은

* 현재진행형으로 미래의 일을 나타낸다.

~였음에 틀림없다

....

must have+과거분사

과거의 어떤 일을 논리적으로 생각해 봤을 때 분명히 그러했을 것이라고 추측하는 경우 must have+과거분사의 형태를 쓰면 '~였음에 틀림없다' 또는 '분명 ~이었을 것이다'라는 뜻으로 쓸 수 있습니다. 여러분이 이 책으로 공부를 하고 있다는 건 분명 영어로 글을 멋지게 쓰고 싶어서임에 틀림없어요. 그렇죠?

STEP 01 어순 연습

한글 뜻과 힌트를 보고 순서에 맞게 써 보세요.

● 사장님이 당신의 승진을 거부한 이유를 당신에게 분명 얘기해 줬을 거예요.
you a reason / for / the boss / denying your promotion / must have given

_____

_____

> **Hint** give someone a reason 이유를 말하다

● 그녀는 틀림없이 내가 화가 났기 때문에 자신에게 바로 다시 전화를 하지 않았을 것이라고 생각했다.
not to call her back / she thought / right away / angry / I must have been

_____

_____

> **Hint** 주절과 명사절로 이루어진 문장이다.

> **must have+과거분사**
> ~였음에 틀림없다

1 밤늦게까지 일했으니 당신 정말 고단했겠네요.

You must have <u>been</u> exhausted that you had worked until late night.

동사+보어

➡ 과거에 일어난 일을 미루어 보아 그 당시 You가 틀림없이 고단했음을 확신하듯 추측하고 있다. be동사의 과거완료형에 보어로서 형용사가 쓰였다.

2 서버 중 한 대에 어떤 문제가 있었던 게 분명해.

There must have <u>been</u> <u>something</u> wrong with one of the servers.

동사 / 진주어

➡ something wrong은 '잘못된 어떤 것'이라는 뜻이다. There구문이므로 동사 뒤에 나오는 것이 진주어이다.

3 당신이 속도 제한을 넘겨서 운전하고 있었던 게 틀림없어요.

I think you must have <u>been</u> driving above the speed limit.

진행형

➡ must have been에 driving을 쓴 현재완료 진행형의 문장이다. 하지만 과거의 일에 대해 추측하고 있다.

④ 많은 집이 침수됐다니 폭풍우가 정말 심했었나 보네요.

It must have been a bad storm that many houses were flooded.
　　　　　　　동사+보어

➡️ 과거에 일어난 일을 미루어 보아 그 당시 폭풍우가 심했었음을 확신하듯 추측하고 있다.

⑤ 그 회사가 주문한 상품이 배송 중에 손상됐음에 틀림없어요.

The products the company ordered must have been damaged during shipping.
　be+과거분사

➡️ must have에 수동태 be damaged가 결합된 형태이다. 과거 일에 대한 추측이므로 have 뒤에 과거완료가 와서 must have been damaged가 되었다.

⑥ 그 할아버지 불쌍하게도 사기꾼이 전화로 얘기한 걸 믿었던 게 틀림없어.

The poor old man must have believed what the crook said through the phone.
　　　　　　　　　　　　동사+목적어

➡️ 전화 피싱 사기에 걸려들어 피해를 본 할아버지에 대해 확신하듯 추측하는 내용의 문장이다. what the crook said가 명사구를 이루고 있다.

Better Writer

must have+과거분사가 '~였음에 틀림없다'의 뜻으로 쓰인다면 이와 반대되는 말은 must와 have 사이에 not을 넣어 must not have로 쓰면 됩니다. must not have+과거분사는 '틀림없이 ~하지 않았을 것이다'라는 뜻으로 아주 확신하듯 추측하는 말인데, 이보다 더 강하게 '~였을리가 없다'라는 뜻으로 거의 불가능함을 추측할 때는 can't/couldn't have+과거분사의 형태로 씁니다. can't have+과거분사와 couldn't have+과거분사는 같은 의미입니다.

- He **must not have been paying** attention if he rear-ended her vehicle.
  그가 후진으로 그녀의 차를 박았다면 분명 주의를 기울이지 않은 게 틀림없어.

- They **couldn't have known** it was dangerous or they wouldn't have gone.
  그게 위험할 거라는 걸 알았을 리가 없어. 안 그럼 가지 않았을 테니까.

1. A   When did the girls get home?

B   It _____ after 2am because I

fell asleep.

A: 여자 애들 집에 언제 들어왔어?
B: 새벽 2시는 지났던 게 틀림없어. 내가 완전히 잠들었거든.

2. A   _____ something wrong with

the product to issue a recall.

B   It seems like the safety system was failing.

A: 제품 리콜을 하는 걸 보면 뭔가 잘못된 게 있는 게 확실해.
B: 안전 체계가 무너지고 있는 것 같아.

3. A   I couldn't get my documents to print yesterday.

B   _____ malfunctioning again.

Did you call the IT Department?

A: 어제 내 서류를 인쇄하지 못했어.
B: 프린터가 다시 작동이 잘 안 되나 보네. IT 부서에 전화했어?

4. A   I _____ asleep! What did I miss?

B   Nothing important, don't worry.

* fall asleep 잠들다

A: 완전 잠이 들었나 보네. 내가 뭘 놓쳤지?
B: 중요한 건 없으니 걱정 마.

문장 영작

주어진 힌트를 참고하여 다음 한글을 영작해 보세요.

1. 네가 지난밤에 잠을 잘 못 잔 것임에 틀림없어.

_____

Hint get a good night's sleep 잠을 잘 자다

2. 새로운 나라의 생활에 적응하는 것이 틀림없이 어려웠을 거야.

_____

Hint difficult 어려운 adapt to ~ing ~에 적응하다

3. 그들이 헤어졌다면 틀림없이 그들은 문제가 있었을 거야.

_____

Hint break up 헤어지다 have problems 문제가 있다

4. 칼에 베였다면 요리하면서 그가 무딘 칼을 쓰고 있었던 게 틀림없어.

_____

Hint dull knife 무딘 칼 cut yourself 칼에 베이다 *조건절을 뒤에 쓸 것

5. 그녀는 알리바이가 있기 때문에 그 범죄를 저질렀을 리가 없다.

_____

Hint commit a crime 죄를 짓다 alibi 알리바이

Fortin
Mon AM 11:25

Like   Comment   Share

I'm so embarrassed. Tim says I was snoring in the meeting.

나 정말 창피해. Tim이 그러는데 내가 회의에서 코를 골면서 잤대.

What? _____
_____

뭐? 어제 밤에 네가 마신 술이 아직 덜 깬 게 틀림없어!

Haha, _____
_____! I would have been.

하하. 굴욕감이 들었겠구만! 나 같아도 그런 느낌이었을 거야.

It was so awful. I think I'm going to call in sick tomorrow.

정말 끔찍했어. 내일 병가 내야 할 것 같아.

Hint still drunk from last night 어제 밤에 마신 술이 아직 덜 깬   humiliated 굴욕적인

Unit 7

~했을 수도 있다/~했을지도 모른다

may/might/could+have+과거분사

사람들은 만나서 미래에 대한 이야기도 하고 함께 나눈 추억이나 과거의 사건에 대해서도 얘기를 하죠. 그리고 확실하지 않은 일에 대해 이랬을 수도, 저랬을 수도 있다는 추측을 하게 되고요. 지나친 추측은 억측이 될 수도 있으니 조심해야겠죠?

STEP 01 | 어순 연습

한글 뜻과 힌트를 보고 순서에 맞게 써 보세요.

● 그런 옷을 입고 있었다니 그가 모델이었을 수도 있어.

such clothes / have been / he could / to wear / a model

_____

_____

Hint to 부정사가 이유, 근거를 나타내는 부사적 의미로 쓰였다.

● 우리 제안에 대해 그가 마음을 바꿨을지도 몰라.

may / his mind / about our proposal / have changed / he

_____

_____

Hint change one's mind ~의 마음을 바꾸다

구조 파악

본격적인 영작에 앞서 자세한 설명을 읽어 보세요.

> ### may/might/could+have+과거분사
> ~했을 수도 있다/~했을지도 모른다

1 그들은 세금 문제로 본사를 다른 주로 옮겼을 수도 있어.

They may have <u>moved</u> their HQ to another state because of
　　　　　　　　동사+목적어
tax issues.

➡ 과거분사로 moved를 썼고 그 뒤에 명사형의 목적어를 썼다. 다른 주로 옮겼는지 안 옮겼는지는 화자도 알 수 없는 경우이다.

2 내 신용카드 명세서에 실수가 있었을 수도 있어.

There may have <u>been</u> a mistake in my credit card statement.
　　　　　　　동사　　　　진주어

➡ be동사의 과거분사로 been을 썼고 명사 mistake가 뒤따라온다. There 구문이므로 동사 뒤에 나오는 명사가 진주어이다.

3 그 작가는 책을 쓰며 시간을 보낸 게 아니라 단지 책을 읽으며 시간을 보냈을지도 몰라.

The writer might have <u>spent</u> time just reading, not writing a
　　　　　　　　　　동사+목적어
book.

➡ spend time ~ing는 '~를 하며 시간을 보내다'라는 뜻이다.

4 난 채식주의자야. 내가 전생에 소였을 수도 있다는 생각이 들어.

I'm a vegetarian. I think I might have <u>been</u> a cow in my past life.
_{동사+보어}

▸ be동사의 과거분사 been을 썼다. 그 뒤에 명사 horse를 썼는데 주어를 보충해 주는 보어 역할을 하고 있다.

5 그 벤처 기업은 창의적인 마케팅 아이디어로 매출과 이익을 증대시켰을 수도 있어.

The startup could have <u>boosted</u> sales and profits with creative marketing ideas.
_{동사+목적어}

▸ could have+과거분사는 아래 두 가지 중 하나를 의미한다.
  의미1: 과거 시점에 일어났을 가능성이 있다고 추측하지만 아무도 알 수 없다.
  의미2: 과거의 행위가 일어날 수 있었던 일이었으나 일어나지는 않았다.

6 그 칵테일은 라임 주스를 넣어서 마시면 더 맛이 좋았을 수도 있어.

The cocktail could have <u>been</u> much better with lime juice.
_{동사+보어}

▸ 과거분사 been 뒤에서 much better가 보어로 쓰이고 있다. 형용사인 better를 부사 much 가 꾸며 주고 있다.

Better Writer

'~했을 수도 있다, ~했을지도 모른다'의 부정어로는 may/might 뒤에 not을 써 주면 됩니다. 하지만 could have+과거분사에 not을 쓰면 '~였을리가 없다'라는 뜻이 되어 거의 불가능한 일에 대한 추측이 되므로 유의해야 합니다.

• **The safe may not have been properly locked.**
  금고가 제대로 잠겨 있지 않았을 수도 있어.

• **They might not have known you were coming.**
  그들은 네가 올 거라는 걸 알지 못했을 거야.

표현 영작

주어진 내용을 바탕으로 대화에 맞게 문장을 완성해 보세요.

1. A I heard you were out sick yesterday.

   B Yeah, there _____ something
      wrong with the food I ate.

   A: 너 어제 아파서 결근했다고 들었어.
   B: 응, 내가 먹은 음식이 뭔가 잘못됐을 수도 있어.

2. A What's the deadline to respond to our proposal?

   B Yesterday. They _____ with
      another firm.

   A: 우리 제안에 회신하는 게 언제가 마감이죠?
   B: 어제예요. 그들은 다른 회사에 갔을지도 몰라요.

3. A I heard your application was denied.

   B Yes, there _____ some
      problem with the paperwork.

   A: 너의 신청서가 거절당했다고 들었어.
   B: 응, 서류 작업에 약간의 문제가 있었을지도 몰라.

4. A So what was wrong with your car?

   B I'm not sure what it _____
      _____. The mechanic didn't find any problems.

   A: 그래서 네 차는 뭐가 잘못됐어?
   B: 뭐가 문제였던 건지 확실히 모르겠어. 정비사가 봤는데 아무 문제가 없었거든.

문장 영작

주어진 힌트를 참고하여 다음 한글을 영작해 보세요.

1. 오늘 아침에 기차가 늦었을 수도 있었어. (could)

_____

Hint late 늦은

2. 프로그램에 버그가 있었을지도 몰라. (may)

_____

Hint there is ~가 있다 bug 버그

3. 그에게는 때가 안 좋았을 수도 있어. (might)

_____

Hint a good time 좋은 때

4. 그녀는 데이트에 관심이 없었을 수도 있어. (may)

_____

Hint be interested in ~에 관심이 있다 a date 남녀 간의 데이트

5. 그냥 전화를 하는 게 더 쉬웠을지도 몰라. (might)

_____

Hint easier 더 쉬운

소셜 미디어와 메신저

힌트와 한글을 보고 빈칸에 영어로 써 보세요.

< ••• Q ≡

Fortin

> Well, I didn't get the job.
> 일자리를 못 구했어.
> PM 17:05

I'm so sorry. _____

_____

정말 안됐다. 잘못됐을 만한 게 뭐였을지 알겠어?

PM 17:10

Fortin

> I'm not sure. I thought the interview
> went really well.
> 확실히 잘 모르겠어. 인터뷰는 정말 잘했다고 생각했거든.
> PM 17:12

That sucks. _____

_____ then.

뭐가 그따위냐. 그럼 그거(인터뷰)는 네가 잘못한 건 뭐 없었나 봐.

PM 17:13

Hint Do you have any idea에서 Do you have를 생략하고 Any idea로 물어볼 수도 있다.
go wrong 잘못되다 not have anything to do with~ ~와 아무런 상관이 없다

Unit 8

~했어야 했는데

should have+과거분사

should have+과거분사는 '~했어야 했는데 (그렇지 않았다)'라는 뜻으로서 과거에 일어나지 않았던 일에 대한 후회나 아쉬움 또는 누군가를 비난할 때 사용합니다. 주로 일이 잘못된 방향으로 흘러갔을 경우에 '그 일이 일어났더라면 더 바람직했을 텐데'라는 의미가 됩니다.

STEP 01 어순 연습

한글 뜻과 힌트를 보고 순서에 맞게 써 보세요.

- 내가 영업 부서 자리에 지원을 했었어야 했어.

  the position / have / applied for / in the sales department / I should

  _____

  _____

  Hint apply for ~에 지원하다

- 마지막 교차로에서 우리가 우회전을 하지 말았어야 했어.

  not / we should / at the last intersection / turned right / have

  _____

  _____

  Hint not은 should have 사이에 들어간다.

구조 파악

본격적인 영작에 앞서 자세한 설명을 읽어 보세요.

should have+과거분사
~했어야 했는데

1 그 회계원은 분기 보고서 작성를 더 일찍 시작했어야 했어.

The accountant should have <u>started</u> **writing the quarterly**
동사+동명사
report earlier.

➡ start 뒤에는 to부정사와 동명사 둘 다 올 수 있으며 의미 차이는 없다.

2 금속 막대가 이젠 끼어 버렸잖아. 그 반대로 했었어야지.

Now the metal bar is stuck. You should have <u>done</u> **just the**
동사+목적어
opposite.

➡ do의 과거분사 done을 썼고 그 뒤의 명사형 the opposite가 목적어 역할을 하고 있다.

3 그 운전자는 운전 중에는 도로에 집중하고 있어야 했는데.

The driver should have <u>been</u> **paying attention to the road**
진행형
while driving.

➡ pay attention은 '주의를 기울이다'라는 뜻이며 be+ing의 형태로 진행형과 합쳐졌다.

4 와인이 상해 버렸어. 점원이 와인을 좀 더 시원한 곳에 두었어야 했는데.

The wine has gone bad. The clerk should have <u>stored</u> the
　　　　　　　　　　　　　　　　　　　　　　　동사+목적어
<u>wine</u> in a cooler place.

➡ store의 과거분사 stored를 썼고 그 뒤의 명사형 the wine이 목적어 역할을 하고 있다.

5 너 요리를 하는 중에는 장시간 전화 통화를 하지 말았어야지.

You shouldn't have <u>talked</u> **on the phone** for hours while
　　　　　　　　　　　　동사+부사구
you're cooking.

➡ talk의 과거분사 talked가 부사구 on the phone과 함께 쓰였다.

6 경제가 더 안 좋아지고 있어. 그가 사업을 시작하게 두면 안됐었는데.

The economy is getting worse. We shouldn't have <u>let</u> **him**
　　　　　　　　　　　　　　　　　　　　　　　　　　동사+목적어
start his own business.

➡ let은 현재형, 과거형, 과거분사형이 모두 같다. let이 사역동사이므로 목적어 him 뒤에
start가 동사원형으로 쓰였다.

✎ **Better Writer**

should have+과거분사는 '~했어야 했는데'라는 뜻으로, 과거에 어떤 일이 일어나지 않아 생긴 후회나
아쉬움을 나타내는 표현입니다. 반면, had to 동사원형은 '~해야 했다'는 의무를 나타내는 표현으로, 과
거에 결국 어떤 일을 했다는 말입니다. 이와 달리, didn't have to 동사원형은 문맥에 따라 '~하지 않아
도 됐다(하지만 했다), ~할 필요가 없었다(그래서 안 했다)'라는 두 가지 뜻으로 쓸 수 있습니다.

• I **had to water** the garden before I left.
　떠나기 전에 정원에 물을 줘야 했다.

• You **didn't have to drop by** my office. Please come in.
　제 사무실에 들를지 않으셔도 되는데요. 들어오세요.

• I was able to take the express train, so I **didn't have to run** to work.
　고속 열차를 탈 수 있어서 회사에 뛰어가지 않아도 됐다.

1. A   Oh no! All the tickets are sold out!

   B   We _____ some last week.

   A: 아 안돼! 표가 다 매진됐어.
   B: 지난 주에 좀 샀어야 했는데.

2. A   I _____ this paperwork last week.

   B   Do you think the office will still accept it?

   A: 지난 주에 제가 이 서류 작업을 제출했어야 했어요.
   B: 사무소가 그걸 아직 받아 줄까요?

   * submit 제출하다

3. A   This document has to arrive by the end of the week.

   B   Then you _____ it by the
       regular postal service.

   A: 이 서류는 이번 주 말까지 도착해야 해요.
   B: 그럼 그걸 보통 우편으로 보내지 말았어야지.

4. A   When did the report have to be finished?

   B   The final version _____ by
       5pm Thursday.

   A: 보고서를 언제까지 끝마쳐야 했죠?
   B: 최종 버전이 목요일 오후 5시까지 제출됐어야 했어요.

   * turn in 제출하다

문장 영작

주어진 힌트를 참고하여 다음 한글을 영작해 보세요.

1. Marcel이 그 팀에게 새 정책에 대해 아직 아무것도 말하지 말았어야 했어.

_____

> **Hint** anything 아무것   new policy 새 정책   yet 아직

2. 그건 지난 주에 준비가 됐을 수도 있었어.

_____

> **Hint** ready 준비가 된

3. 네가 가고 싶지 않았으면 훈련에 가지 않아도 됐었어.

_____

> **Hint** the training 훈련
> *주절과 종속절의 시제 일치에 유의할 것
> *to go가 종속절에서도 반복되면 go를 생략할 수 있다.

4. 모든 휴가 요청서는 지난 주에 제출했어야 했습니다.

_____

> **Hint** requests for holiday leave 휴가 요청서   submit 제출하다

5. 그건 간단한 일이 됐었을 텐데 우리에게 알맞는 공구가 없었어.

_____

> **Hint** task 일, 과업   the right tool 알맞는 공구

STEP 05 소셜 미디어와 메신저

힌트와 한글을 보고 빈칸에 영어로 써 보세요.

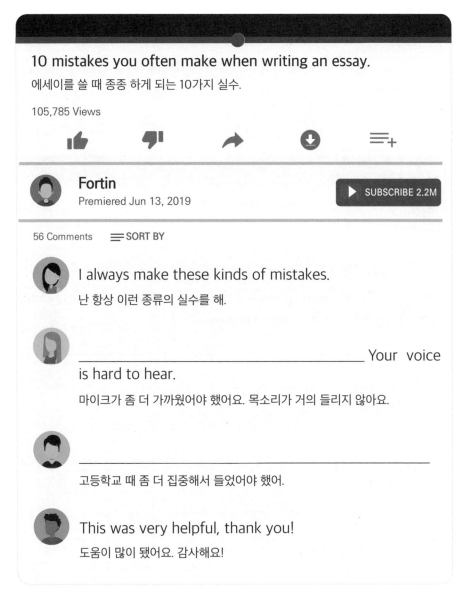

10 mistakes you often make when writing an essay.

에세이를 쓸 때 종종 하게 되는 10가지 실수.

105,785 Views

👍 👎 ➡ ⬇ ≡+

Fortin
Premiered Jun 13, 2019

▶ SUBSCRIBE 2.2M

56 Comments ≡ SORT BY

I always make these kinds of mistakes.
난 항상 이런 종류의 실수를 해.

_____ Your voice
is hard to hear.
마이크가 좀 더 가까웠어야 했어요. 목소리가 거의 들리지 않아요.

_____
고등학교 때 좀 더 집중해서 들었어야 했어.

This was very helpful, thank you!
도움이 많이 됐어요. 감사해요!

Hint microphone 마이크   pay attention 집중하다

Unit 9

~하기를 (제안, 주장, 권유, 요청, 요구)하다

동사(제안, 주장, 권유, 요청, 요구)+that+주어+동사원형

누군가가 제안, 주장, 권유, 요청, 요구 등을 하는 경우 쓸 수 있는 문형으로서 that절에 그에 대한 내용을 쓰면 됩니다. 이 문형은 격식 있는(formal) 문장에 더 어울리지만 일상적인 경우(informal)에도 쓸 수 있습니다.

STEP 01 어순 연습

한글 뜻과 힌트를 보고 순서에 맞게 써 보세요.

● 교수는 Mark가 논문을 제출하기 전에 자료를 더 넣는 것이 어떨지 권유했다.

consider / that Mark / recommended / the professor / before submitting his thesis / more sources

_____

_____

> Hint consider 고려하다
> that절에서는 주어+동사의 순으로 쓰고 동사는 주절의 시제와 상관없이 원형을 쓴다.

● 광부들은 그들이 다시 작업장으로 돌아가기 전에 추가 안전 테스트가 이뤄져야 한다고 주장했다.

insisted / before / that additional safety tests / be done / they returned to work / the miners

_____

_____

> Hint that절에서는 주어+동사의 순으로 쓰고 수동태일 경우 be+과거분사의 형태를 쓴다.

구조 파악

본격적인 영작에 앞서 자세한 설명을 읽어 보세요.

> **동사(제안, 주장, 권유, 요청, 요구)+that+주어+동사원형**
> ~하기를 (제안, 주장, 권유, 요청, 요구)하다

1 경리는 그녀가 데이터를 입력하기 전에 지침을 읽어 보길 제안했다.

The bookkeeper suggested that <u>she read</u> the guidelines
_{주어+동사}
before putting in data.

➡️ 주장, 권유, 요청, 요구 등과 같은 단어는 뒤에 that절을 쓸 경우 주절의 시제와 상관없이 동사는 원형을 써야 한다.

2 그녀는 자기 친구 결혼식에 내가 좋은 정장을 입고 가길 권했다.

She recommended that <u>I wear</u> a nice suit to her friend's
_{주어+동사}
wedding.

➡️ 동사원형 앞에는 should가 생략되어 있다고 간주하면 된다. 예문에서 I wear는 I should wear로 써도 된다. suggest, recommend는 informal하게는 should와 함께 쓰기도 한다.

3 의사는 그가 한 주간 병원에 입원하길 권고했다.

The doctor advised that <u>he be hospitalized</u> for a week.
_{주어+동사}

➡️ he (should) be hospitalized는 수동태로 쓰였다.

4 내 상사는 나에게 회사에 늦지 말 것을 요청했다.

My boss requested that I not be late for work.
<u> </u> 주어+동사

⇨ I (should) not be late의 형태이다.

5 내 아내는 새로 태어난 아기가 다음 주에 세례 받기를 고집했다.

My wife insisted that our newborn baby be baptized next
주어+동사

week.

⇨ that절에서 동사는 (should) be baptized이고 수동태로 쓰였다.

6 나는 그들이 다시는 명세서에 실수가 없도록 할 것을 요구했다.

I demanded that they make sure not to make a mistake
주어+동사

again on the phone bill.

⇨ make sure to 동사원형에 부정어가 붙어서 make sure not to 동사원형이 된 형태이다.

Better Writer

It is+형용사+that+주어+동사원형의 구조를 갖는 문장에서 형용사가 important, necessary, essential, vital과 같은 감정이나 이성적 판단의 형용사이면 that절에서 동사의 원형을 써야 합니다.

- **It is important that** all the documents **be** certified before they are submitted.
  모든 서류는 제출하기 전에 증명을 받는 것이 중요하다.

- **It is necessary that** domestic pets **have** access to clean water and food.
  가정의 애완동물이 깨끗한 물과 음식을 먹을 수 있도록 하는 것이 필요하다.

- **It is essential that** children **feel** that their boundaries are respected.
  어린이들이 그들의 활동 영역이 존중되고 있음을 느끼게 하는 것은 필수적이다.

주어진 내용을 바탕으로 대화에 맞게 문장을 완성해 보세요.

1. A I don't know what to do about my argument with Shannon.

    B I don't think she knows you're hurt. I would _____

       _____. (request)

A: Shannon하고 언쟁한 것에 대해 어찌해야 할지 모르겠어.   * apologize 사과하다

B: 네가 상처받았다는 것을 그녀가 모르는 것 같아. 나 같으면 그녀에게 사과를 요청하겠어.

2. A Where will you be going on vacation?

    B I've been called for jury duty, so my travel agent _____

       _____ my plans. (suggest)

A: 휴가 때 어디로 갈 거야?

B: 배심원 소환을 받아서 여행사에서 계획을 취소하는 게 낫다고 말해 줬어.

3. A Marcie _____ a lawyer.

     (recommend)

    B Sounds good to me. Can she refer us to anyone in particular?

A: Marcie는 우리가 변호사를 부를 것을 추천했어.

B: 내 생각엔 좋은 것 같아. 그녀가 특별히 누군가를 추천해 줄 수 있나?

4. A The police strongly _____

     security cameras. (advise)

    B Okay. Can you call a few companies to get quotes?

A: 경찰은 우리에게 보안 카메라를 설치할 것을 강하게 충고해 줬어.   * install 설치하다

B: 알았어. 몇몇 회사에 전화해서 견적을 받아 줄래?

문장 영작

주어진 힌트를 참고하여 다음 한글을 영작해 보세요.

1. 경주를 뛰기 전에 여러분이 신발끈을 단단히 묶을 것을 강력히 권장합니다. (recommend)

_____

Hint tie 묶다   shoelaces 신발끈   securely 단단히

* 시간을 나타내는 부사절을 부사구로 변경할 때 접속사 뒤에 동명사를 쓴다.

2. 시험 전에 우리가 공부를 해야 하는 것은 필수적이다. (essential)

_____

Hint an exam 시험

3. 오늘 비가 내릴 것이니 우산을 가져가는 게 좋겠네. (suggest)

_____

Hint be going to ~할 예정이다   so 그래서, 그러므로   carry 가지고 다니다

4. 약속 시간에 맞춰 제시간에 가려면 택시를 타는 것을 권합니다. (advise)

_____

Hint make it to ~에 이르다, 도착하다   on time 제시간에

5. 집주인은 그들이 월세를 내거나 그렇지 않으면 나갈 것을 요구했다. (demand)

_____

Hint landlord 집주인   rent 월세   move out 이사를 나가다

소셜 미디어와 메신저

힌트와 한글을 보고 빈칸에 영어로 써 보세요.

Instagram

Fortin
Gangnam, Seoul

I took these photos with my smartphone. Tried using filters in the camera app.

이 사진들은 스마트폰으로 찍었어요. 카메라 앱에 있는 필터를 써 봤지요.

How do you get such great shots?

어떻게 그렇게 잘 찍었죠?

_____

_____

@Jenny 사진 구도를 적절하게 잡는 법을 배우는 게 필수적이에요.

_____

_____

@Jenny 어떻게 필터가 분위기를 바꾸는지 이해할 수 있도록 필터를 써서 연습해 보는 걸 권해요.

These are so great! I want to be as good as you are.

진짜 사진 멋지네요. 당신처럼 잘 찍고 싶어요.

Hint essential 필수적인 how to frame 구도를 잡는 법 appropriately 적당하게
practice 연습하다 with the filters 필터를 써서 the mood 분위기

Unit 9. ~하기를 (제안, 주장, 권유, 요청, 요구)하다

Unit 10

(누가) ~하는 데 시간이 ~걸리다

It takes (someone)+시간+to 동사원형

이 세상에 모든 사람에게 공평한 것이 딱 하나 있다면 그건 시간입니다. 어떤 일을 하기 위해서는 일정한 시간이 필요합니다. 너무 급하게 하다 보면 일을 그르칠 수도 있고 너무 느긋하게 하면 생산성이 떨어지죠. 우리 모두 일을 효율적으로 할 수 있는 방법을 생각해 보아요. 너무 시간이 많이 걸리게 않게 말이죠.

STEP 01 | 어순 연습

한글 뜻과 힌트를 보고 순서에 맞게 써 보세요.

● Gladwell이 말하길 하나의 기술을 통달하려면 만 시간이 걸린대.

to master / 10,000 hours / Gladwell says / it takes / a skill

_____

_____

Hint take+시간+to 동사원형 master 통달하다

● 사무실 보수를 완료하려면 6주의 시간이 걸릴 것이다.

about six weeks / it will / take / the office renovations / to complete

_____

_____

Hint take+시간+to 동사원형 complete 완료하다

구조 파악

본격적인 영작에 앞서 자세한 설명을 읽어 보세요.

> ### It takes (someone)+시간+to 동사원형
> (누가) ~하는 데 시간이 ~걸리다

1 여기서 부산까지 운전하면 5시간 정도 걸려.

It takes about five hours <u>to drive</u> to Busan from here.
진주어

➡ 시간 앞에 about이나 almost, nearly, more than, less than을 붙여서 시간을 수식해 줄 수 있다.

2 보통 다른 언어를 통달하는 데는 수년이 걸린다.

It usually takes years <u>to master</u> another language.
진주어

➡ usually와 같이 문장 전체를 수식하는 빈도부사인 always, sometimes 등이 올 수도 있다.

3 붓기가 가라앉으려면 시간이 좀 걸릴 거예요.

It will take some time <u>for the swelling</u> <u>to go down</u>.
의미상 주어   진주어

➡ to부정사 앞에 간접목적어가 for와 함께 쓰였고 의미상 주어 역할을 한다.

4 시차 적응하는 데 적어도 일주일은 걸렸어.

It took me at least a week <u>to recover</u> from jet leg.
진주어

➡ 동사 took 다음에 시간을 바로 쓰지 않고 간접목적어 me를 써서 시차 적응 주체가 누구인지 알 수 있다.

5 좀 기다려 봐. 그가 엑셀에 있는 간단한 그래프를 고치는 데 하루 종일 걸릴 거야.

Just wait and see. It will take him the whole day <u>to fix</u> the 진주어

simple graph data in Excel.

➡ him이 간접목적어이므로 그가 고치는(to fix) 사람임을 알 수 있다.

6 판매원이 재고 조사를 끝내는 데 한참이 걸렸어.

It took the sales staff a long time <u>to finish</u> taking inventory. 진주어

➡ the sales staff가 간접목적어이고 재고 조사를 끝내는(to finish) 주체이다.

Better Writer

시간이나 돈을 나타내는 말이 나오는 동사로 spend와 waste가 있습니다. spend/waste+시간/돈+
~ing의 구조를 가지며 '~하는 데 (시간/돈)을 보내다/낭비하다'라는 뜻입니다. 지금까지 살면서 또는 현
재 자신이 어떤 일을 하며 가장 많은 시간과 돈을 쓸까요? 자신의 생활을 생각해 보며 한 번 써 보세요.

• I **spent a lot of time baking** these cookies for the party.
  파티에 쓸 쿠키를 굽느라 시간을 많이 보냈어.

• Marshall is **spending a lot of money on lawyers** to complete his
  immigration application.
  Marshall은 이민 신청을 완료하기 위해 변호사한테 많은 돈을 쓰고 있다.

• We are **wasting precious time arguing** about how to best fix climate
  change instead of taking immediate action.
  우리는 즉각적인 행동을 취하는 대신에 기후 변화를 바꾸기 위한 최선의 방법에 대해 논쟁하는 데 귀중한 시간
  을 낭비하고 있다.

표현 영작

주어진 내용을 바탕으로 대화에 맞게 문장을 완성해 보세요.

1. A How's the new house coming along?

B It _____ the foundation,
so it's taking longer than expected.

* contractor 공사업자

* build 짓다, 쌓다

A: 새 집은 어떻게 되어 가고 있어?

B: 공사업자가 기초 작업을 하는 데 일주일이 걸려서 예상보다 더 길어지고 있어.

2. A It's a lot harder to learn programming than I expected.

B They say _____
truly proficient.

A: 프로그래밍을 배우는 게 생각했던 것보다 더 많이 어려워.

B: 완전히 능숙해지려면 수년이 걸린대.

3. A How much longer will we be driving?

B _____ from here, but the
traffic is pretty bad.

A: 얼마나 더 운전해서 가야 해요?

B: 보통 여기서 나는 한 시간이 걸리는데 교통 상황이 안 좋네.

4. A _____ the refund.

B In that case, when should I expect it to be complete?

* process 처리하다

A: 환불 처리에는 시간이 오래 걸립니다.

B: 그런 경우, 언제 완료될 것이라고 생각하면 되나요?

문장 영작

주어진 힌트를 참고하여 다음 한글을 영작해 보세요.

1. 셰프가 요리 기술을 통달하려면 평생 동안의 연습이 필요하다.

> **Hint** a lifetime 평생   master 통달하다 the art of cooking 요리 기술

2. 모형을 만들며 여가 시간을 보내는 게 재밌을 수 있어.

> **Hint** free time 여가 시간   build models 모형을 만들다

3. 부러진 뼈가 완전히 나으려면 두 달 정도가 걸릴 거라고 의사가 얘기했다.

> **Hint** the break 부러진 뼈   heal 낫다   completely 완전히   * 동사의 시제 일치에 유의할 것

4. 품질 보증 테스트를 완료하려면 6개월 정도가 걸린다.

> **Hint** the quality assurance testing 품질 보증 테스트

5. 우리는 매년 의료 보험 제도에 수많은 돈을 낭비하고 있다.

> **Hint** waste 낭비하다   thousands of dallars 수많은 돈   health care system 의료 보험 제도

소셜 미디어와 메신저

힌트와 한글을 보고 빈칸에 영어로 써 보세요.

Fortin
Thu PM 22:05

•••

👍❤️   👍 Like   💬 Comment   ↗ Share   ● ▾

Ugh, this assignment is taking forever!
하아, 이 과제는 끝이 안 보인다!

Hang in there. _____
_____

좀 참아 봐. 난 세 번째 문제 세트를 끝내는 데 세 시간이나
걸렸어.

_____
_____

그거(과제) 하느라 토요일에 온종일 시간을 보냈어.

I'm really not looking forward to this.
난 정말 이거 기대하지도 않아.

Hint   the third problem set 세 번째 문제 세트   whole Saturday 토요일 온종일

Unit 11

(that절)한 것은 바로 ~이다

It is~that절

내가 쓰는 문장 중에 어디에 초점을 맞추는지, 무엇을 강조하고 싶은지를 나타내고 싶다면 It is~ that절을 쓰면 됩니다. 단어, 어구, 절 등 강조하고 싶은 말을 동사 is와 that 사이에만 넣어 주면 됩니다. 매번 강조해도 지나치지 않겠지만 여러분이 영작을 잘하기 위해 필요한 건 바로 '꾸준한 연습'입니다.

STEP 01 어순 연습

한글 뜻과 힌트를 보고 순서에 맞게 써 보세요.

● 그게 바로 내가 항상 해 왔던 방식이야.

the way / I have always done/ that / it is / it

_____

_____

Hint that절이 the way를 뒤에서 수식한다.

● 그가 나한테 관심이 있다는 걸 한참 뒤에야 알았어.

much later / me / that / I realized / he was interested in / it was

_____

_____

Hint '한참 뒤에'라는 뜻의 much later를 강조하는 문장이다.

본격적인 영작에 앞서 자세한 설명을 읽어 보세요.

> It is ~ that절
> (that절)한 것은 바로 ~이다

1 그가 오늘 하루 종일 찾았던 게 바로 그 문서예요.

It is the document that <u>he has been looking for</u> all day today.
주어+동사

➡️ 명사 the document를 강조하고 있다. 계속 쭉 찾고 있었다는 의미로 현재완료 시제가 쓰였다.

2 그 애가 항상 갖고 싶어 했던 건 이 장난감이 아니에요.

It is not this toy that <u>the kid has always wanted</u> to get.
주어+동사

➡️ 부정어를 포함한 not that toy를 강조하고 있다. 지금까지 쭉 원했었다는 의미로 현재완료 시제가 쓰였다.

3 그녀의 생일에 그녀를 사무실에서 놀라게 해 주자고 한 건 바로 제 생각이에요.

It was my idea that <u>we should surprise</u> her in the office for her birthday.
주어+동사

➡️ 명사형 my idea를 강조하고 있다.

4 그녀가 깜짝 소식을 처음 들었던 건 바로 자기 친구한테였어요.

It was from her friend that <u>she</u> first <u>heard</u> the surprising
news.
<small>주어　　　　　동사</small>

➡️ 부사구 from her friend를 강조하고 있다.

5 내가 카페에 전화기를 놓고 나왔다는 것을 기억한 건 바로 그때였어요.

It was then that <u>I remembered</u> that I had left my phone at
the café.
<small>주어+동사</small>

➡️ 때를 나타내는 부사 then을 강조하고 있다. I remember 뒤에 주어+동사가 포함된 종속절
이 하나 더 나왔다.

6 내가 처음으로 빙하를 본 건 바로 유럽에서였어요.

It was in Europe that <u>I saw a glacier for the first time.</u>
<small>주어+동사</small>

➡️ 장소를 나타내는 부사구 in Europe을 강조하고 있다.

🖊 Better Writer

It is~ that과 같은 유형의 문장으로서, 주어 It 자리에 what으로 시작하는 명사절을 쓸 수도 있습니다.
'회의를 소집해서 상황을 설명한 것이 내가 한 일이다.'라는 말처럼 '~하는 것이 누가 ~한 일이다'라는
뜻으로 쓰입니다. What+주어+동사+is (to) 동사원형의 형태이고 to는 선택입니다.

- **What he needs to do is** just **to tell** his teacher and parents.
  그가 할 일은 그냥 선생님과 부모님에게 말하는 거야.

- **What I did was to** simply **join** the website.
  내가 했던 건 단지 웹사이트에 가입한 거였어.

주어진 내용을 바탕으로 대화에 맞게 문장을 완성해 보세요.

1. **A** I'm being transferred to the marketing department.

B _____ you wanted

to work in, right?

A: 마케팅으로 부서를 이동하게 될 거야.

B: 네가 일하고 싶었던 게 마케팅이었잖아, 그렇지?

2. **A** Is this the package that you've been looking for all day?

B Yes, _____

I've been looking for, thank you!

A: 온종일 찾고 있었던 게 이 박스야?

B: 응, 그게 내가 찾고 있었던 박스야. 고마워!

3. **A** What is it that you need for support?

B _____ will comfort me now.

A: 너에게 힘을 주려면 뭐가 필요하니?

B: 지금 나를 위로할 수 있는 건 와인뿐이야.

4. **A** Whose idea was it?

B _____ we should have a party

for our suppliers.

A: 누구 생각이었어?

B: 우리 공급사를 위해 파티를 하자는 건 바로 Tabitha의 생각이었어.

문장 영작

주어진 힌트를 참고하여 다음 한글을 영작해 보세요.

1. 오늘 아침에 커피를 내린 건 Amanda였어.

_____

Hint brew (커피를) 만들다

2. 보육 센터에서 우리가 조카를 데려오기로 한 게 생각난 건 한참 후였어.

_____

Hint later 후에   be to 동사원형 ~하기로 되어 있다   pick up 차에 태우다   daycare 보육 센터

3. 저희 집을 사시겠다는 제안을 저희가 거절하게 되어 매우 유감이었습니다.

_____

Hint with great regret 아주 후회스러운/유감스러운   turn down 거절하다
the offer on our house 우리집에 대한 (구매) 제안

4. 주말까지 보내라고 요구한 건 그녀의 성적 증명서이다.

_____

Hint transcripts 성적 증명서   require 요구하다   by the end of the week 주말까지
* that절을 수동태로 쓰는 것에 유의할 것

5. 그녀가 해야 할 것은 자기 자신의 일에 신경 쓰기 시작하는 일이다.

_____

Hint need to ~할 필요가 있다   mind one's own business 자기 자신의 일에 신경 쓰다
* what을 포함한 명사절이 주어다.

소셜 미디어와 메신저

힌트와 한글을 보고 빈칸에 영어로 써 보세요.

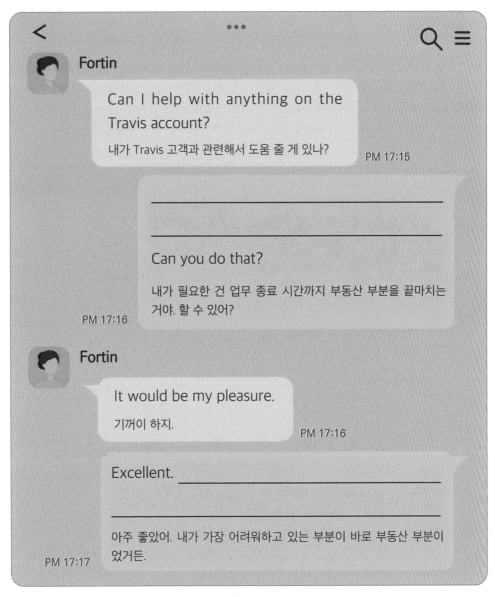

Fortin

Can I help with anything on the Travis account?

내가 Travis 고객과 관련해서 도움 줄 게 있나?

PM 17:15

_____

_____

Can you do that?

내가 필요한 건 업무 종료 시간까지 부동산 부분을 끝마치는 거야. 할 수 있어?

PM 17:16

Fortin

It would be my pleasure.

기꺼이 하지.

PM 17:16

Excellent. _____

_____

아주 좋았어. 내가 가장 어려워하고 있는 부분이 바로 부동산 부분이었거든.

PM 17:17

Hint the real estate section 부동산 부분   by end of day 업무 종료 시간까지
give someone difficulty 누군가에게 어려움을 주다

Unit 12

(누구를, 언제, 어디로, 무엇을, 어떻게, 어느 것을) ~할지

의문사(who, when, where, what, how, which)+to 동사원형

'I don't know what to do next.'는 'I don't know what I should do next.'와 같은 말입니다. know 뒤의 절이 명사구로 간단하게 바뀐 것입니다. 의문사+to 동사원형의 형태를 목적어로 취하는 동사는 대표적으로 learn, say, tell, know, remember, decide, wonder, see, understand가 있습니다. 의문사 중 한 가지 제외가 되는 의문사는 why입니다. why to라는 말은 안 쓰기 때문입니다.

STEP 01 어순 연습

한글 뜻과 힌트를 보고 순서에 맞게 써 보세요.

● 이 부품을 언제 추가해야 하는지가 설명서에서는 명확하지 않다.

from / this part / these instructions / when to add / it isn't clear

_____

_____

Hint clear from ~에서 볼 때 분명한

● 이 스프레드시트들을 보고서용으로 어떻게 정리해야 할지 모르겠어.

how to / these spreadsheets / organize / I don't know / for the report

_____

_____

Hint spreadsheets 스프레드시트(엑셀 프로그램이 유명함)
* 의문사+to 동사원형

구조 파악

본격적인 영작에 앞서 자세한 설명을 읽어 보세요.

의문사(who, when, where, what, how, which)+to 동사원형
(누구를, 언제, 어디로, 무엇을, 어떻게, 어느 것을) ~할지

---

1 노래 경연대회 심사관들은 매 라운드마다 누구를 탈락시킬지 결정해야 한다.

The singing competition judges have to <u>decide</u> <u>who to</u>
                                                  동사   목적어
<u>eliminate</u> in each round.

➡ who to eliminate의 원래 형태는 to eliminate whom이다. eliminate의 목적어로 목적격 whom이 쓰인 것이지만 의문사+to 동사원형의 형태로 되면서 who가 되었다. '제거할 사람'이라는 뜻이다.

---

2 나는 팬케이크를 정확히 언제 뒤집어야 푹신하게 만들 수 있는 건지 확실히 알지 못했다.

I <u>wasn't sure</u> exactly <u>when to flip</u> the pancake to make it
      동사   목적어
fluffy.

➡ '뒤집는 때'라는 뜻으로 명사구를 이룬다. flip의 목적어는 pancake이다.

---

3 내 친구가 가장 싼 항공권을 어디서 살지 나에게 말해 줬다.

My friend <u>told</u> me <u>where to purchase</u> the cheapest flight
            동사   직접목적어
tickets.

➡ '구입하는 곳'이라는 뜻으로 명사구를 이룬다. purchase의 목적어는 the cheapest flight tickets이다.

4 파티에 뭘 가져올지 저희가 알려 드릴게요.

We will let you know <u>what</u> <u>to bring</u> to the party.
                      동사   목적어

➡ '가져올 것'이라는 뜻으로 명사구를 이룬다. who to eliminate과 같이 bring의 목적어 what
이 앞으로 이동한 형태이다.

5 고객을 만족시키는 것이 사업에 있어서 성공 열쇠입니다.

<u>How to satisfy customers</u> is the key to success in business.
                  주어   동사

➡ '만족시키는 방법'이라는 뜻으로 목적어 customers와 함께 주어 역할을 한다.

6 항상 개를 한 마리 갖고 싶었는데 문제는 어느 종을 선택하느냐이다.

I have always wanted a dog, but my problem is <u>which breed</u>
                                                    동사   보어
<u>to choose</u>.

➡ '선택할 어느 종'이라는 뜻으로 동사 is 뒤에서 주어를 보충해 주는 보어 역할을 하고 있다.
보통 which와 to 동사원형 사이에는 명확히 해야 할 대상을 써 준다.

🖋 Better Writer

의문사+to 동사원형의 형태로 쓰이는 것에는 whether to도 있습니다. whether는 의문사가 아니라
접속사입니다. whether to 동사원형은 '~할지'의 뜻으로, whether to 동사원형 or not은 '~할지 아닐
지'의 뜻으로 쓰입니다.

- I am not sure **whether to trade** in my car or keep the one I have.
  내 차를 팔고 살지 아니면 갖고 있는 걸 그냥 탈지 확실히 모르겠어.

- Kit is trying to decide **whether to find** a new job or start his own business.
  Kit은 새 직업을 구할지 자신의 사업을 시작할지 결정하려고 하고 있다.

- Shelly isn't clear on **whether to launch** the product this year **or not.**
  Shelly는 제품을 올해 출시할지 안 할지 명확히 판단하지 못하고 있다.

표현 영작

주어진 내용을 바탕으로 대화에 맞게 문장을 완성해 보세요.

1. A I'm not sure _____ PDFs in this program.

   B I think it's in the "Export" section of the "File" menu.

   A: 이 프로그램에서 PDF를 어떻게 생성하는지 확실히 잘 모르겠어.
   B: '파일' 메뉴의 '추출' 항목에 있을 거야.   * generate 생성하다

2. A You'll know _____ the muffins out
   of the oven if they spring back.

   B So I just touch them while they're hot?

   A: 살짝 눌러서 머핀이 올라오면 오븐에서 꺼낼 때라는 걸 알게 될 거야.
   B: 그러니까 뜨거울 때 머핀을 그냥 눌러 보면 돼?

3. A Do you know if we have completed our hiring?

   B The managers haven't decided _____
   Marsha in accounting with yet.   * replace 교체하다

   A: 우리 채용이 다 끝난 건지 아닌지 알고 있나요?
   B: 부장님들이 회계 부서 Marsha를 누구로 교체할지 아직 결정하지 않았어요.

4. A We've decided _____ the company
   picnic next month.

   B That's great. Now we can book the catering company.

   A: 다음 달에 회사 야유회를 어디서 할지 결정했어요.
   B: 잘 됐네요. 이제 출장 회사를 예약할 수 있겠네요.

문장 영작

주어진 힌트를 참고하여 다음 한글을 영작해 보세요.

1. 가까운 커피숍을 어디에서 찾을지 내비게이션 앱이 확실히 모르고 있어.

_____

Hint sure 확신하는   nearby 가까운 곳에

2. 정책 회의는 공급사로 어느 회사를 고려할지에 대해 얘기하는 자리가 될 것이다.

_____

Hint policy 정책   about ~에 대한   consider 고려하다   suppliers 공급사

* which+명사+to 동사원형

3. 우리 HR 책임자가 휴가를 언제 신청하는지에 대해 우리에게 알려 주었다.

_____

Hint director 책임자   inform 알리다   apply for 신청하다

4. 예약을 하려면 누구에게 전화를 해야 할지 확실히 모르겠어.

_____

Hint sure 확신하는   get an appointment 약속을 잡다

5. 언제까지 제 지원서를 제출해야 하는지 얘기해 주시겠어요?

_____

Hint by when 언제까지   submit 제출하다   application 지원서

* 동사 앞에 please를 사용하면 더욱 공손한 표현이 된다.

소셜 미디어와 메신저

힌트와 한글을 보고 빈칸에 영어로 써 보세요.

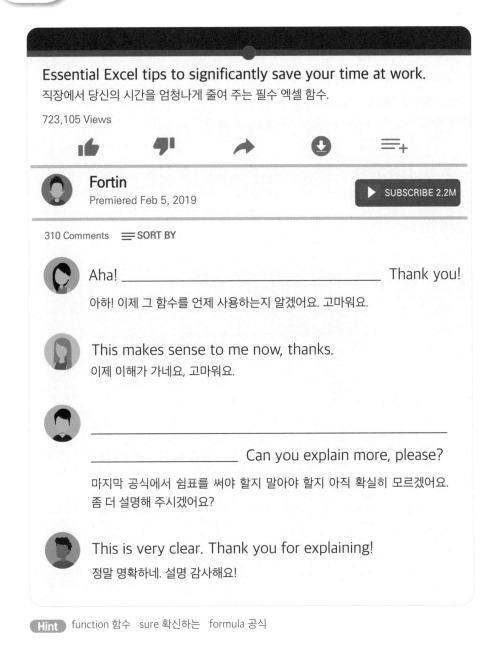

Essential Excel tips to significantly save your time at work.
직장에서 당신의 시간을 엄청나게 줄여 주는 필수 엑셀 함수.

723,105 Views

Fortin
Premiered Feb 5, 2019

▶ SUBSCRIBE 2.2M

310 Comments ≡ SORT BY

Aha! _____ Thank you!
아하! 이제 그 함수를 언제 사용하는지 알겠어요. 고마워요.

This makes sense to me now, thanks.
이제 이해가 가네요, 고마워요.

_____

_____ Can you explain more, please?

마지막 공식에서 쉼표를 써야 할지 말아야 할지 아직 확실히 모르겠어요.
좀 더 설명해 주시겠어요?

This is very clear. Thank you for explaining!
정말 명확하네. 설명 감사해요!

Hint function 함수 sure 확신하는 formula 공식

Unit 13

~한(하는 것)을 기억하다(잊다/후회하다)

remember(forget/regret)+~ing/to 동사원형

과거에 했던 행위가 기억날 때, 해야 할 일이 기억이 날 때나 잊었을 때 등 기억하거나 잊거나 또는 후회하는 것에 대한 얘기입니다. 동사 뒤에 to 동사원형을 쓰느냐 동명사를 쓰느냐에 따라 의미가 달라질 수 있으니 유의해야 합니다. 그럼 앞으로 설명하는 것들을 잊지 말고 잘 기억해 두세요.

STEP 01 | 어순 연습

한글 뜻과 힌트를 보고 순서에 맞게 써 보세요.

● 지난 주에 나한테 이메일 보낸다는 거 잊었어?

last week / me / the email / to send / did you forget

_____

_____

Hint 이메일을 보내야 할 것을 잊었으므로 to 동사원형을 쓴다.

● Marshall은 집에 들어온 건 기억하는데 열쇠를 어디에 뒀는지는 기억하지 못했다.

where he put / coming into / his keys / but not / Marshall remembered / the house

_____

_____

Hint 집에 들어온 것에 대한 기억이므로 동명사 coming을 쓴다.

구조 파악

본격적인 영작에 앞서 자세한 설명을 읽어 보세요.

> **remember(forget/regret)+~ing/to 동사원형**
> ~한(하는 것)을 기억하다(잊다/후회하다)

1 영수증과 함께 출장 비용 요청서를 제출할 게 기억났어.

I remembered <u>to submit</u> my reimbursement request with
　　　　　　　　목적어
receipts for the business trip.

➡ remember 다음에 to 동사원형을 썼으므로 해야 할 일, 즉 제출할 것을 기억한다는 말이다.

2 그는 고객의 전화번호를 적은 게 기억나지만 어디에 뒀는지 찾을 수가 없다.

He remembered <u>writing down</u> the client's phone number,
　　　　　　　　　목적어
but he couldn't find it anywhere.

➡ remember 다음에 동명사 writing을 썼으므로 과거에 일어났던 일, 즉 적어 놓은 것을 기억
한다는 말이다.

3 이메일에 견적을 포함하는 걸 깜빡한 것 같아.

I'm afraid you forgot <u>to include</u> the quote in the email.
　　　　　　　　　　　목적어

➡ forgot 다음에 to 동사원형을 썼으므로 해야 할 일, 즉 포함할 것을 잊었다는 말이다.

4 그는 지중해 크루즈를 간 것을 결코 잊을 수 없을 것이다.

He will never forget going on a cruise on Mediterranean Sea.
<u>　　　　</u>
목적어

➡️ forget 다음에 동명사 going을 썼으므로 과거에 일어났던 일, 즉 크루즈 간 것을 잊지 않는 다는 말이다. will never forget+동명사의 형태나 과거 시제의 형태로 자주 쓰인다.

5 이 자리에 대해 다른 지원자를 선택했음을 알려 드리게 되어 유감스럽게 생각합니다.

We regret to tell you that we have selected another candidate
<u>　　　　</u>
목적어

for this position.

➡️ regret 다음에 to 동사원형을 썼으므로 일어날 일, 즉 알려 주는 것을 유감스러워한다는 말이다.

6 그녀는 그의 결혼 프러포즈를 받아 준 것을 후회하지 않았다.

She did not regret <u>accepting</u> his marriage proposal.
목적어

➡️ did not regret 다음에 동명사 accepting을 썼으므로 과거에 일어난 일, 즉 받아 준 것을 후 회하지 않는다는 말이다.

✏️ Better Writer

remember, forget, regret는 to 동사원형을 쓰든, 동명사를 쓰든 동사 자체의 의미는 달라지지 않습 니다. 하지만 try to와 try ~ing는 동사의 의미가 달라집니다. try to 동사원형은 ~하려고 '노력하다'라 는 뜻이고, try ~ing는 ~하는 것을 '한번 해 보다, 시도해 보다'라는 의미가 됩니다.

- **Try to remember** the last time you had it.
  그걸 언제 마지막으로 갖고 있었는지 생각해 봐.

- I **try forgetting** the whole event, but people keep bringing it up.
  그 사건 전체를 잊으려고 하는데 사람들이 계속 그 얘기를 꺼내.

표현 영작

주어진 내용을 바탕으로 대화에 맞게 문장을 완성해 보세요.

1. A Hey Jake, are you coming this weekend?

   B I _____ you - I have to go out of

   town with my family.

   A: 야 Jake, 이번 주말에 와?
   B: 말하려고 했는데 깜빡했네. 가족하고 여행 가기로 했어.

2. A I really _____ Shane's invitation for

   a date this weekend.

   B Why? I thought you guys were totally into each other.

   A: 이번 주말에 Shane이 데이트 신청을 해서 응했는데 정말 후회돼.
   B: 왜? 너희들 서로한테 완전히 빠져 있던 거 아니었어?

3. A What's your favorite high school memory?

   B I'll never _____ in the school musical.

   A: 고등학교 때 가장 기억에 남는 게 뭐야?
   B: 학교 뮤지컬에서 공연한 걸 잊을 수가 없어.

4. A Hm, I _____ my name on the

   committee list, but it's not there now.

   B Really? I thought I saw it, too. Let's call Nancy.

   A: 위원회 명단에 내 이름이 있는 걸 본 기억이 나는데 지금 거기에 없어.
   B: 정말? 나도 본 것 같은데. Nancy한테 전화해 보자.

문장 영작

주어진 힌트를 참고하여 다음 한글을 영작해 보세요.

1. 이 여행을 오기로 결정한 것을 난 후회해.

_____

Hint come on a trip 여행을 오다   * 이미 결정한 것에 대한 후회이다.

2. 그녀는 제시간에 반송물을 돌려보내는 걸 깜빡했어.

_____

Hint send something back 무엇을 돌려보내다 return package 반송물
* 보내는 것을 잊었다는 말에 유의할 것

3. Paul은 휴가를 가기 전에 식물에 물 주는 걸 기억했어.

_____

Hint water 물을 주다   plants 식물   go on vacation 휴가를 가다
* 물 주는 것을 기억했다는 말에 유의할 것

4. Joon은 자기가 왜 주방에 왔는지 기억해 내려고 했다.

_____

Hint come into ~로 오다   * 동사가 '노력하다'라는 뜻으로 쓰였다.
* 동작의 선후 관계에 따라 과거와 대과거 시제가 사용된다.

5. Travon은 직장 때문에 Denver로 이사한 걸 후회했어.

_____

Hint for work 직장 때문에   * 이사를 한 것에 대한 후회이다.

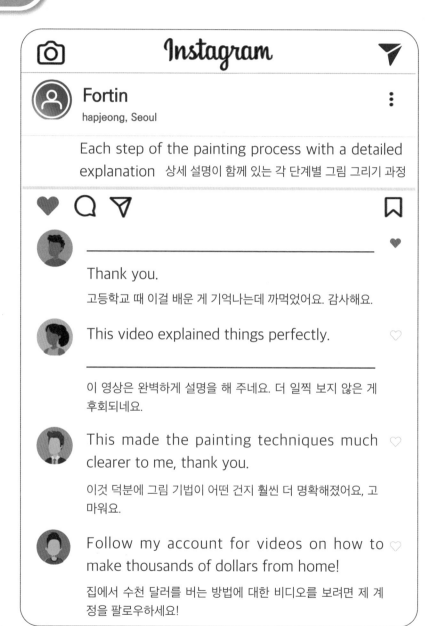

STEP 05 소셜 미디어와 메신저

힌트와 한글을 보고 빈칸에 영어로 써 보세요.

Instagram

Fortin
hapjeong, Seoul

⋮

Each step of the painting process with a detailed explanation 상세 설명이 함께 있는 각 단계별 그림 그리기 과정

♥ ○ ◁ 　 🔖

_____

Thank you.
고등학교 때 이걸 배운 게 기억나는데 까먹었어요. 감사해요.

This video explained things perfectly.

_____

이 영상은 완벽하게 설명을 해 주네요. 더 일찍 보지 않은 게 후회되네요.

This made the painting techniques much clearer to me, thank you.

이것 덕분에 그림 기법이 어떤 건지 훨씬 더 명확해졌어요, 고마워요.

Follow my account for videos on how to make thousands of dollars from home!

집에서 수천 달러를 버는 방법에 대한 비디오를 보려면 제 계정을 팔로우하세요!

Hint sooner 더 일찍

* 이미 배운 것에 대한 기억임에 유의할 것　* 보지 않은 것에 대한 후회임에 유의할 것

Unit 14

~하고 싶은 기분이다/~하는 데 어려움이 있다/~하느라 바쁘다

feel like ~ing | have difficulty ~ing | be busy ~ing

뭔가를 먹고 싶거나 어떤 활동을 하고 싶을 때 feel like ~ing를 씁니다. have difficulty ~ing는 어떤 일을 하는데 어려움이나 애로 사항이 있을 때 쓸 수 있습니다. 또한 무엇을 하느라 바쁜지 설명할 때는 be busy ~ing를 쓸 수 있습니다. 뭘 하고 싶은지, 어떤 어려움이 있는지, 무엇 때문에 바쁜 건지 상대방에게 솔직한 마음을 글로 전달해 보세요.

STEP 01 | 어순 연습

한글 뜻과 힌트를 보고 순서에 맞게 써 보세요.

● 오늘 누구 나랑 클럽에 놀러 가고 싶은 사람 있어?

feel like / tonight with me / clubbing / going / does anyone

_____

_____

> Hint feel like ~ing ~하고 싶은 기분이다   go clubbing 클럽에 놀러 가다

● Jerry는 새 기계를 작동하는 데 애를 먹고 있다.

the new machine / working / has difficulty / with / Jerry

_____

_____

> Hint have difficulty ~ing ~하는 데 어려움을 겪다

구조 파악

본격적인 영작에 앞서 자세한 설명을 읽어 보세요.

> feel like ~ing/have difficulty ~ing/be busy ~ing
> ~하고 싶은 기분이다/~하는 데 어려움이 있다/~하느라 바쁘다

1 오늘은 그냥 아무것도 하고 싶지 않은 기분이야.

I just don't feel like doing **anything today.**
<u>목적어</u>

➡ feel like는 뒤에 동사를 쓸 경우 동사+ing 형태의 동명사를 쓴다.

2 늦게까지 일하느라 너무 피곤해서 바로 자러 가고 싶은 기분이었어.

I was so tired from working late that I felt like going **right to**
bed.
<u>부사구</u>

➡ felt like 다음에 동명사 going을 썼다.

3 그는 힘들게 숨을 쉬더니 의식이 없어졌다.

He had difficulty breathing **and became unconscious.**

➡ had difficulty 다음에 동명사 breathing을 썼다.

4 회사는 다른 나라에서 원자재를 수입하는 데 어려움을 겪었다.

The company had difficulty importing <u>raw materials</u> **from**
<u>목적어</u>
another country.

➡ had difficulty 다음에 동명사 importing을 썼다.

5 가족은 새 식당을 여느라 계속 바빴다.

The family has been busy opening up **a new restaurant.**
목적어

➡ has been busy 다음에 동사구를 쓸 때 동명사 형태인 opening up을 썼다.

---

6 접수 담당자는 내 앞에 있던 고객과 얘기하느라 바빴다.

The receptionist was busy talking **with a customer** before
부사구
me.

➡ was busy 다음에 동명사 talking을 썼다.

🖊 Better Writer

동명사를 취하는 관용적 표현은 많습니다. 그중 used to는 앞에 be, get이 붙으면 뒤에 명사나 대명사, 동명사 등을 써 주고, 그렇지 않으면 동사원형을 씁니다. be/get used to+(대/동)명사는 '~에 익숙하다/익숙해지다'라는 뜻이고, used to 동사원형은 과거에 때때로 '~하곤 했다'라는 뜻입니다.

- I **am** not quite **used to doing** this on my own yet.
  이걸 나 혼자서 하는 건 아직 익숙치가 않아.

- Bea **got used to** the manual transmission quickly.
  Bea는 자동차 수동 변속기에 익숙해졌다.

- I **used to go** shopping on Saturdays, but now I go during the week.
  난 토요일에 쇼핑하러 가곤 했는데 지금은 주중에 가.

1. A Do you _____ for lunch today?

   B Sure. I'll save my packed lunch for tomorrow.

   A: 오늘 나가서 점심 먹는 거 어때?　　　　　　　　　　　　* go out 나가다
   B: 좋지. 싸 온 점심은 내일 먹게 둬야겠다.

2. A Did you try going right after lunch?

   B I did, but the doctor _____ another patient.

   A: 점심 바로 지나서 가 봤어?
   B: 가 봤는데 의사가 다른 환자 보느라 바쁘더라고.

3. A I'm _____ these lists.

   B Let me show you a quick way to do it in a spreadsheet.

   A: 이 목록을 비교해서 보는 게 어려워.
   B: 스프레드시트에서 빨리 할 수 있는 방법을 보여 줄게.

4. A Hank! I haven't seen you in a long time!

   B I _____ an addition on my house.

   A: Hank! 못 본 지 오래 됐네!　　　　　　　　　　　　* put 붙이다, 달다
   B: 집에 공간을 추가로 만드느라 바빴어.

문장 영작

주어진 힌트를 참고하여 다음 한글을 영작해 보세요.

1. 영국에서 차를 마시는 것에 익숙해지고 있어.

_____

Hint get used to ~ing ~하는 데 익숙해지다

2. 우리는 공인 시험 센터를 찾는 데 어려움을 겪어 왔다.

_____

Hint authorized testing center 공인 시험 센터 * 현재완료 시제를 사용할 것

3. 잠시 들러서 커피 좀 마시고 싶은 기분이야.

_____

Hint stop for ~을 위해 멈추다

4. Mark는 자신의 후임자를 교육하느라 지금까지 바빴다.

_____

Hint replacement 후임자 * 현재완료 시제를 쓰는 것에 유의할 것

5. 새벽 5시에 일어나는 게 힘들었지만 곧 익숙해졌어.

_____

Hint be hard ~ing ~하는 게 힘들다 quickly 곧

소셜 미디어와 메신저

힌트와 한글을 보고 빈칸에 영어로 써 보세요.

Fortin
Tue PM 19:45   ...

👍❤   👍 Like   💬 Comment   ↪ Share   ●▼

Man, _____

_____

어휴, 정기적으로 헬스장에 가는 게 힘들었어.

You just have to go, especially if you don't want to.
그냥 가야 해. 특히 가고 싶지 않을 때는 더 말이야.

_____ It takes

time to make a habit.
익숙해질 거야. 습관이 되려면 시간이 좀 걸리지.

Want me to pick you up when I'm going?
내가 갈 때 너 데려다줄까?

📷 ☺

Hint get to ~에 도착하다   regularly 정기적으로

* 현재완료진행 시제를 사용할 것

Unit 14. ~하고 싶은 기분이다/~하는 데 어려움이 있다/~하느라 바쁘다

Unit 15

~하지 않을 수 없다

can't help+~ing/can't help but+동사원형

자신의 의지와는 달리 선택의 여지가 없거나 어쩔 수 없는 경우에 can't help+동명사 또는 can't help but+동사원형을 씁니다.

STEP 01 어순 연습

한글 뜻과 힌트를 보고 순서에 맞게 써 보세요.

● 네가 나를 무시해 왔다고 생각할 수밖에 없어.

help / you've / thinking / ignoring me / I can't / been

_____

_____

Hint can't help ~ing ~하지 않을 수 없다 ignore 무시하다

● 그녀는 지원한 게 떨어져서 실망하지 않을 수 없었다.

help / when / she couldn't / disappointed / her application failed / but feel

_____

_____

Hint can't help ~ing ~하지 않을 수 없다 disappointed 실망한

구조 파악

본격적인 영작에 앞서 자세한 설명을 읽어 보세요.

> ### can't help+~ing/can't help but+동사원형
> ~하지 않을 수 없다

1 그녀와 사랑에 빠질 수밖에 없어. 그녀는 사랑스러워.

I cannot help falling in love with her. She is adorable.
<u>부사구</u>

➡ cannot help 다음에 동명사 falling을 썼다. fall in love는 '사랑에 빠지다'라는 뜻이다.

2 이 코미디언은 너무 웃겨서 내가 눈물이 날 때까지 웃을 수밖에 없었어.

This comedian was so funny that I couldn't help laughing

till I cried.
<u>부사절</u>

➡ couldn't help 다음에 동명사 laughing을 썼다. so+형용사+that+절은 '너무 ~해서 ~하다'라는 뜻으로서 원인과 결과를 나타내는 말이다.

3 나는 그가 안건에 대해 아무것도 몰랐다고 생각할 수밖에 없었다.

I couldn't help thinking he didn't know anything about the
<u>목적어(명사절)</u>

agenda.

➡ couldn't help 다음에 동명사 thinking을 썼다. think의 목적어로 명사절이 나왔다.

4 나는 직장을 잃은 것에 대해 그녀에게 거짓말한 후에 죄책감이 들지 않을 수가 없었다.

I could not help but feel **guilty** <u>after I lied to her about losing</u>
<u>my job.</u>
부사절

➡️ could not help but 다음에 동사원형 feel을 썼다. feel guilty는 '죄책감을 느끼다'라는 뜻이다.

5 고객은 회사의 배송 시스템이 얼마나 나쁜지 알 수밖에 없었다.

Customers couldn't help but recognize **<u>how bad of a delivery</u>**
<u>system the company has.</u>
목적어(명사절)

➡️ couldn't help but 다음에 동사원형 recognize를 썼고 그 뒤에 명사절이 나왔다. 간접의문 형태이므로 의문사 how+주어+동사의 순서로 써야 한다.

6 대학 이후로 내 친구를 본 지 너무 오래돼서 껴안지 않을 수가 없었다.

I couldn't help but hug **<u>my friend</u>** because it had been so long
목적어
since college.

➡️ couldn't help but 다음에 동사원형 hug를 썼다.

🖊️ **Better Writer**

can't help ~ing, can't help but 동사원형과 같은 의미로 have no choice but to 동사원형이 있습니다. 이것은 '~하는 것 외에는 선택의 여지가 없다, ~하는 것 외엔 달리 방법이 없다'의 뜻으로 쓰입니다. can't help but 뒤에는 동사원형이, have no choice but 뒤에는 to 동사원형이 온다는 것에 유의하세요.

• I **have no choice but to let** you go at this point.
이 선에서 널 놓아주는 것 외에는 선택의 여지가 없네.

• I **had no choice but to call** the police.
경찰을 부르는 것 외에는 달리 어쩔 수가 없었다.

표현 영작

주어진 내용을 바탕으로 대화에 맞게 문장을 완성해 보세요.

1. A I _____ there's something
   between us.

   B I am sorry, I don't feel the same.

   A: 난 우리 사이에 뭔가가 있다고 생각할 수밖에 없어.
   B: 미안하지만, 난 똑같은 느낌이 들지 않아.

2. A The price they offered seemed unusually low.

   B Yeah, I _____ they're cheating us.

   A: 그들이 제시한 가격이 전에 없이 낮아요.
   B: 그러게요. 우리를 속인다고 생각할 수밖에 없어요.

3. A These kittens are too adorable.

   B I _____ their furry little
   heads.

   A: 이 고양이들은 너무 사랑스러워.
   B: 조그마한 털복숭이 머리를 쓰다듬지 않을 수 없어.

4. A I _____ I'm being ignored here.

   B I'm sorry, did you say something?

   A: 나 지금 무시당하고 있다고 생각할 수밖에 없어.
   B: 미안해, 뭐라고 그랬어?

문장 영작

주어진 힌트를 참고하여 다음 한글을 영작해 보세요.

1. Darnell은 그 가격에 여분의 것을 사지 않을 수가 없었다.

_____

Hint can't help ~ing   extras 여분의 것

2. 영화가 너무 무서워서 자리를 벗어나는 것 외에는 방법이 없었다.

_____

Hint so~that 구문을 사용할 것   scary 무서운   leave 자리를 떠나다

3. 그녀가 가장 좋아하는 노래가 나오자 그녀는 따라 부르지 않을 수가 없었다.

_____

Hint can't help ~ing   sing along 따라 부르다   come on 나오다/등장하다

4. 한 시간 동안 실패한 후에 도움을 청하지 않을 수가 없었다.

_____

Hint can't help but+동사원형   ask for 요청하다   fail 실패하다

5. 시장은 비상 상황을 공표하는 것 외에는 선택의 여지가 없었다.

_____

Hint declare 공표하다, 선언하다   an emergency 비상 상황

소셜 미디어와 메신저

힌트와 한글을 보고 빈칸에 영어로 써 보세요.

<

Fortin

Looks like I'm going to have to take a shift this weekend after all.
결국 이번 주말에 교대 근무를 해야 할 것 같아.
PM 17:00

You're going to miss the concert?
콘서트 못 보게 된다고?
PM 17:10

Fortin

_____

_____

My employee is sick.
그걸(교대 근무) 지나칠 수가 없어. 직원이 아프거든.
PM 17:11

_____

_____ That's too bad.

가는 거 외엔 정말 달리 방법이 없는 것 같네. 안됐다.
PM 17:13

Hint miss 지나치다   sounds like ~처럼 들리다, ~인 것 같다

Unit 16

가장 ~한 사람(사물) 중 하나/
가장 ~한 사람(사물)

one of the 최상급+명사
the 최상급+명사+형용사절

최고 중의 하나라고 말할 때 또는 최고라고 말할 때 최상급을 쓰게 되는데, 흔히 강조할 때 많이 사용합니다. 본 영작문 책으로 공부하는 학습자 분들 정말 최고예요!

STEP 01 | 어순 연습

한글 뜻과 힌트를 보고 순서에 맞게 써 보세요.

● 내가 여태 먹어 본 것 중에 가장 맛있는 아이스크림이야.

the most / this is / ice cream / I've ever eaten / delicious

_____

_____

> Hint delicious의 최상급을 쓸 때는 앞에 the most를 붙인다.

● 그 워크숍은 내가 지금까지 참석한 것 중에 분명 제일 유용했어.

useful / I've ever attended / the most / it was easily / workshops / one of

_____

_____

> Hint useful의 최상급을 쓸 때는 앞에 the most를 붙인다. one of 뒤에는 항상 복수 명사가 온다.

구조 파악

본격적인 영작에 앞서 자세한 설명을 읽어 보세요.

> ### one of the 최상급+명사 / the 최상급+명사+형용사절
> #### 가장 ~한 사람(사물) 중 하나 / 가장 ~한 사람(사물)

1 내 인생에서 가장 기억날 만한 식사 중의 하나였어.

It was one of the most memorable meals **of my life.**
주어　동사　　　　　　　　　　　　　　　복수 명사

➡ memorable은 the most를 붙여서 최상급을 만든다. one of 뒤에는 항상 복수 명사가 온다.

2 전 이 지구상에서 가장 좋은 제작사에서 일해요.

I **work** **at** one of the best <u>production companies</u> **on the**
주어　동사　　　　　　　　　　　　　복수 명사
planet.

➡ 이 문장에서 the best는 형용사 good의 최상급이다.

3 이것은 오늘날 가장 유행하는 사기 중의 하나이다.

This is one of the most popular <u>scams</u> **around today.**
주어　동사　　　　　　　　　　　복수 명사

➡ popular의 최상급을 쓸 때는 앞에 the most를 붙인다.

4 내가 지금까지 읽어 본 것 중에 가장 흥미 있는 소설이었어.

This is the most interesting novel **I have ever read.**
주어　동사

➡ interesting의 최상급을 쓸 때는 앞에 the most를 붙인다. I have ever read가 목적어인 the most interesting novel를 뒤에서 수식하고 있다.

5 올해 내가 본 것 중에 가장 형편없는 영화야.

That's the worst movie **I have seen this year.**
<u>주어+동사</u>

➡️ 이 문장에서 the worst는 형용사 bad의 최상급이다. I have seen이 목적어인 the worst movie 를 뒤에서 수식하고 있다.

6 그녀와 함께 했던 날들이 내 일생의 가장 행복한 날들이었어.

The days I was with her were the happiest days **of my life.**
<u>주어</u>   <u>동사</u>

➡️ 형용사 happy와 -est가 합쳐져서 최상급 the happiest가 되었다.

Better Writer

여럿을 비교할 때 비교급과 최상급을 사용할 수 있습니다. 비교급이나 최상급을 만들 때 형용사나 부사에 -er, more, -est, the most를 붙이는 규칙이 있으나 규칙을 외우기보다는 계속 써 보면서 익히는 게 최선의 방법입니다. 비교급을 만들 때는 형용사나 부사에 -er 또는 more를 붙이고 그 뒤에 than을 붙여 줍니다.

• Oliver's knife was **sharper than** a razor blade.
올리버의 칼은 면도날보다 더 날카롭다.

• Old shoes are usually **more comfortable than** new shoes.
보통은 신고 있던 신발이 새 신발보다 더 편안하다.

1. A This copier is _____ ever.

    B It is frustrating. What's wrong with it this time?

A: 이 복사기는 진짜 제일 짜증나는 기계야.   * annoying 짜증스러운
B: 짜증나지. 이번엔 뭐가 문제야?

2. A This restaurant is _____

    on the street.

    B I think the manager is doing a good job.

A: 이 식당은 이 거리에서 제일 좋은 곳이야.
B: 매니저가 일을 잘 하고 있는 것 같아.

3. A I have _____ right now.

    B Let me turn off some of the lights.

A: 나 지금 두통이 최악이야.
B: 내가 등을 좀 꺼 줄게.

4. A I heard your company is _____

    in the industry.

    B It gets great results but there's a lot of turnover.

A: 너네 회사가 업계에서 제일 좋은 곳 중에 하나라며.
B: 실적은 아주 좋은데 이직률이 높아.

1. 이 드레스는 이번 시즌에 가장 유행하는 물품 중에 하나이다.

_____

Hint item 물품   * one of 뒤에는 항상 복수 명사가 온다.

2. 이건 내가 갔던 휴가 중에 진짜 가장 최악이야.

_____

Hint take a vacation 휴가를 보내다

* bad의 최상급을 쓴다. *ever는 비교급, 최상급에서 의미를 강조할 때 쓰인다.

3. 여기 커피는 옆 가게보다 더 좋아.

_____

Hint shop 가게   next door 옆 건물

4. 그는 회사에서 가장 게으른 매니저 중 한 명이야.

_____

* lazy의 최상급을 쓸 때는 단어 형태에 유의하여 -est를 붙인다.

5. 가을은 일 년 중에 가장 아름다운 때야.

_____

Hint autumn 가을   time 때   the year 한 해, 일 년

소셜 미디어와 메신저

힌트와 한글을 보고 빈칸에 영어로 써 보세요.

𝓘𝓷𝓼𝓽𝓪𝓰𝓻𝓪𝓶

Fortin
Gangnam, Seoul

❤ ◯ ◁   🔖

_____

_____

이건 네가 여태까지 찍은 것 중에 진짜 가장 멋진 사진 중 하나야.

_____

_____

이 호텔은 해변에 있는 다른 호텔들보다 더 비싸다고 들었어.

So jealous! It looks like you're having an amazing time.

너무 부럽다! 진짜 재미있게 보내는 것 같아.

Love it! I wish I were with you and not working. :(

좋다! 일 안 하고 너랑 같이 있으면 좋겠다. :(

Hint the others 다른 것들   on the beach 해변에 있는

* '가장 멋진'을 표현하기 위해서는 good의 최상급을 쓴다. ever는 비교급이나 최상급에서 의미를 강조할 때 쓰인다.   * '더 비싸다'는 비교급을 써서 표현한다.

~하는/~해진 사람(사물)

명사+현재분사/과거분사

명사는 보통 형용사가 앞에서 수식을 하여 상태를 묘사하게 되지만 동사의 성격을 가진 분사가 뒤에서 수식함으로써 동작을 나타낼 수도 있어요. 동사와 분사 간의 관계에 따라 능동의 의미이면 현재분사를, 수동의 의미이면 과거분사를 쓰면 돼요.

STEP 01 어순 연습

한글 뜻과 힌트를 보고 순서에 맞게 써 보세요.

● 우리 직원들을 교육해 주는 회사는 직장 동료가 추천해 줬어요.

our staff / training / was recommended / the company / by a colleague

_____

_____

Hint 분사와 그 분사가 수식하는 명사의 능동, 수동 관계를 파악한다. 수동태로 쓰인 문장임에 유의할 것

● 점심 때 배달된 음식은 회의 참석자에게만 제공됩니다.

at noon / only / delivered / is for conference attendees / the food

_____

_____

Hint 분사와 그 분사가 수식하는 명사의 능동, 수동 관계를 파악한다.

구조 파악

본격적인 영작에 앞서 자세한 설명을 읽어 보세요.

> ### 명사+현재분사/과거분사
> ~하는/~해진 사람(사물)

1 발표자는 우리에게 교육비 예산을 보여 주는 표를 설명했다.

The presenter explained to us the table **showing** our
  　　주어　　　　　　동사　　　　　　　　　　　　　현재분사
training budget.

➡ '보여 주는 표'이므로 능동의 의미이다. the table that is showing에서 줄어든 구조이다.

2 집을 나서기 전에 항공권과 여권, 비자를 포함한 서류를 다시 한 번 확인하는 게
중요하다.

It's important to double-check your documents **including**
　　　　　　　　　　　　　　　　　　　　　　　　　　　　현재분사
your tickets, passport and visa before leaving home.

➡ '포함하는 서류'이므로 능동의 의미이다. your documents that are including에서 줄어든 구
조이다.

3 가장 많은 시청자 점수를 얻는 댄스 팀이 경연에서 우승합니다.

The dancing team scoring the most viewer points wins the
　　주어　　　　　　현재분사　　　　　　　　　　　　　　　　동사
competition.

➡ '점수를 얻는 팀'이므로 능동의 의미이다. The dancing team that is scoring에서 줄어든
구조이다.

4 상사에게 보낸 2분기 매출 보고서에 큰 오류가 있습니다.

The 2nd quarter sales report sent out to the supervisor has a
_{주어}   _{과거분사}   _{동사}
big error.

➡️ 보고서가 보내진 것이므로 수동의 의미이다. The 2nd quarter sales report that is sent에서 줄 어든 구조이다.

5 고가에 판매된 와인이 꼭 최고이거나 가장 맛이 좋다고 할 수는 없다.

Wine sold at a high price is not necessarily the best or the
_{주어} _{과거분사}   _{동사}
tastiest.

➡️ 와인이 팔린 것이므로 수동의 의미이다. Wine that is sold에서 줄어든 구조이다.

6 바닐라 생크림을 얹은 커피 한 잔으로 하루를 시작하면 행복한 기분이 든다.

I feel happy when I start my day with a cup of coffee topped
_{주어 동사}   _{과거분사}
with vanilla whipped cream.

➡️ 생크림이 얹힌 커피이므로 수동의 의미이다. a cup of coffee that is topped에서 줄어든 구조이 다.

✏️ Better Writer

명사에 현재분사나 과거분사가 결합하는 것처럼, 동사에 현재분사나 과거분사가 결합하여 능동이나 수동 의 의미를 나타낼 수도 있습니다. 현재분사는 능동의 의미를, 과거분사는 수동의 의미를 가지게 됩니다. 이런 종류의 동사는 다음과 같습니다. sit, stand, lie, come, run, keep, remain, feel, look, seem.

• He **stood stunned** in the doorway of the house.
그는 집 문 앞에서 어리둥절한 채 서 있었다.

• She **remained lying** after the explosion.
그녀는 폭발 후 그대로 누워 있었다.

표현 영작

주어진 내용을 바탕으로 대화에 맞게 문장을 완성해 보세요.

1. A When do you want to go over the expense form?

   B _____ is offline right now.

   Let me get back to you after lunch.

   * calendar 일정표, 달력

   A: 경비 지출서 언제 살펴보고 싶으세요?
   B: 제 일정 달력을 보여 주는 앱이 지금 오프라인 상태에요. 점심시간 후에 연락 드릴게요.

2. A _____ needs a few corrections.

   B Okay. I'll take a look at it this afternoon.

   * return 돌려받다

   A: 어제 돌려받은 보고서는 몇 군데 정정해야 해요.
   B: 알겠습니다. 오늘 오후에 살펴보겠습니다.

3. A _____ is making me

   rethink going on a hike tomorrow.

   B That's too bad. I know you were really looking forward to it.

   A: 밖에 내리는 비를 보니 내일 하이킹 가는 걸 다시 생각해 볼까 해.
   B: 안됐다. 너가 하이킹을 많이 기대하고 있었다는 거 알아.

4. A I'm calling about _____

   for new graduates.

   B Let me transfer you to Human Resources.

   * positions 일자리

   A: 대학 졸업생의 일자리를 광고하는 공고를 보고 전화 드렸습니다.
   B: 인사과로 전화 돌려 드릴게요.

주어진 힌트를 참고하여 다음 한글을 영작해 보세요.

1. 크림 치즈를 바른 베이글은 내가 가장 좋아하는 아침거리이다.

_____

Hint bagel 베이글   spread with ~로 바르다

2. 제 엄마는 파란색 모자를 쓰고 있는 여자 분 옆에 계세요.

_____

Hint lady 여성, 부인   wear 모자 등을 쓰다

3. M으로 시작하는 이름을 가진 분들은 여기에 줄 서 주세요.

_____

Hint start with ~로 시작하다   line up 줄 서다   * please를 앞이나 끝에 붙이면 공손한 말투가 된다.

4. 사랑으로 만들어진 식사는 어느 식당만큼이나 맛있다.

_____

Hint meal 식사, 끼니   as~ as~ ~만큼 ~하다   delicious 맛있는

5. 우리는 호수를 내려다보는 아파트에서 살아요.

_____

Hint overlook 내려다보다, 바라보다

힌트와 한글을 보고 빈칸에 영어로 써 보세요.

Fortin
Thu PM 13:07

Come join the fantastic music festival featuring female artists!
여성 아티스트가 출연하는 환상적인 뮤직 페스티벌에 오셔서 참여하세요!

👍 Like   💬 Comment   ↪ Share

_____
_____
여성 아티스트가 출연하는 페스티벌은 내가 딱 좋아하는 행사야.

Wow- this looks great. I absolutely want to go!
와~ 멋지다. 완전 가고 싶다!

_____
_____
프로그램 책자에 나온 아티스트 몇 명의 팬미팅 표를 살 수도 있어.

Does anyone know when tickets are going on sale?
표 판매는 언제 시작하는지 알 수 있어?

Hint feature 출연하다   exactly 정확히   my kind of 내 타입의 get 사다
meet and greet 팬미팅 list 싣고 있다, 열거하다 playbill 프로그램 책자

Unit 18

~한 사람(사물): 관계대명사 주격

(대)명사+who/which/that+동사

관계대명사를 포함한 절은 명사나 대명사를 수식하기 때문에 이를 형용사절이라고도 하는데요. 형용사절이 꾸미는 것이 사람이면 who, 사물이나 동물이면 which를 쓰며 that은 사람, 사물을 포함하여 다양한 경우에 쓸 수 있습니다.

STEP 01 | 어순 연습

한글 뜻과 힌트를 보고 순서에 맞게 써 보세요.

- 난 나라는 사람을 그대로 사랑해 줄 수 있는 사람을 찾고 있는 중이야.

can love me / someone / I'm looking for / who / for who I am

_____

_____

Hint 형용사절이 수식하는 단어는 someone이다.

- 저 개가 어제 나를 물었던 개야.

the one / bit me / that dog is / which / yesterday

_____

_____

Hint 형용사절이 수식하는 단어는 the one이다.

STEP 02

구조 파악

본격적인 영작에 앞서 자세한 설명을 읽어 보세요.

> ### (대)명사+who/which/that+동사
> ~한 사람(사물)

1 기말 시험이 다가오고 있어. 수업 노트 갖고 있는 사람을 찾아야겠어.

Final exams are coming. I need to look for someone who has class notes.
주어 / 동사 / 목적어

➡ 형용사절인 who has class notes가 목적어인 someone을 수식하고 있다.

2 제가 회의 장소를 추천한 사람입니다.

I'm the one who recommended the conference venue.
주어+동사 / 보어

➡ 형용사절인 who recommended the conference venue가 보어인 the one을 수식하고 있다.

3 리모컨 중앙에 있는 네모난 큰 버튼이 메뉴 버튼인데 그걸 눌러.

Press the menu button which is the big square button at the center of the remote.
동사 / 목적어

➡ 명령문이므로 주어 없이 동사로 시작한다. which is the big square button at the center of the remote가 목적어인 the menu button을 수식하고 있다.

4 기타 질문에 대한 답을 찾을 수 있도록 자주 하는 질문의 페이지 링크를 보내 드리겠습니다.

I'll send you a link to the FAQ section **which might answer your other questions.**
주어+동사   직접목적어

➡ which ~your other questions가 목적어인 a link to the FAQ section을 수식하고 있다.

5 오래되고 작아 보이는 식당의 음식이 엄청나게 맛있을 수도 있다.

A restaurant **that looks** old and small **might have** amazing food.
주어   동사   목적어

➡ that looks old and small이 주어인 A restaurant를 수식하고 있다.

6 '반짝이는 모든 게 금은 아니다'라는 속담은 셰익스피어의 베니스의 상인에 나오는 말이다.

The proverb 'All that glitters **is not gold'** is from *The Merchant of Venice* by Shakespeare.
주어   동사

➡ that glitters가 주어인 all을 수식하고 있다.

✏ Better Writer

관계대명사에는 제한적 용법과 계속적 용법이 있습니다. 관계대명사 앞뒤로 콤마가 있는지를 보면 금방 확인이 가능합니다. 콤마가 없다면 제한적 용법이고 있다면 계속적 용법입니다.

- Michael tried to dance at the party, which made everyone laugh.
  Michael은 파티에서 춤을 추려고 애를 썼는데 이것이 모든 사람들을 웃게 만들었다. (계속적: 문장 전체를 수식함)
- My brother who lives in Boston got married yesterday.
  (제한적) 보스턴에 사는 내 동생이 어제 결혼했다. →동생이 여러 명임
- My brother, who lives in Boston, got married yesterday.
  (계속적) 내 동생은 보스턴에 사는데 어제 결혼했다. →동생이 한 명임

표현 영작

주어진 내용을 바탕으로 대화에 맞게 문장을 완성해 보세요.

1. A I'm looking for _____ this store.

   B That would be me. How can I help you?

   * manage 관리하다

   A: 이 가게를 관리하는 사람을 찾고 있어요.
   B: 그건 접니다. 어떻게 도와 드릴까요?

2. A I'm heading to Office Plus after lunch. Need anything?

   B Is that _____ printer ink?

   A: 점심 시간 후에 Office Plus에 갈 건데요. 필요한 거 있어요?
   B: 거기가 프린터 잉크 파는 가게인가요?

3. A Do you know _____ computers?

   B I do, in fact. Let me get you their contact information.

   * repair 수리하다

   A: 컴퓨터 수리하는 사람을 알고 있나요?
   B: 알고 있어요. 연락처를 드릴게요.

4. A I was splashed by _____ me to work.

   B Oh no! What a bad start to the day.

   A: 나 회사까지 태워다 주는 버스에 물벼락 맞았어.
   B: 아이고, 어떡해! 하루 참 안 좋게 시작했네.

1. 너에게 소문을 퍼뜨리는 사람이 아마도 너에 대한 소문을 퍼뜨릴 수도 있어.

_____

Hint spread 퍼뜨리다   rumor 소문   probably 아마도

2. 그녀는 대학교에서 수학을 가르치는 여자야.

_____

Hint university 대학교

3. 그게 내가 작가가 되는 데 영향을 준 책이야.

_____

Hint influence 영향을 끼치다   become ~이 되다

4. 내 매니저가 승진 대상으로 나를 추천한 사람인데 다른 회사로 떠나.

_____

Hint for promotion 승진 대상으로   leave for ~로 떠나다

5. 그는 내 수술 후에 나를 돌봐 준 간호사야.

_____

Hint care for 돌보다   my surgery 내 수술

소셜 미디어와 메신저

힌트와 한글을 보고 빈칸에 영어로 써 보세요.

Fortin

_____

_____

_____

어제 너를 도와준 남자가 누구야?

AM 9:10

That was my cousin from Maryland.

메릴랜드에서 온 내 사촌이야.

AM 9:12

Fortin

_____

_____

_____

그가 조지타운 대학에서 법 공부하는 사람이야?

AM 9:12

Yes, that's him.

응, 맞아.

AM 9:13

Hint the one 그 사람   at Georgetown 조지타운 대학에서

Unit 19

~한 사람(사물): 관계대명사 목적격

(대)명사+who(m)/which/that+주어+동사

'I like the man, I visited the island, Julie sent the file'과 같은 형태가 the man whom I like(내가 좋아하는 남자), the island which I visited(내가 갔던 섬), the file that Julie sent(Julie가 보낸 파일)과 같은 형태로 변하는데, 앞으로 나간 목적어를 뒤에서 주어, 동사가 수식하기 때문에 관계대명사 whom, which, that이 목적격으로 쓰인 것입니다.

STEP 01 | 어순 연습

한글 뜻과 힌트를 보고 순서에 맞게 써 보세요.

● 주말에 빌린 자전거 타이어에 펑크가 났어요.

which / has a flat tire / the bicycle / on the weekend / I had rented

_____

_____

Hint 형용사절이 the bicycle을 수식하고 있다.

● Ned는 내가 사려고 찾고 있는 앨범을 갖고 있어.

the album / to buy / that / Ned has / I was looking

_____

_____

Hint 형용사절이 the album을 수식하고 있다.

구조 파악

본격적인 영작에 앞서 자세한 설명을 읽어 보세요.

> ## (대)명사+who(m)/which/that+주어+동사
> ~한 사람(사물)

1 사실, 내가 데이트하고 있는 여자는 내 회사 동료야.

In fact, <u>the girl</u> whom I have been dating <u>is</u> <u>my coworker</u>.
　　　　　주어　　　　　　　　　　　　　　　　동사　　보어

➡️ In fact, the girl is my coworker. I have been dating her. 이 두 문장이 합쳐질 때 두 번째 문장이 뒤에서 the girl을 수식하면서 the girl을 가리키는 목적어 her가 생략되었다.

2 다시 한번 심려를 끼쳐 드린 분께 진심으로 사과의 말씀을 드립니다.

I again sincerely <u>apologize</u> to anyone whom I have offended.
주어　　　　　　　　　동사

➡️ I again sincerely apologize to anyone. I have offended them. 이 두 문장이 합쳐질 때 두 번째 문장이 anyone을 수식하면서 anyone을 가리키는 목적어 them이 생략되었다.

3 그는 내가 항상 존경해 온 직장 멘토야.

<u>He</u> <u>is</u> <u>a mentor</u> at work who I have always admired.
주어　동사　　보어

➡️ He is a mentor at work. I have always admired him. 이 두 문장이 합쳐질 때 두 번째 문장이 a mentor at work를 수식하면서 a mentor를 가리키는 목적어 him이 생략되었다.

4 그가 받은 고객 설문 조사는 아주 만족스러웠다.

The customer survey which he received **was very satisfactory.**
　　주어　　　　　　　　　　　　　　　　　　 동사　　　보어

➡️ The customer survey was very satisfactory. He received it. 두 번째 문장이 The customer survey를 수식할 때 The customer survey를 가리키는 목적어 it이 생략되었다.

5 그건 그가 미뤄 왔었던 아주 급한 일이었어.

It was a very urgent business which he'd been putting off.
주어　동사　　　보어

➡️ It was a very urgent business. He'd been putting it off. 두 번째 문장이 a very urgent business를 수식할 때 a very urgent business를 가리키는 목적어 it이 생략되었다.

6 소년이 가지고 있는 톰 크루즈의 사인이 진짜인 것으로 드러났다.

The signature of Tom Cruise that the boy has **turned out to**
　　　　　　주어　　　　　　　　　　　　　　　　 동사

be a real one.
　보어

➡️ The signature of Tom Cruise turned out to be a real one. The boy has it. 두 번째 문장이 The signature of Tom Cruise를 수식할 때 The signature of Tom Cruise를 가리키는 목적어 it이 생략되었다.

Better Writer

관계대명사가 전치사의 목적어일 경우, 전치사는 관계대명사 앞이나 형용사절 뒤에 올 수 있습니다. 하지만 전치사+관계대명사로 쓸 수 있는 경우는 whom, which 둘뿐입니다.

- The composer **to whom** I am listening is Mozart.
  내가 듣고 있는 음악 작곡가는 모차르트이다.

- Dr. Larson is the surgeon **whom** I have talked **about** many times. Larson.
  박사는 내가 많이 얘기한 외과 의사이다.

- The concert **that** I told you **about** was last night
  내가 얘기한 콘서트가 어젯밤에 했어.

1. A _____ last week

was missing some key components.

B Please send it to me for review.   * receive 받다

A: 지난 주에 받았던 보고서에 몇 가지 중요한 요소가 빠져 있었어요.
B: 검토해 보게 나에게 보내 줘요.

2. A Where did you take your car this time?

B _____ in February.

A: 이번에 네 차 어디로 가져다 맡겼어?   * visit 찾아가다
B: 2월에 갔던 서비스 센터(에 맡겼어).

3. A What are you working on?

B _____ all week.

A: 지금 무슨 작업하고 있어?   * avoid 피하다
B: 한 주 내내 손 놓고 있었던 이메일 (작업하고 있어).

4. A _____ is visiting

next week.

B Fantastic. I'll visit the bookstore to get us tickets.

A: 내가 인터뷰했던 작가가 다음 주에 방문해.
B: 좋았어. 내가 그 서점에 가서 표를 살게.

문장 영작

주어진 힌트를 참고하여 다음 한글을 영작해 보세요.

1. 내가 약혼한 여자가 다음 주에 올 거야.

_____

Hint be engaged to ~와 약혼하다   visit 방문하다

2. 읽으려고 기다리고 있었던 책이 내일 출간돼.

_____

Hint release 출간하다   * 과거부터 지금까지 계속 기다려 오고 있다는 의미이다.

3. 당신이 얘기해야 할 여자는 Monique이에요.

_____

Hint need to ~할 필요가 있다   speak with ~와 얘기하다

4. 보고 싶었던 영화가 벌써 영화관 상영이 끝났어.

_____

Hint be gone from ~에서 없어지다   cinema 영화관

5. 제 팀이 보고하는 매니저는 Jasmine이에요.

_____

Hint report to ~에게 보고하다

소셜 미디어와 메신저

힌트와 한글을 보고 빈칸에 영어로 써 보세요.

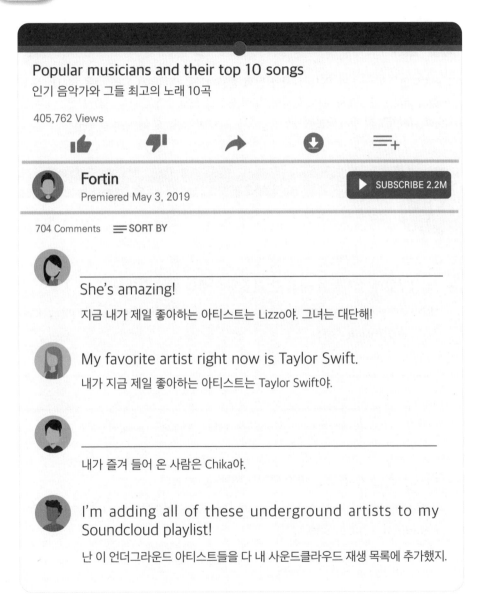

Popular musicians and their top 10 songs
인기 음악가와 그들 최고의 노래 10곡

405,762 Views

Fortin
Premiered May 3, 2019

▶ SUBSCRIBE 2.2M

704 Comments ≡ SORT BY

_____
She's amazing!
지금 내가 제일 좋아하는 아티스트는 Lizzo야. 그녀는 대단해!

My favorite artist right now is Taylor Swift.
내가 지금 제일 좋아하는 아티스트는 Taylor Swift야.

_____
내가 즐겨 들어 온 사람은 Chika야.

I'm adding all of these underground artists to my Soundcloud playlist!
난 이 언더그라운드 아티스트들을 다 내 사운드클라우드 재생 목록에 추가했지.

Hint best 제일 follow 따르다, 귀를 기울이다

* 과거부터 현재까지 즐겨 들어 오고 있는 중이라는 의미에 유의한다.

Unit 20

~의 누구(무엇): 관계대명사 소유격

명사+whose+명사+동사

소유격 관계대명사 whose는 명사+동사와 함께 형용사절을 이루어서 앞에 나온 명사를 수식합니다. whose 앞의 명사는 문장에서 주어, 목적어, 보어 등으로 쓰일 수 있습니다. 형용사절은 명사를 꾸며서 더욱 의미를 상세하게 해 주기 때문에 무언가를 묘사할 때 효과적으로 쓰일 수 있습니다.

STEP 01 어순 연습

한글 뜻과 힌트를 보고 순서에 맞게 써 보세요.

● 내 사무실에 소지품을 두고 간 사람의 이름을 알고 싶어요.

the name of the person / belongings / in my office / whose / I want to know / were left

_____

_____

Hint 누구의 소지품인지 확인하고 소유자에 해당하는 명사가 whose 앞에 위치하도록 한다.

● 대표 뉴스 쇼가 취소된 방송사는 직원들을 해고하고 있다.

was canceled, / whose / is laying off employees / flagship news show / the broadcaster

_____

_____

Hint 누구의 대표 뉴스 쇼인지 확인하고 소유자에 해당하는 명사가 whose 앞에 위치하도록 한다.

STEP 02 구조 파악

본격적인 영작에 앞서 자세한 설명을 읽어 보세요.

> ## 명사+whose+명사+동사
> ~의 누구(무엇)

1 제 상사에게 프레젠테이션 초안을 보낼 건데 그의 피드백은 항상 도움이 돼요.

I'll send the draft for the presentation to my boss whose
주어+동사   목적어   간접목적어

feedback is always helpful.

➡ 간접목적어인 명사 my boss를 소유격 관계대명사 whose로 받고 있다.

2 그것은 이탈리아 회사의 로고인데 금색 황소를 특징으로 하지.

It's an Italian company whose logo features a golden bull.
주어+동사   보어

➡ 보어 역할을 하는 an Italian company를 소유격 관계대명사 whose로 받고 있다.

3 마을 사람들의 집이 침수되어서 그들을 즉시 이전시켜야 합니다.

The villagers, whose homes are flooded, have to be relocated
주어   동사

immediately.

➡ whose 앞에 콤마가 있다면 계속적 용법으로 쓰인 것으로서, 형용사절은 앞선 명사를 뒤
에서 수식한다기보다는 그것에 대한 추가 정보를 주거나 설명을 한다.

127

Unit 20. ~의 누구(무엇): 관계대명사 소유격

4 한 남자가 길을 막고 있는 차의 운전자와 다투는 것을 봤어.

I saw a man arguing with a driver whose car was blocking his
주어 동사 목적어 　　　　　형용사구

way.

➡️ 형용사구에 포함된 명사 a driver를 소유격 관계대명사 whose로 받고 있다.

5 그 개는 꼬리가 검정인데 제 개예요.

The dog, whose tail is black, is mine.
　주어　　　　　　　　　　　　　　동사

➡️ 주어인 The dog을 소유격 관계대명사 whose로 받고 있다. whose 앞에 콤마가 있으므로 계속적 용법이다.

6 공항 직원은 악천후로 항공편이 연기되어 화가 난 승객으로부터 항의를 받았다.

Airport staff received complaints from angry passengers
　　주어　　　　동사　　　　목적어　　　　　　　부사구

whose flight was delayed due to bad weather.

➡️ 부사구에 포함된 명사 angry passengers를 소유격 관계대명사 whose가 받고 있다.

🖊️ **Better Writer**

관계대명사 which는 계속적 용법으로 쓰일 때 앞선 명사를 받기도 하지만 앞에 나온 절 전체를 받기도 합니다.

- The bachelor party was kicked out of the restaurant, **which** came as no surprise.
  총각 파티를 하는 사람들이 식당에서 쫓겨났다는 게 그리 놀랄 일은 아니었다.

- The women of Hidden Figures were largely missing from history, **which** is further evidence of racism.
  Hidden Figures의 여자들이 역사에서 전반적으로 빠져 있었다는 것이 인종차별주의의 또 다른 증거이다.

표현 영작

주어진 내용을 바탕으로 대화에 맞게 문장을 완성해 보세요.

1. A What's the latest news from the recent earthquake?

   B _____ failed
   have restarted operations.   * generator 발전기

   A: 최근에 일어난 지진 관련 최신 뉴스가 뭐야?
   B: 발전기가 고장난 병원들이 다시 운영을 하기 시작했대.

2. A Who makes this handbag?

   B It's _____ have
   physical disabilities.   * employee 직원

   A: 이 핸드백은 누가 만들지?
   B: 지체 장애인을 직원으로 둔 작은 회사야.

3. A What happened at the shelter party on the weekend?

   B _____ abandoned at
   the shelter, were all adopted.   * owner 주인

   A: 주말에 보호소 파티 때 무슨 일이 있었어?
   B: 주인이 보호소에 버린 동물들이 모두 입양됐어.

4. A When are the students coming back to class?

   B _____ were
   damaged in the fire, will resume classes next week.   * dorm room 기숙사 방

   A: 학생들은 수업에 언제 다시 들어오나요?
   B: 화재로 기숙사 방에 피해를 본 학생들은 다음 주에 수업을 시작할 거예요.

문장 영작

주어진 힌트를 참고하여 다음 한글을 영작해 보세요.

1. 그가 해외로 나가서 가르칠 결심을 했는데 이것은 그에게 흥미로운 경험이 될 것이다.

_____

> **Hint** go and teach abroad 해외로 나가서 가르치다
* 결심을 한 상태임을 고려하여 시제에 유의할 것   * which가 주절을 받는다.

2. 내가 실수로 가져간 여행 가방의 주인인 그 남자를 찾을 수가 없다.

_____

> **Hint** take 가져가다   by mistake 실수로
* 주절을 먼저 생각한 후, 누구의 여행 가방인지 파악할 것

3. Amanda는 작년에 남편이 죽었는데 이제는 직장을 잃었다.

_____

> **Hint** job 직장
* 제한적 또는 계속적 용법인지 파악할 것   * 직장을 잃은 상태임을 고려하여 시제에 유의할 것

4. 우리 부모님은 1년 후에 은퇴 생활을 시작하는데 여행을 하는 데 시간을 좀 보내려고 계획하고 있다.

_____

> **Hint** retirement 은퇴   in a year 1년 후에 plan to ~할 계획이다
> spend some time ~ing ~하는 데 시간을 좀 보내다   * 제한적 또는 계속적 용법인지 파악할 것

5. 일요일이 생일인 내 쌍둥이 여동생들이 축하하기 위해 소풍을 주최하고 있다.

_____

> **Hint** twin sisters 쌍둥이 여동생들   host 주최하다   celebrate 축하하다
* 주어를 먼저 찾은 후 누구의 생일인지 파악할 것

소셜 미디어와 메신저

힌트와 한글을 보고 빈칸에 영어로 써 보세요.

머리가 짧은 이 사진의 모델이 내가 갖고 있는 거랑 똑같은 귀걸이를 하고 있네요!

I love the pants in this shot. Where can I get a pair?

사진에 있는 바지가 좋네요. 어디서 구할 수 있나요?

사진이 포토샵을 한 것처럼 보이는데, 그렇다는 게 전혀 충격적이지 않군요.

Where was this photo taken? It looks so peaceful!

사진 어디서 찍었나요? 정말 평화로워 보이네요!

Hint the model for this photo 이 사진의 모델
look photoshopped 포토샵한 것처럼 보이다   hardly 거의 ~아니다

* the same (명사) as I do 내가 갖고 있는 것과 똑같은 (명사). * as I do에서 do는 대동사로서 앞에 나온 동사 have의 반복을 피하기 위해 사용된다.

Unit 20. ~의 누구(무엇): 관계대명사 소유격

Unit 21

A가 아니라 B이다

not A but B

not A but B에서 A와 B는 기본적으로 병렬 구조여서 A, B에 같은 품사나 구, 절 등이 올 수 있습니다. 하지만 언제나 예외는 있으니 마음을 열고 논리적인지 아닌지만 생각하면 됩니다.

STEP 01

어순 연습

한글 뜻과 힌트를 보고 순서에 맞게 써 보세요.

● 그녀가 피곤해 보여서가 아니라 짜증나 보여서였어.

not that / but that / she looked tired / she looked annoyed / it's

_____

_____

Hint not A but B의 구조로서 A와 B는 that절이다.

● 무서움을 줄 의도의 영화라기보다 너에게 즐거움을 주려는 영화인 거야.

scare / is not / the movie / but entertain you / supposed to

_____

_____

Hint be supposed to ~하기로 되어 있다　　* not A but B의 구조이다.

구조 파악

본격적인 영작에 앞서 자세한 설명을 읽어 보세요.

> **not A but B**
> A가 아니라 B이다

1 내가 얘기하고 있었던 국가는 호주가 아니라 오스트리아야.

The country I was talking about was not Australia but Austria.
　　　　　주어　　　　　　　　　　　　　　　동사

➡ not A but B 구조로서 A, B가 명사로 이루어져 있다.

---

2 전 당신을 보러 온 게 아니라 당신 매니저를 보러 온 거예요.

I came not to see you but to see your manager.
　주어+동사

➡ not A but B 구조로서 A, B가 부정사구로 이루어져 있다.

---

3 내가 가장 좋아하는 피자는 페퍼로니가 아니라 치즈 피자야.

My favorite pizza is not pepperoni pizza but cheese.
　　　주어　　　　　　동사

➡ not A but B 구조로서 A, B가 명사로 이루어져 있다. 단어의 반복을 피하기 위해 cheese 다음에 pizza가 생략되었다.

---

4 내가 유령의 집을 무서워하는 게 아니라 재미가 하나도 없어서야.

It is not that I'm **scared of the haunted house attraction** but
　주어+동사

that it's not fun at all.

➡ not A but B 구조로서 A, B가 절로 이루어져 있다.

5 다른 나라로 가고 싶진 않아. 해외 여행을 싫어하는 게 아니라 비행 공포증이 있어서야.

I don't want to go to another country. Not that I dislike traveling abroad but that I have aerophobia.

➡️ not A but B 구조로서 A, B가 절로 이루어져 있다.

6 당신이 자격이 없다는 게 아니라 자격이 과하다는 거예요.

It is not that you're unqualified but that you're overqualified.
주어+동사

➡️ not A but B 구조로서 A, B가 절로 이루어져 있다.

🖊️ **Better Writer**

not A but B 와 유사한 문형이 not because A but because B입니다. 불명확하거나 오해의 소지가 있는 부분에 대해서 명확하게 이유를 말해 줄 때 쓸 수 있겠네요.

- I fired you **not because** you were late **but because** you were underperforming.
  내가 당신을 해고한 것은 당신이 늦어서가 아니라 업무 성과가 낮기 때문이에요.

- I'm mad **not because** you had an accident, **but because** you didn't tell me about it.
  내가 화가 난 건 당신이 사고가 났기 때문이 아니라, 나한테 그걸 얘기하지 않았기 때문이에요.

1. A Are you having second thoughts about visiting the international branch?

   B It's _____ away from my family.   * travel 여행

   A: 해외 지점을 방문하는 것에 대해 다시 생각 중인가요?
   B: 여행이 문제가 아니라 가족하고 떨어져 있는 시간 때문이에요.

2. A Do you not like the dress?

   B It's _____ I think it's too expensive.

   A: 드레스가 맘에 안 들어?
   B: 싫다기보다는 너무 비싼 것 같아서 그래.

3. A It sounds like you're really sick of your job.

   B It's _____.

   A: 너 일이 정말 지겨운 것처럼 말하는구나.
   B: 일이 아니라 내 매니저 때문이야.

4. A So are you saying you don't care about other people?

   B It's _____ I care about myself more.

   A: 그러니까 넌 다른 사람들을 신경 쓰지 않는다는 거지?
   B: 내가 다른 사람들을 신경 쓰지 않는다기보다 내 자신을 더 아낀다는 거지.

문장 영작

주어진 힌트를 참고하여 다음 한글을 영작해 보세요.

1. 그녀는 미국인이 아니라 캐나다인이야.

_____

* not A but B 구조

2. 내가 가고 싶지 않은 게 아니라 아파서 그래.

_____

* not A but B 구조로서 A, B에 that절을 쓴다.

3. 그녀가 게을러서 수업에 빠지는 게 아니라 그녀의 아버지가 병원에 있기 때문에 그런 거야.

_____

Hint miss class 수업에 빠지다   in the hospital 입원 중인
* 기본적으로 not because A but because B 구조이지만 not에 걸리는 내용이 무엇인지 파악해야 한다.

4. 내 방은 너무 추운 게 아니라 너무 더워.

_____

* not A but B 구조

5. 네가 집에 가야 한다기보다 여기에 머물 수 없다는 거야.

_____

Hint stay 머무르다   * not A but B 구조로서 A, B에 that절을 쓴다.

STEP 05 소셜 미디어와 메신저

힌트와 한글을 보고 빈칸에 영어로 써 보세요.

Fortin
Fri PM 18:17

👍❤️   👍 Like   💬 Comment   ↪ Share   ●▾

_____

_____

내가 가고 싶지 않아서가 아니라 그 대신에 다른 할 일이 있어서야.

Like what? What could be better than a beach party?

어떤 거? 해변 파티보다 더 좋은 게 뭔데?

_____

_____

밖이 아니라 실내에서 하는 어떤 거야.

Let's go to the movies instead.

그러지 말고 영화 보러 가자.

Hint   instead 대신에   something 어떤 것(위 문제에서는 It's가 생략되어 쓰였음)
outside 밖에서   indoors 실내에서

* 형용사절을 사용하여 something을 수식하는 구조

Unit 22

~하기 전/~한 후/~하는 동안/ ~한 이후로

before/after/while/since+주어+동사

사람들은 항상 시간과 날짜를 기준으로 학교 생활, 직장 생활, 육아 등의 일상생활을 하죠. 시간 관계 부사절은 말 그대로 부사절이기 때문에 항상 주어와 동사가 들어가야 하고, 부사절이 주절 앞에 올 경우에는 부사절 뒤에 콤마를 넣어야 한다는 점에 유의해서 작문을 해 보시기 바랍니다.

STEP 01 어순 연습

한글 뜻과 힌트를 보고 순서에 맞게 써 보세요.

● 깨진 유리창을 고치는 중에 손가락을 베었어.

I was mending / I cut / while / my finger / a broken window

_____

_____

Hint mend 고치다, 수리하다   * 부사절이 주절 앞뒤 어디에 위치하는지 확인할 것

● 회의에서 그들을 만난 후로는 같이 얘기해 본 적이 없어.

at the conference / with them / we met them / we haven't spoken / since

_____

_____

Hint 위 문장에 콤마가 없으므로 부사절이 앞뒤 어디에 위치하는지 확인할 것

구조 파악

본격적인 영작에 앞서 자세한 설명을 읽어 보세요.

> ### before/after/while/since+주어+동사
> ~하기 전/~한 후/~하는 동안/~한 이후로

1 풀장에 뛰어들기 전에 물 온도를 확인해야 합니다.

<u>You</u> <u>should check</u> the temperature of the water before you
주어   동사
<u>jump</u> in the pool.

➡ 접속사 before 뒤에 주어+동사를 썼다.

2 눈이 그친 뒤에 난 밖으로 나갔다.

After it had stopped snowing, <u>I</u> <u>went</u> outside.
주어 동사

➡ 접속사 After 뒤에 주어+동사를 썼다. 부사절이 주절 앞에 있으므로 부사절 뒤에 콤마를 넣어 준다.

3 전철을 기다리는 동안 샌드위치를 먹을 거야.

<u>I'll have</u> my sandwich while I am waiting for the subway.
주어+동사

➡ 접속사 while 뒤에 주어+동사를 썼다.

4 우리가 아침을 먹는 동안 누군가가 문을 두드렸다.

While we were having **breakfast, someone knocked** on the door.

　　　　　　　　　　　　　　　　　　　　주어　　　　　동사

➡️ 접속사 While 뒤에 주어+동사를 썼다. 부사절이 주절 앞에 있으므로 부사절 뒤에 콤마를 넣어 준다.

5 이 제품이 처음 출시됐을 때부터 이 문제를 알고 있었어요.

I have known this problem since the product was first launched.

주어　　　　동사

➡️ 접속사 since 뒤에 주어+동사를 썼다.

6 오늘 아침 그가 떠난 후로 그는 아직 문자도 주지 않았다.

Since he left **this morning, he hasn't texted** me yet.

　　　　　　　　　　　　　　　　주어　　　　동사

➡️ 접속사 since 뒤에 주어+동사를 썼다. 부사절이 주절 앞에 있으므로 부사절 뒤에 콤마를 넣어 준다.

✏️ Better Writer

'~까지'라는 뜻의 전치사로 until과 by가 있습니다. until은 현 시점부터 특정 시점까지 계속적인 의미를 가지고 by는 특정 시점 기준으로 완료의 의미를 가지므로 의미상으로는 큰 차이가 있습니다.

- I will be away **until** Thursday. 목요일 전까지 자리를 비울 거예요(그녀는 목요일에 돌아올 것이다).
- I will be back **by** Thursday.
  목요일까지는 돌아올 거예요(그녀는 목요일 전에 또는 늦어도 목요일에는 돌아올 것이다).
- I will be at the restaurant **until** 9pm.
  9시까지 식당에 있을 것이다(식당에서 9시까지 머무를 것이고 9시가 되면 떠날 것이다).
- I will be at the restaurant **by** 9pm.
  9시까지는 식당에 도착할 것이다(9시 전 또는 늦어도 9시 정각에는 식당에 도착할 것이다).
- I will wait here **until** 6 pm. 6시까지 여기서 기다릴게(특정 시점까지 계속적인 의미를 가짐).
- I will wait here **by** 6 pm.. (잘못된 문장. wait은 by와 함께 쓸 수 없음)

표현 영작

주어진 내용을 바탕으로 대화에 맞게 문장을 완성해 보세요.

1. A I need an extra set of eyes on this email.

B I'd be happy to look at it _____.

A: 이 이메일을 다른 사람의 눈으로 봐 줬으면 해.　　　　　* send off ~를 발송하다

B: 그거 보내기 전에 내가 기꺼이 봐 줄게.

2. A Do you want to grab a drink _____?

B I would love to, but I have to go straight home.

A: 퇴근 후에 술 한잔 할까?

B: 그러고 싶지만 집으로 곧장 가야 해.

　　　　　　　　　　　　　　　　　　　　　* leave 떠나다

3. A _____, can you

review the sales report?

B I have a meeting myself, sorry.

A: 내가 이 회의에 들어가 있는 동안 매출 보고서를 검토해 줄래요?

B: 저도 회의가 있어요. 죄송해요.

4. A My computer's been acting strange _____

_____.

B Mine was acting weird, too, but IT fixed it.

A: 마지막 업그레이드가 설치된 후로 컴퓨터가 계속 이상하게 작동해요.

B: 제 것도 이상하게 작동하는데 IT에서 고쳐 줬어요.

문장 영작

주어진 힌트를 참고하여 다음 한글을 영작해 보세요.

1. 이 부품들은 제품이 발송되기 전에 조립돼야 해요.

_____

Hint part 부품   need to ~할 필요가 있다   assemble 조립하다   product 제품   ship 발송하다

2. 그 팀은 최근에 패한 이후 경기를 형편없이 해 오고 있다.

_____

Hint terribly 형편없이   recently 최근에   * '~해 오고 있다'라는 의미에 맞는 시제를 사용할 것

3. 화장실에 있는 동안 제 가방 좀 들고 있을래요?

_____

Hint hold 들고 있다   * please를 동사 앞에 붙여서 공손하게 표현할 수 있다.

4. 이 새 약을 복용한 이후로 잠을 못 잤어.

_____

Hint be able to ~할 수 있다   start 시작하다   medication 약
* since를 쓰는 부사절은 과거형임에 유의할 것

5. 화요일까지 더 나아지지 않는 것 같으면 다시 저에게 오세요.

_____

Hint come see 와서 보다   feel better 더 나은 느낌이 들다

소셜 미디어와 메신저

힌트와 한글을 보고 빈칸에 영어로 써 보세요.

Fortin

_____

_____

_____

우리 마지막으로 수다 떤 이후로 뭐하고 지냈어?

AM 9:12

Not much, but I finally graduated!

별거 없지만, 마침내 나 졸업했어!

AM 9:12

Fortin

Congratulations! That must feel great.

축하해! 뿌듯하겠다.

Thanks!_____

_____

고마워! 이제 학자금 대출을 갚기 시작하려면 직장을 알아봐야 해.

AM 9:13

Hint be up to something 뭔가를 하느라 바쁘다　chat 수다 떨다　have to ~해야 하다
find a job 일자리를 찾다　need to ~할 필요가 있다　pay back 돈을 갚다
student loan 학자금 대출

Unit 23

처음으로 ~했을 때/마지막으로 ~ 했을 때/다음에 ~할 때

The first/last/next time+주어+동사

보통 처음이나 마지막으로 했던 일이 기억에 잘 남는 것 같아요. 아마도 중요한 의미를 많이 담고 있어서 가 아닐까요? 다음번에 하겠다고 계획한 일들도 중요한 일들이 되겠지요. 여러분들이 언제 어떤 일을 하 든 모두 뜻깊은 일들이 되길 바랄게요.

STEP 01 어순 연습

한글 뜻과 힌트를 보고 순서에 맞게 써 보세요.

● 처음 캘리포니아에 갔을 때 전 서핑하는 법을 배웠어요.

I learned / to California, / the first time / I went / how to surf

_____

_____

Hint 부사절인 the first time+주어+동사가 주절 앞에 나온다.

● 다음번에 누군가의 도움이 필요하면 너에게 꼭 전화하도록 할게.

to give you / I need / the next time / a call / I'll be sure / someone to help

_____

_____

Hint 부사절인 the next time+주어+동사가 주절 앞에 나온다.

구조 파악

본격적인 영작에 앞서 자세한 설명을 읽어 보세요.

> ### The first/last/next time+주어+동사
> 처음으로 ~했을 때/마지막으로 ~했을 때/다음에 ~했을 때

1 처음 간암으로 진단을 받았을 때 난 엄청난 충격으로 좌절했어.

The first time I was diagnosed **with liver cancer, I was**
_{주어   동사}
devastated.

➡ 부사절을 앞에 써서 콤마를 부사절 뒤에 넣었고 그 뒤에 주절을 썼다. the second time, the third time 등을 넣어 글을 쓸 수도 있다.

2 처음 골프를 치려고 했을 때 난 심지어 공을 칠 수조차도 없었어.

The first time I tried **playing golf, I couldn't even hit the ball.**
_{주어   동사}

➡ 부사절을 앞에 써서 콤마를 부사절 뒤에 넣었고 그 뒤에 주절이 왔다.

3 마지막으로 뉴욕에 갔을 때 난 브로드웨이에서 뮤지컬을 봤어.

I saw a musical on Broadway the last time I went to New York.
_{주어 동사}

➡ 주절이 앞에 오고 부사절이 따라왔다.

❹ 마지막으로 의사를 봤을 때 그는 나에게 금연을 하라고 권고했어.

The last time I saw **the doctor, he advised** me to quit smoking.
<u>주어</u>　<u>동사</u>

➡ 부사절을 앞에 써서 콤마를 부사절 뒤에 넣었고 그 뒤에 주절이 왔다.

❺ 다음번에 그 식당에 갈 땐 케이크를 먹어 봐.

The next time you go **to that restaurant, try** having their cake.
　　　　　　　　　　　　　　　　　　　<u>동사</u>

➡ 부사절이 앞에 와서 콤마를 부사절 뒤에 넣었고 그 뒤에 명령형의 주절이 왔다. The next time은 미래를 가리키지만 현재형을 쓴다는 점에 유의한다.

❻ 다음번에 보고서 제출을 할 때는 스테이플러를 쓰지 마세요.

Do not staple the report the next time you hand it in.
　　<u>동사</u>

➡ 명령형의 주절이 온 다음 부사절이 따라 나왔다. the next time은 미래를 가리키지만 현재형을 쓴다는 점에 유의한다.

✏ **Better Writer**

처음, 마지막, 그리고 다음번과 유사하게 쓰이는 말은 '매번'이란 뜻의 every time입니다. Every time +주어+동사의 구조로 부사절을 이루고 주절의 앞이나 뒤에 쓸 수 있습니다. every time과 똑같은 의미와 구조로 whenever를 쓸 수도 있습니다.

- You can save 5% **every time** you shop on our online store.
  저희 온라인 스토어에서 쇼핑을 할 때마다 5%를 절약할 수 있습니다.

- Wear sunscreen **whenever** you are outside.
  밖에 나갈 때마다 자외선 차단제를 바르세요.

표현 영작

주어진 내용을 바탕으로 대화에 맞게 문장을 완성해 보세요.

1. A _____ this error message,

    please send me a screenshot.

    B I will. Should I call you as well?

    A: 다음번에 네가 이 오류 메시지를 보면 나한테 화면 캡쳐를 보내 줘.
    B: 그럴게. 전화도 할까?

2. A When was _____ a doctor?

    B Oh, it must be a few years ago now.

    A: 의사를 마지막으로 본 때가 언제였어?
    B: 아, 분명 몇 년은 됐을 거야.

3. A _____ Italy, please bring

    me some limoncello!

    B I absolutely will. Don't let me forget!

    A: 다음번에 이탈리아에 방문할 때 리몬첼로(레몬주)를 사다 줘!
    B: 꼭 그럴게. 안 까먹게 알려 줘!

4. A Do you remember _____ her?

    B Yes, she was managing our top competitor's accounting
       team.

    A: 처음 그녀를 만난 때를 기억해?
    B: 응, 그녀가 우리 최대 경쟁사 회계 팀을 맡고 있었어.

주어진 힌트를 참고하여 다음 한글을 영작해 보세요.

1. 처음 클럽에 갔을 때 난 춤추는 법을 몰랐다.

_____

Hint how to+동사 ~하는 법 * 부사절을 말미에 둘 것

2. 마지막으로 말을 탔을 때 난 말을 걷게 할 수 있었다.

_____

Hint ride a horse 말을 타다   make ~하게 만들다
* 부사절을 문두에 둘 것   * horse를 여성으로 취급하여 대명사를 쓸 것

3. 독서를 하려고 앉을 때마다 누군가 내게 전화를 하네.

_____

Hint sit down 앉다   read 독서하다

4. 다음번에 James가 뉴욕에 오면 우리와 함께하자고 물어볼까 하네.

_____

Hint think 생각하다   join 함께하다   *부사절을 말미에 둘 것

5. 처음 내가 관리직으로 승진했을 때 난 간부 연수가 필요했어.

_____

Hint get promoted 승진하다   a management position 관리직   supervisor training 간부 연수

힌트와 한글을 보고 빈칸에 영어로 써 보세요.

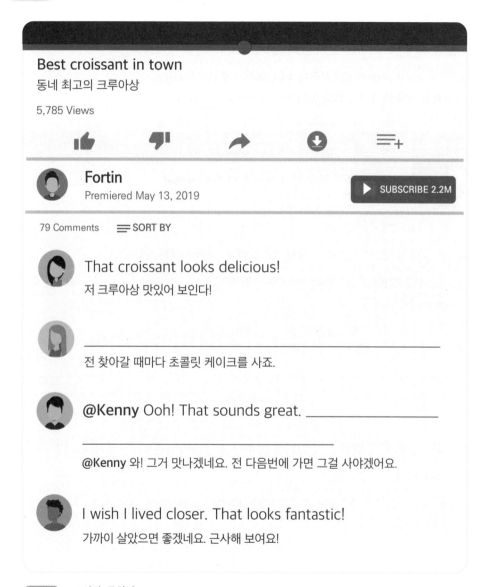

Best croissant in town
동네 최고의 크루아상

5,785 Views

Fortin
Premiered May 13, 2019

▶ SUBSCRIBE 2.2M

79 Comments ≡ SORT BY

That croissant looks delicious!
저 크루아상 맛있어 보인다!

_____
전 찾아갈 때마다 초콜릿 케이크를 사죠.

@Kenny Ooh! That sounds great. _____
_____
@Kenny 와! 그거 맛나겠네요. 전 다음번에 가면 그걸 사야겠어요.

I wish I lived closer. That looks fantastic!
가까이 살았으면 좋겠네요. 근사해 보여요!

Hint get 사다, 구하다

Unit 24

~이긴 하지만

although/even though+주어+동사

although, even though는 접속사로서 주어, 동사가 포함된 부사절을 이끕니다. 이 부사절은 주절과 대조되는 내용을 말할 때 쓰며 주절의 앞이나 뒤에 위치할 수 있습니다.

STEP 01 어순 연습

한글 뜻과 힌트를 보고 순서에 맞게 써 보세요.

- 날씨가 좋다고 하더라도 그냥 집에 있고 싶다는 생각이 들어.

  the weather / to stay home / is good, / I think / I just want / even though

  _____

  _____

  Hint 콤마가 있는 부분이 부사절에 속하는지 주절에 속하는지 파악하고 부사절의 주어와 동사를 확인할 것

- 의사에게 이미 진료를 받았다고는 하지만 DaVon은 다른 의사의 의견을 듣고 싶어 한다.

  already, / DaVon saw a doctor / to get a second opinion / he wants / although

  _____

  _____

  Hint 콤마가 있는 부분이 부사절에 속하는지 주절에 속하는지 파악하고 부사절의 주어와 동사를 확인할 것

구조 파악

본격적인 영작에 앞서 자세한 설명을 읽어 보세요.

> ## although/even though 주어+동사
> ### ~이긴 하지만

1 치과 의사를 기다리는 중이긴 하지만 나 마음이 차분해.

I feel calm although I'm waiting **for the dentist.**
주어 동사

➡ Although가 주절 뒤에서 부사절을 이끌고 있다.

2 대부분의 공연이 공짜이긴 하지만 몇몇 장소에서는 입장료를 받을 수도 있다.

Although most of the performances are **free, some venues**
                                                              주어

may have a cover charge.
동사

➡ Although가 문두에서 부사절을 이끌고 있다.

3 에어컨이 켜져 있는데도 여기는 여전히 덥다.

It's still hot in here although the air conditioner is **on.**
주어+동사

➡ although가 주절 뒤에서 부사절을 이끌고 있다.

4 매출이 아직 늘어나고 있긴 하지만 가구 시장이 빠르게 포화 상태가 되고 있다.

The furniture market is becoming quickly saturated, even

주어   동사

though sales are **still growing**

➡ Even though가 문두에서 부사절을 이끌고 있다.

5 졸업하려면 세 과정밖에 안 남았지만 다섯 개를 듣고 있다.

Even though I needed only three courses to graduate, **I was**

주어 동사

taking five.

➡ even though가 although보다 조금 더 강한 어감이지만 의미는 같다.

6 비록 그 회사의 웹사이트는 찾아보기 쉽지는 않지만 많은 정보로 가득 차 있다.

The company's website is full of information, even though it is

주어   동사

not easy to navigate.

➡ even though가 주절 뒤에서 부사절을 이끌고 있다.

Better Writer

접속사 although, even though로 시작하는 부사절은 해당 내용이 주절과 대조되는 경우에 사용합니다.
전치사인 in spite of도 주절과 대조되는 부사절을 이끌 때 사용하는 어구입니다. 전치사이기 때문에 뒤
에 구를 써야 하지만 만약 절을 쓰고 싶다면 in spite of the fact that 주어+동사로 사용하면 됩니다.

- **In spite of the fact that I really studied** hard, I couldn't get a good grade.

내가 정말 열심히 공부했음에도 불구하고 좋은 성적을 받지 못했어.

- **In spite of his low grades**, he was admitted to a college.

낮은 성적에도 불구하고 그는 대학에 입학했다.

표현 영작

주어진 내용을 바탕으로 대화에 맞게 문장을 완성해 보세요.

1. A What's your plan for the weekend?

B _____, I'm going to

go golfing.   * be supposed to ~하기로 되어 있다

A: 주말에 뭐 할 계획이야?

B: 비가 내리는 걸로 되어 있긴 하지만 골프 치러 갈 거야.

2. A Are you to finish the report on time?

B _____ some delays, I think so.

A: 그 보고서는 제시간에 끝낼 수 있는 건가요?

B: 약간 지체된 게 있었지만 끝낼 수 있을 것 같아요.

3. A _____ due Monday,

I'm heading home on time tonight.

B Oh, it must be a few years ago now.

A: 이 프로젝트를 월요일까지 끝내야 하지만 난 오늘 제시간에 집에 들어가고 있어.

B: 나라면 그것 때문에 너무 스트레스 받을 것 같아.

4. A _____ old, it's

still quite pretty.

B I agree. Where did you find it?

A: 이 드레스가 오래됐긴 했지만 여전히 아주 예뻐.

B: 동감이야. 그거 어디서 찾았어?

문장 영작

주어진 힌트를 참고하여 다음 한글을 영작해 보세요.

1. 영화 상영 시간에 늦긴 했지만 예고편만 놓쳤다.

_____

Hint late for ~에 늦다   miss 놓치다   preview 예고편

2. 늦은 시간임에도 불구하고 여전히 난 드라이브하러 나가고 싶어.

_____

Hint go for a drive 드라이브하러 가다

* in spite of 뒤에 명사형이 와야 하므로 it's late를 합치면 in spite of it being late가 된다.

3. 비록 그녀는 백만장자이긴 하지만 중고차를 몰고 다닌다.

_____

Hint second-hand 중고의

4. 배가 아프긴 하지만 난 매운 음식 먹는 걸 좋아해.

_____

Hint hurt 해치다   stomach 배   love ~ing ~하는 걸 좋아하다

5. 토요일이지만 오늘 일하러 가야 할 것 같아.

_____

Hint should ~해야 하다   go to work 일하러 가다

소셜 미디어와 메신저

힌트와 한글을 보고 빈칸에 영어로 써 보세요.

Instagram

Fortin
Jongno, Seoul

♥ ○ ◁   ⬚

_____

_____

너 혼자 있긴 하지만 재미있는 시간을 보내고 있는 것 같아 보여.

The scenery is really beautiful. Great shot!
풍경이 정말 아름답다. 사진 잘 찍었다!

_____

_____

빈털터리임에도 불구하고 전 이곳을 제 여행 목록에 넣을 거예요.

How much longer do you get to stay there? It's gorgeous!
거기에서 얼마나 더 묵을 거야? 멋지다!

Hint by yourself 혼자 look like ~처럼 보이다 have a great time 즐거운 시간을 보내다
be broke 빈털터리이다 put ~ on a list 목록에 ~을 넣다

* in spite of 뒤에는 명사형을 쓴다.

* 현재진행 시제로 미래를 나타낼 수 있다.

Unit 25

A나 B 중 하나/A도 B도 아닌 /A와 B 둘 다

either A or B/neither A nor B/both A and B

문장에서 단어, 구, 절 등의 두 성분을 이어 주는 말을 접속사라고 하는데요. 그중에서 상관접속사는 대등한 관계를 나타내는 두 성분 A와 B를 짝지어 줍니다. 여기서 A와 B에는 명사, 동사, 형용사, 구, 절 등 다양한 형태가 올 수 있습니다.

STEP 01 어순 연습

한글 뜻과 힌트를 보고 순서에 맞게 써 보세요.

● 난 버스를 타거나 자전거를 타고 회사에 출근할 거예요.

either / ride my bicycle to work / going to take the bus / or / I'm

_____

_____

Hint be going to ~할 것이다   * either A or B 구조 사용

● 그녀는 자기 노래를 쓰기도 하고 공연도 한다.

writes / both / her own songs / and / performs / she

_____

_____

Hint both A and B 구조 사용

either A or B/neither A nor B/both A and B
~이긴 하지만

1 넌 수영하러 가도 되고 아니면 산행을 가도 돼.

You can either go swimming or go hiking.

주어　조동사　　　　동사　　　　　　　　동사

➡ either A or B 구조이다. can 뒤에는 동사원형이 오므로 A에 go swimming, B에 go hiking을 썼다.

2 내 여동생이나 남동생 중 한 명이 터미널에서 나를 기다릴 거야.

Either my sister or brother **will meet me at the terminal.**

　　　　　　주어　　　　　　　　　　조동사+동사

➡ either A or B 구조이다. A, B 모두 명사이다.

3 회사는 직원을 새로 채용하지도, 현 직원을 해고하지도 않을 것이다.

The company will neither hire new employees nor lay off its

　　주어　　　　조동사　　　　동사　　　　　　　　　　　　동사

existing staff.

➡ neither A nor B 구조이다. will 뒤에는 동사원형이 오므로 A에 hire new employees, B에 lay off its existing staff를 썼다.

4 Mary도 Ron도 파티에 오지 않아.

Neither Mary nor Ron is coming to the party.
<u>주어</u>   <u>동사</u>

➡️ neither A nor B 구조이다. 주어에 해당하는 A와 B에 명사 Mary와 Ron을 썼다.

5 그는 중고차를 사고 판다.

He both buys and sells used cars.
주어   동사   동사

➡️ both A and B 구조이다. A, B가 동사 자리인데 He에 맞춰 buys와 sells를 썼다.

6 운전자와 승객 모두 사고로 다쳤다.

Both the driver and the passengers were hurt in the accident.
<u>주어</u>   <u>동사</u>

➡️ both A and B 구조이다. 주어에 해당하는 A와 B에 명사 the driver와 the passengers를 썼다.

Better Writer

위 세 가지 상관접속사 외에도 'A뿐만 아니라 B 또한'이라는 뜻으로 not only A but also B라는 상관접속사가 있습니다. Not only가 문두에 나오고 뒤에 주어+동사가 나오는 경우에는 not only 뒤의 주어, 동사가 도치되므로 유의해야 합니다. be동사일 때는 순서만 바꿔서 be동사를 먼저, 일반동사일 때는 조동사를 먼저 써 줘야 합니다.

not only A but also B와 똑같은 뜻으로 쓰이는 as well as는 A와 B의 순서가 반대로 되어 B as well as A로 쓰인다는 점도 알아 두세요.

- John has **not only** a car **but also** a motorcycle.
  John은 자동차뿐만 아니라 오토바이도 가지고 있다.

- **Not only** does John have a car **but also** he has a motorcycle.
  John은 자동차를 갖고 있을 뿐만 아니라 오토바이도 갖고 있다.

- John has a motorcycle **as well as** a car.
  John은 자동차뿐만 아니라 오토바이도 가지고 있다.

표현 영작

주어진 내용을 바탕으로 대화에 맞게 문장을 완성해 보세요.

1. A What do you want to have for lunch?

   B _____. I want

   something spicy.

   A: 점심으로 뭘 먹고 싶어?
   B: 한식이나 태국 음식 중에 하나로. 난 매운 게 먹고 싶어.

2. A _____will

   have their reports finished on time.

   B Okay. Then let's meet again Tuesday and check in.

   A: 마케팅 팀과 회계 팀, 둘 다 제시간에는 보고서를 못 끝낼 겁니다.
   B: 알겠습니다. 그럼 화요일에 다시 만나서 확인해 봅시다.

3. A Where is the event being held?

   B _____ had any idea.

   A: 행사가 어디서 열리나요?
   B: Janet도 모르고 Darnell도 모르던데.

4. A Our company _____

   our products.

   B That's unusual in this day and age.

   A: 우리 회사는 제품을 디자인도 하고 제작도 해요.
   B: 요즘 같은 시대에 드문 일이에요.

문장 영작

주어진 힌트를 참고하여 다음 한글을 영작해 보세요.

1. Jared나 Fatima 둘 중 한 명은 당신 팀에 들어갈 거예요.

_____

Hint on your team 당신 팀 소속인

2. 인간과 동물 둘 다 기후 변화의 영향을 받을 거예요.

_____

Hint suffer 겪다, 입다, 받다   impact 영향   climate change 기후 변화

3. 닭이나 생선 요리 중에 하나를 식사로 고르실 수 있어요.

_____

Hint for your meal 식사로

4. 그건 더 안전할 뿐만 아니라 돈을 절약할 수도 있어.

_____

* safe의 비교급을 사용

5. 현 정부도, 이전 정부도 그 문제를 다루진 않았어요.

_____

Hint current 현재의   previous 이전의   government 정부   address 문제 등을 다루다   issue 문제

소셜 미디어와 메신저

힌트와 한글을 보고 빈칸에 영어로 써 보세요.

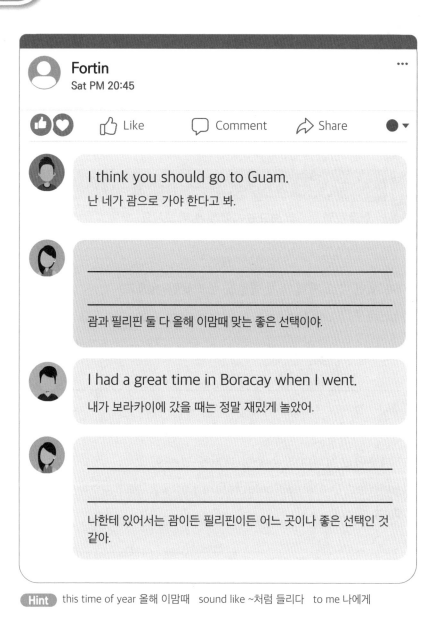

Fortin
Sat PM 20:45

👍❤️ 👍 Like   💬 Comment   ↪ Share ⚫▼

I think you should go to Guam.
난 네가 괌으로 가야 한다고 봐.

_____

_____

괌과 필리핀 둘 다 올해 이맘때 맞는 좋은 선택이야.

I had a great time in Boracay when I went.
내가 보라카이에 갔을 때는 정말 재밌게 놀았어.

_____

_____

나한테 있어서는 괌이든 필리핀이든 어느 곳이나 좋은 선택인 것
같아.

Hint this time of year 올해 이맘때 sound like ~처럼 들리다 to me 나에게

~하자마자 / 일단 ~하면

as soon as 주어+동사 / once 주어+동사

as soon as와 once는 접속사로서 부사절을 이끌며 주어와 동사를 포함합니다. 다른 부사절과 마찬가지로 주절 앞에 위치하면 부사절 끝에 콤마를 써야 한다는 점에 유의하세요.

STEP 01 어순 연습

한글 뜻과 힌트를 보고 순서에 맞게 써 보세요.

● 피자가 오면 바로 저녁 먹게 애들을 불러들일 거예요.

the pizza / I'll call the kids in / for dinner / comes / as soon as

_____

_____

Hint 부사절이므로 주어와 동사가 들어간다.

● 일단 제품이 출시되면 작은 축하 파티를 열 거예요.

is launched, / a small celebration party / we'll throw / once / the product

_____

_____

Hint 부사절에 콤마가 있으므로 부사절의 위치에 유의할 것

구조 파악

본격적인 영작에 앞서 자세한 설명을 읽어 보세요.

as soon as 주어+동사 / once 주어+동사
~하자마자/일단 ~하면

1 물품은 주문을 받는 대로 배송 준비가 됩니다.

A package **gets** ready to be shipped out as soon as an order
　　주어　　　동사

is received.

➡ 부사절은 as soon as+절의 구조로 되어 있고 an order is received가 수동태이다.

2 음악이 멈추자마자 모두 움직이지 않는 겁니다. 그게 규칙이에요.

As soon as the music stops, **everyone** **freezes**. That's the rule.
　　　　　　　　　　　　　　　주어　　　동사

➡ 부사절은 as soon as+절의 구조로 되어 있고 부사절이 주절 앞에 나와서 콤마가 쓰였다.

3 집에 오자마자 화장실로 달려갔다.

As soon as I got **home, I ran to the bathroom.**
　　　　　　主어 동사

➡ 부사절은 as soon as+절의 구조로 되어 있고 부사절이 주절 앞에 나와서 콤마가 쓰였다.

4 일단 대학을 졸업하면 부모님 집에서 이사를 나갈 거야.

Once I graduate from college, I'll move out of my parents'
　　　　　　　　　　　　　　　　주어　　동사
house.

➡ 부사절이 주절 앞에 나와서 콤마가 쓰였다. 시간을 나타내는 부사절이므로 미래시제 대신 현재
　 시제 graduate가 쓰였다.

5 내 상사는 일단 한 번 알게 되면 좋은 여자야.

My boss is a nice woman once you get to know her.
　주어　동사

➡ 부사절은 once+절의 구조로 되어 있고 주절 뒤에 나오므로 콤마가 필요 없다.

6 와인은 일단 병을 열면 이틀 정도만 괜찮을 거예요.

Once you've opened the bottle, wine will be good for only a
　　　　　　　　　　　　　　　　　　 주어　 동사
couple of days.

➡ 부사절은 once+절의 구조로 되어 있고 부사절이 주절 앞에 나와서 콤마가 쓰였다.

Better Writer

the moment 주어+동사는 as soon as와 마찬가지로 부사절을 이끄는 접속사입니다. '~하는 순간, ~하
자마자'라는 뜻으로 as soon as와 거의 똑같은 의미를 갖고 있습니다. 이 또한 부사절이기 때문에 주절
앞에 위치하면 콤마가 필요합니다.

- **The moment the movie is over**, I want you to come outside so we can go
  home.
  영화 끝나자마자 집으로 갈 수 있게 가게 밖으로 나왔으면 해.

- I closed the book and cried **the moment I read** the last word.
  마지막 단어를 읽는 순간 나는 책을 닫고 울음을 터뜨렸어.

표현 영작

주어진 내용을 바탕으로 대화에 맞게 문장을 완성해 보세요.

1. A   What did you think of the movie?

   B   Actually, I got sick _____.

   A: 영화 어땠어?
   B: 실은, 영화 시작하자마자 몸이 아팠어.

2. A   When will you be going home to visit?

   B   _____ over for the year.

   A: 집에 언제 갈 거야?   * class 수업
   B: 일단 올해 수업이 다 끝나면.

3. A   Can you please call me _____

       an answer?   * get 얻다

   B   I'd be happy to.

   A: 대답 받는 대로 바로 나한테 전화 줄래요?
   B: 기꺼이 그럴게요.

4. A   _____, I'm going to

       ask for a promotion.   * wrap up 마무리짓다

   B   Good luck! You've worked really hard on this one.

   A: 일단 이 프로젝트가 마무리되면 승진을 요청할 거야.
   B: 잘 되길 바랄게. 이 프로젝트 정말 열심히 했잖아.

문장 영작

주어진 힌트를 참고하여 다음 한글을 영작해 보세요.

1. 쇼가 끝나자마자 나에게 전화해.

_____

Hint be over ~가 끝나다

2. 일단 시험이 시작되면 입장이 허용되지 않을 거예요.

_____

Hint exam 시험 permit 허용하다

3. 대답 듣는 대로 너한테 알려 줄게.

_____

Hint let someone know 누군가에게 알려 주다 have (누구에게서 무엇을) 받다

4. 내가 떠난 순간 그 파티는 끝이 났다.

_____

Hint end 끝나다 leave 떠나다

5. 일단 제가 방을 나가면 엑스레이 기계가 작동하는 소리가 날 거예요.

_____

Hint leave 떠나다 hear 듣다 x-ray 엑스레이

소셜 미디어와 메신저

힌트와 한글을 보고 빈칸에 영어로 써 보세요.

Fortin

_____
_____
_____

결과가 나오는 대로 알고 싶어.

AM 11:12

_____
_____

내가 알게 되는 순간 너한테 꼭 전화할게.

AM 11:13

Fortin

Thank you. When do you think that will be?

고마워. 그게 언제가 될 것 같아?

I'm expecting to hear back early next week. 다음 주 초에 다시 들을 걸로 기대하고 있어.

AM 11:15

Hint know the results 결과를 알다 available 이용할 수 있는 be sure to 분명히 ~하다

마치 ~인 것처럼

as if/as though+주어+동사

as if/as though는 다른 것에 빗대어 표현하는 말로 '마치 ~인 것처럼'이라는 뜻으로 쓰이며 부사절을 이끄는 접속사입니다. 모습이나 느낌을 묘사할 때 아주 유용하게 사용할 수 있는 표현입니다.

STEP 01 어순 연습

한글 뜻과 힌트를 보고 순서에 맞게 써 보세요.

● 사무실 분위기가 마치 한바탕 해고의 바람이 일 것처럼 느껴진다.

a round of layoffs / as if / there is / feels / the mood around the office / coming

_____

_____

Hint as if 뒤에 주어, 동사를 쓴다.

● 그는 마치 그녀가 그 과목의 박사 학위를 갖고 있지 않는 것처럼 그녀에게 말한다.

have a PhD / as though / she didn't / he talks to her / in the subject

_____

_____

Hint as though 뒤에 주어, 동사를 쓴다.

구조 파악

본격적인 영작에 앞서 자세한 설명을 읽어 보세요.

as if/as though+주어+동사
마치 ~인 것처럼

1 여자 아이들은 마치 패션쇼에 있는 것처럼 옷을 입었다.

The girls are dressed as if they are in a fashion show.
　　　주어　　　　　동사

➡ 여자 아이들의 옷 입은 모습을 패션쇼의 모습에 빗대어 말하고 있다.

2 우리 아버지는 마치 로또에 당첨된 것처럼 기뻐서 뛰었다.

My father jumped for joy as if he had won the lottery.
　　주어　　　동사

➡ 주절보다 부사절의 시제가 하나 더 앞서는 것은 가정법으로 쓰였기 때문이다. 따라서 그는
로또에 당첨되지 않았다.

3 그의 손은 마치 전기에 감전된 것마냥 마구 떨리고 있었다.

His hands were shaking uncontrollably as if he were
　　주어　　　　동사

electrified.

➡ 부사절의 동사가 was가 아니라 were이므로 가정법처럼 쓰였다. 그는 감전되지 않았다.

④ 택시 운전사는 마치 급하다는 듯이 운전을 했다.

The taxi driver drove as though he was in a hurry.
주어   동사

➡ 운전사의 운전하는 행동을 급해 보이는 모습에 빗대어 말하고 있다.

⑤ 마치 그는 이제 막 마라톤을 완주한 것처럼 숨을 크게 헐떡이며 쉬고 있었다.

He was panting heavily as though he had just finished a
주어   동사

marathon.

➡ 주절보다 부사절의 시제가 하나 더 앞서면서 가정법처럼 쓰였다. 여기서 그는 마라톤을 완주하지 않았다.

⑥ 경비 검색대에 있던 경비원은 내가 마치 침입자인 것처럼 나를 쳐다봤다.

The guard at the security desk looked at me as though I were
주어   동사

an intruder.

➡ 부사절의 동사가 was가 아니라 were이므로 가정법처럼 쓰였다. 여기서 '나'는 침입자가 아니다.

Better Writer

as if/as though와 아주 유사한 기능을 하는 것이 like입니다. like가 동사가 아니라 접속사로 쓰이면 ~처럼'이라는 뜻이 되고 뒤에 주어, 동사가 나옵니다. 격식을 차린(formal) 말이나 문어체에서는 피하기도 하지만 일상생활 구어체나 소셜 미디어에서 아주 많이 사용됩니다.

- The fabric feels like it's going to wear well.
  천의 감촉이 내구성이 있을 것 같은 느낌이다.

- My dog treats me like I'm a food dispensing machine.
  내 개는 나를 마치 사료 배급 기계인양 나를 대한다.

표현 영작

주어진 내용을 바탕으로 대화에 맞게 문장을 완성해 보세요.

1. A   It sounds _____ about your future here.

   B   I am. I'm concerned about how the upcoming merger will impact our department.

   A: 마치 네 미래에 대해 걱정하고 있는 것처럼 들리네.
   B: 걱정이 돼. 앞으로 있을 합병이 우리 부서에 어떻게 영향을 미칠지 염려돼.

2. A   He talked to me _____ unfamiliar with the subject.

   B   He obviously didn't know you literally wrote the book on it!

   A: 마치 내가 그 주제를 잘 모르고 있는 것처럼 그가 내게 말했어.
   B: 네가 그 주제에 대해 말 그대로 책을 한 권 썼다는 걸 분명 몰랐던 거야.

3. A   Why is your new manager making you so crazy?

   B   He treats me _____ a brand new employee.

   A: 네 매니저는 왜 널 미쳐 버리게 만들지?
   B: 그는 마치 내가 신입 직원인 것마냥 나를 대해.

4. A   You sound _____ to break up with him.

   B   No, I want him to start taking care of himself though.

   A: 너는 마치 그와 헤어지고 싶은 것처럼 말하네.
   B: 아니, 난 그가 자신을 돌보길 시작했으면 해.

문장 영작

주어진 힌트를 참고하여 다음 한글을 영작해 보세요.

1. 그녀는 마치 오늘 눈이 올 것처럼 옷을 입고 있다.

   _____

   be dressed 옷을 입고 있다   be going to ~할 것이다

2. 마치 우리가 늦을 것만 같아 보인다.

   _____

   look ~처럼 보이다   be going to ~할 것이다

3. 내 고양이는 마치 내가 자기를 이해할 수 있다는 듯 내게 말한다.

   _____

   talk 말하다

4. 가끔 내가 있는 사무실에서 마치 나만 유일하게 제정신인 사람인 것처럼 느껴진다.

   _____

   feel 느끼다   sane person 제정신인 사람   in my office 내 사무실, 내가 있는 사무실

5. 너는 그 결정에 반대하는 것처럼 말하네.

   _____

   sound like ~처럼 들리다   be against ~에 반대하다   decision 결정

소셜 미디어와 메신저

힌트와 한글을 보고 빈칸에 영어로 써 보세요.

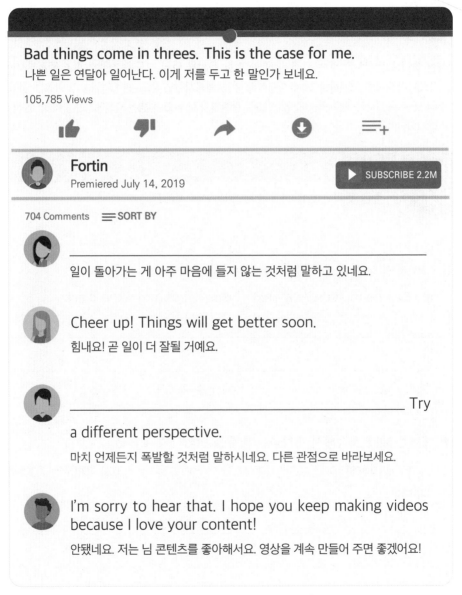

Bad things come in threes. This is the case for me.

나쁜 일은 연달아 일어난다. 이게 저를 두고 한 말인가 보네요.

105,785 Views

Fortin
Premiered July 14, 2019

▶ SUBSCRIBE 2.2M

704 Comments   ☰ SORT BY

_____

일이 돌아가는 게 아주 마음에 들지 않는 것처럼 말하고 있네요.

Cheer up! Things will get better soon.

힘내요! 곧 일이 더 잘될 거예요.

_____ Try

a different perspective.

마치 언제든지 폭발할 것처럼 말하시네요. 다른 관점으로 바라보세요.

I'm sorry to hear that. I hope you keep making videos because I love your content!

안됐네요. 저는 님 콘텐츠를 좋아해서요. 영상을 계속 만들어 주면 좋겠어요!

> **Hint**   be happy with ~을 기뻐하다 how thing are going 일이 돌아가는 식
> sound ~인 것 같다 be going to ~할 것이다 explode 폭발하다 anytime 언제

Unit 28

~한 날/~한 곳/~한 이유

the day when/the place where/the reason why

두 문장을 하나로 연결시켜 주는 관계부사를 포함한 문장을 다뤄 보도록 하겠습니다. 관계부사는 시간, 장소, 이유를 가리키는 선행사를 뒤에서 수식해 주는 형용사절인데요. 관계대명사가 이끄는 형용사절에 서는 주어 또는 목적어가 생략되는 것과는 달리 관계부사가 이끄는 형용사절에서는 주어와 동사가 항상 있어야 합니다.

STEP 01 | 어순 연습

한글 뜻과 힌트를 보고 순서에 맞게 써 보세요.

- 이곳은 내 남자친구와 내가 처음 만났던 곳이에요.

  my boyfriend and I / where / this is / first met / the place

  _____

  _____

  Hint 장소를 나타내는 관계부사는 where이다. 관계부사 뒤에는 주어, 동사를 쓴다.

- 그녀는 내가 계속해서 전화하는 이유를 이해하지 못하는 것 같다.

  I / to understand / she doesn't seem / why / the reason / keep calling

  _____

  _____

  Hint 이유를 나타내는 관계부사는 why이다. 관계부사 뒤에는 주어, 동사를 쓴다.

구조 파악

본격적인 영작에 앞서 자세한 설명을 읽어 보세요.

> the day when/the place where/the reason why+주어+동사
> ~한 날/~한 곳/~한 이유

1 그날은 내 약혼자가 큰 반지로 나에게 프러포즈했던 날이야.

It is the day when my fiancé proposed **to me with a big ring.**
주어동사

➡ 시간을 나타내는 the day가 나왔으므로 when을 쓴다.

2 난 2002년 월드컵이 개최됐던 해에 태어났어.

I was born in the year when the 2002 World Cup was held.
주어 동사

➡ 시간을 나타내는 the year가 나왔으므로 when을 쓴다.

3 이곳이 뺑소니 사고를 목격한 곳이에요.

This is the place where I witnessed **a hit-and-run accident.**
주어 동사

➡ 장소를 나타내는 the place가 나왔으므로 where를 쓴다.

4 한 단체 관광객 무리가 셰익스피어가 나고 자란 집을 방문했다.

<u>**A group of tourists**</u> <u>**visited**</u> the house where Shakespeare was
주어 동사
born and grew up.

➡ 장소를 나타내는 the house가 나왔으므로 where를 쓴다.

5 올해 내가 왜 승진하지 못했는지 정말 이유를 모르겠어.

I really <u>don't know</u> the reason why I haven't been promoted
　　　　주어　　　동사
this year.

➡ 이유를 나타내는 the reason이 나왔으므로 why를 쓴다.

6 난 교수님에게 기말 시험에서 왜 나에게 C를 줬는지 물어볼 거야.

I'll ask the professor the reason why he gave me a C on my
　　주어+동사
final exam.

➡ 부사절의 동사가 was가 아니라 were이므로 가정법처럼 쓰였다. 여기서 '나'는 침입자가 아니다.

✏ **Better Writer**

시간, 장소, 이유 외에도 방법을 나타내는 관계부사 the way가 있습니다. 그런데 the way는 다른 관계부사와는 달리 의문사인 how와 함께 붙여 쓰지 않고 둘 중에 하나만 써야 합니다. 따라서 the way how 라는 말은 쓰지 않습니다. the way나 how 뒤에는 주어, 동사를 써 주면 됩니다.

- I lost my job. Oh, well, that's **the way** the ball bounces.
  직장을 잃었어. 아, 뭐 세상 사는 게 다 그런 거지.

- He met somebody else and left me. I guess that's **how** the ball bounces.
  그는 다른 사람을 만나서 날 떠났어. 세상 사는 게 다 그런가 보다 싶어.

표현 영작

주어진 내용을 바탕으로 대화에 맞게 문장을 완성해 보세요.

1. A Do you remember _____ we got free concert tickets?

    B Yes! We were hanging out downtown at the music store.

    A: 우리가 공짜 콘서트 표를 받은 날 기억해?
    B: 응! 시내 음악 가게에서 돌아다니고 있었잖아.

2. A Do you have any interesting stories from when you worked there?

    B Well, there was _____

    _____ unexpectedly.

    A: 거기서 일할 때 있었던 재미있는 이야기 뭐 없어?   * the time 때 celebrity 유명인
    B: 음, 예기치 않게 유명인이 나타났던 때가 있었어.   show up 나타나다

3. A I'm unclear on _____.

    B Frankly, I don't feel supported in my career goals at this company.

    A: 당신이 일을 그만두는 이유를 명확히 모르겠어요.
    B: 솔직히 이 회사에서 제 직장 생활의 목표를 이룰 수 있게 지원을 못 받는 느낌이에요.

4. A This is _____ her first school strike for climate.

                                                        * hold 열다, 개최하다

    B It's amazing how the movement has grown since then.

    A: 이곳이 Greta Thunberg가 기후와 관련해서 첫 학교 시위를 벌였던 곳이야.
    B: 그때 이후로 운동이 얼마나 커졌는지 놀랍다.

문장 영작

주어진 힌트를 참고하여 다음 한글을 영작해 보세요.

1. 내 생의 최고의 날은 내 딸이 태어난 날이었다.

_____

Hint   the best day 최고의 날

2. 네가 나랑 같이 갈 수 없는 이유를 난 모르겠어.

_____

Hint   the reason 이유

3. 이게 신발 끈을 묶는 방식이야.

_____

Hint   tie 묶다

4. 이곳이 내가 네 할머니를 처음 만났던 곳이란다.

_____

Hint   first 처음, 처음으로

5. 난 내가 채식주의자가 된 날을 선명히 기억한다.

_____

Hint   clearly 선명히, 분명히   vegetarian 채식주의자

소셜 미디어와 메신저

힌트와 한글을 보고 빈칸에 영어로 써 보세요.

Instagram

Fortin
Jongno, Seoul

_____

_____

당신이 이 복장에 있는 패턴을 섞은 방식이 정말 좋아요.

_____

_____

제가 님을 팔로우하는 이유가 이런 콘텐츠 때문이죠.

Love the shirt. Where did you get it?
셔츠 정말 좋아요. 어디서 샀나요?

So cute! I love this outfit so much!
정말 귀여워! 이 옷 정말 맘에 들어요!

Hint love 아주 좋아하다   mix 섞다   in this outfit 이 복장에 있는   content 콘텐츠
follow (소셜 미디어 등에서)팔로우하다

Unit 29

(누가, 언제, 어디서, 무엇이, 어떻게, 어느 것이) ~하든지 간에/~하더라도

no matter+의문사(who, when, where, what, how, which)

no matter+의문사는 주어, 동사와 함께 부사절을 이끕니다. 이 부사절의 내용이 뭐가 됐든 그 내용과는 상관없이 주절의 내용은 참이다라는 의미입니다. whoever, whenever 등과 같이 각 의문사에 ever를 붙여도 똑같은 의미로 사용할 수 있습니다.

STEP 01 | 어순 연습

한글 뜻과 힌트를 보고 순서에 맞게 써 보세요.

● 누가 이기든지 최선을 다해 경기를 하는 것이 가장 중요한 점이다.

playing your best / no matter / wins, / who / is the most important thing

_____

_____

> **Hint** 부사절 끝에 콤마가 있을 때 부사절이 문장의 앞뒤 어느 위치에 올지 정하면 된다.

● 어느 회사가 처음으로 시장에 내놓든지 특허 소유자는 수익을 거둬들일 것이다.

the patent owner / which company / no matter / gets to market first,

/ will reap the benefits

_____

_____

> **Hint** 부사절 끝에 콤마가 있을 때 부사절이 문장의 앞뒤 어느 위치에 올지 정하면 된다.
> which 뒤에 명사가 올 수도 안 올 수도 있다.

구조 파악

본격적인 영작에 앞서 자세한 설명을 읽어 보세요.

---

no matter+의문사절(who, when, where, what, how, which)
(누가, 언제, 어디서, 무엇이, 어떻게, 어느 것이) ~하든지 간에/~하더라도

---

1 누가 선거에서 이기든지 간에 대통령 당선자는 크나큰 경제 위기에 직면할 것이다.

No matter who wins this election, **the president-elect** **will face**
　　　　　　　　　　　　　　　　　　　　　주어　　　　　　　동사
huge economic crises.

➡ 부사절에서 who가 주어 역할을 한다.

---

2 네 항공편이 언제 도착하든지 간에 우린 널 기다리고 있을 거야.

No matter when your flight arrives, **we will be waiting** for you!
　　　　　　　　　　　　　　　　　　주어　　동사

➡ 부사절에서 your flight arrives가 주어와 동사이다.

---

3 여러분이 어디에 있든지 간에 여러분은 자신의 친구와 소셜 미디어로 연결되어 있습니다.

You are connected to your friends on social media no matter
주어　　동사
where you are.

➡ 부사절에서 you are가 주어와 동사이다.

4 당신이 어떤 산업에 종사하던지 간에 영업과 마케팅을 이해해야 할 필요가 있을 거예요.

You'll need to understand sales and marketing no matter
주어+동사
what industry you're in.

➡️ 부사절에서 주어와 동사는 you're이다. what industry는 전치사 in의 목적어이다.

5 아무리 감시 카메라가 유용하더라도 때때로 단점이 있을 수 있다.

No matter how useful surveillance cameras can be, **it can**
주어 조동사
sometimes **have** drawbacks.
동사

➡️ 부사절에서 how는 부사나 형용사와 함께 쓰일 수도 있다. surveillance cameras가 주어이다.

6 어느 편을 네가 택하든지 간에 난 너를 미워하지 않을 거야.

No matter which side you take, **I won't hate you.**
주어 동사

➡️ 부사절에서 which는 명사와 함께 쓰일 수 있다. you take가 주어와 동사이고 which side는 take의 목적어이다.

✏️ **Better Writer**

no matter+의문사를 의문사+ever의 형태로 바꿔서 똑같은 의미로 쓸 수 있습니다. 다만 no matter+의문사는 주어+동사와 함께 짝을 이뤄 부사절로 쓰이지만 의문사+ever는 명사절 또는 부사절로 쓰입니다. 형태는 다음과 같습니다.

whoever, whenever, wherever, whatever, however, whichever

- **Whoever comes** in last place will need to clean up.
  꼴찌로 들어오는 사람이 치워야 할 거예요.

- I want you to get me a ticket for the show **whatever the cost.**
  비용이 얼마가 들든지 간에 나한테 쇼 입장권을 사 주면 좋겠어.

- I will always be there to help you, **wherever you are.**
  네가 어디에 있든지 간에 내가 항상 옆에서 너를 도와줄게.

주어진 내용을 바탕으로 대화에 맞게 문장을 완성해 보세요.

1. A _____, you can always call me for a pickup.

   B Thank you mom; that's good to know.

   A: 몇 시든지 간에 차로 마중 나와 주길 원하면 나한테 언제든 전화해도 돼.
   B: 고마워요 엄마. 알려 주시니 좋네요.

2. A _____ from, we hope you feel like home here.

   B That's kind of you, thank you.

   A: 어디에서 오셨든지 간에 여기서 집처럼 편히 계시길 바랍니다.
   B: 정말 친절하시네요. 감사합니다.

3. A _____, make sure it's waterproof.

   B Why? It's not like I take my phone in the shower.

   A: 어느 케이스를 사든지 간에 방수인지 확인해.
   B: 왜? 내가 샤워하러 갈 때 들고 갈 것도 아닌데.

4. A Will you stay with me until it's finished?

   B _____.

   A: 그거 끝날 때까지 나랑 같이 있어 줄래?
   B: 그게 얼마나 오래 걸리든 간에.

문장 영작

주어진 힌트를 참고하여 다음 한글을 영작해 보세요.

1. 누가 시작했든지 간에 너희 둘 다에게 책임이 있어.

_____

Hint   responsible 책임이 있는

2. 얼마나 오래 걸리든지 간에 우린 결코 싸움을 멈추지 않을 것입니다.

_____

Hint   stop ~ing ~하는 것을 멈추다

3. 경연에서 이기는 사람이 누구든 상금을 가져갈 것이다.

_____

Hint   competitions 경연   take home 가져가다, 수령하다   cash prize 상금

* 의문사+ever 사용할 것

4. 어떤 결과가 나오더라도 좋은 경기였습니다.

_____

Hint   outcome 결과

* '~였습니다'라고 해서 꼭 과거시제를 써야 하는 것은 아니다. 부사절이 현재시제이므로 주절은 현재완료를 쓴다.

5. 집에 언제 오든지 간에 전화 주세요.

_____

Hint   get home 귀가하다, 집에 들어가다   * 동사 앞에 please를 붙여 공손하게 표현할 수 있다.

소셜 미디어와 메신저

힌트와 한글을 보고 빈칸에 영어로 써 보세요.

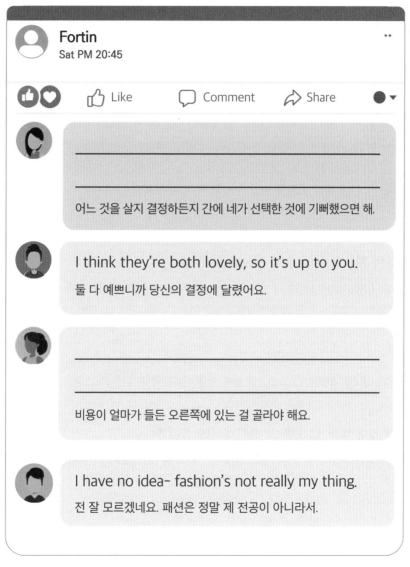

Fortin
Sat PM 20:45

👍❤️ 👍 Like   💬 Comment   ↗️ Share   ●▼

_____

_____

어느 것을 살지 결정하든지 간에 네가 선택한 것에 기뻐했으면 해.

I think they're both lovely, so it's up to you.
둘 다 예쁘니까 당신의 결정에 달렸어요.

_____

_____

비용이 얼마가 들든 오른쪽에 있는 걸 골라야 해요.

I have no idea- fashion's not really my thing.
전 잘 모르겠네요. 패션은 정말 제 전공이 아니라서.

Hint which one 어느 것   hope 바라다   be happy with ~을 기뻐하다
the choice you made 네가 한 선택   get 사다, 얻다   on the right 오른쪽에

* no matter what 뒤에 the cost가 오면 be동사는 생략할 수 있다.

Unit 29. (누가, 언제, 어디서, 무엇이, 어떻게, 어느 것이) ~하든지 간에/~하더라도

Unit 30

만일 ~한다면, ~일 것이다

If+주어+동사, 주어+조동사+동사

가정법은 시제에 따라 크게 세 가지로 나눠집니다. 1) 현재나 미래에서 일어날 수 있는 일에 대한 가정, 2) 현재나 미래에서 일어날 수 없는 일에 대한 가정, 3) 과거에 이미 일어난 일에 대한 반대 가정입니다.

STEP 01 어순 연습

한글 뜻과 힌트를 보고 순서에 맞게 써 보세요.

● 시간이 많으면 퇴근 후에 운동을 할 거야.

I will / enough time, / I have / exercise after work / if

_____

_____

Hint 조건절에 콤마가 있으면 문장 앞에 위치한다. 조건절은 현재이고, 주절의 조동사는 will이다.

● 내가 경험이 더 많으면 그 자리에 지원하겠지.

more experience, / I had / apply for the position / I would / if

_____

_____

Hint 조건절에 콤마가 있으면 문장 앞에 위치한다. 조건절은 과거이고, 주절의 조동사는 would이다.

구조 파악

본격적인 영작에 앞서 자세한 설명을 읽어 보세요.

> **If+주어+동사, 주어+조동사+동사**
> 만일 ~한다면, ~일 것이다

1 만일 내가 네 룸메이트를 보게 되면, 맥주 6개짜리 한 팩 사라고 얘기할게.

If I <u>see</u> your roommate, I <u>will</u> tell him to buy a six pack of beer.
　　　　현재　　　　　　　　　　　　　조동사

➡ 현재 일어날 수 있는 일에 대해 가정하고 있다.

2 만약 내년에 연봉이 많이 오르면, 작은 집을 구할 수도 있을 거야.

If I <u>get</u> a good raise next year, we <u>might</u> be able to afford a
　　　현재　　　　　　　　　　　　　　　　　조동사
small house.

➡ 현재 일어날 수 있는 일에 대해 가정하고 있다.

3 만일 내가 돈이 많이 있으면, 고급 차를 살 거야.

If I <u>had</u> enough money, I <u>would</u> buy a luxury car.
　　　과거　　　　　　　　　　　조동사

➡ 현재 돈이 많이 없으므로 현재 사실과 반대되는 일에 대해 가정하고 있다.

4 만일 내가 사는 아파트가 좀 더 크면, 거기서 파티를 열 거야.

If my apartment <u>were</u> bigger, I <u>could</u> have the party there.
　　　　　　　　　과거　　　　　　　　조동사

➡ 현재 사는 아파트가 더 커지지는 않으므로 현재 사실과 반대되는 일에 대해 가정하고 있다.

⑤ 만약 내가 전화기 울리는 소리를 들었다면 내가 받았을 거야.

If I <u>had heard</u> **the phone ringing, I** <u>would have</u> <u>answered</u> **it.**
　　　　과거완료　　　　　　　　　　　　　　　　조동사　　　　과거완료

➡️ 전화기 울리는 소리를 듣지 못한 것이 사실이다. 과거 사실과 반대되는 일에 대해 가정하고 있다.

⑥ 만약 아침에 비가 안 왔으면 소풍이 취소되지 않았을 거야.

The picnic <u>wouldn't have</u> <u>been canceled</u> **if it** <u>hadn't rained</u> **in the**
　　　　　　　　조동사　　　　　과거완료(수동)　　　　　과거완료
morning.

➡️ 과거에 비가 왔다는 것이 사실이다. 과거 사실과 반대되는 일에 대해 가정하고 있다.

✏️ Better Writer

조건절에서 if+주어 뒤에 조동사 had, should 등이 오면 주어와 조동사가 도치되면서 if가 생략됩니다. 이메일이나 책에서 종종 볼 수 있는 표현이니 잘 익혀 두면 당황하지 않을 거예요.

- **Should you have** any questions, feel free to contact me.
  질문이 있다면 주저하지 마시고 연락 주세요.

- We would have gone for a walk **had it not been** so cold.
  비용이 얼마가 들든지 간에 나한테 쇼 입장권을 사 주면 좋겠어.　　　　**=if it had not been**

'만약 나랑 같이 마트 가면 아이스크림 사 줄게.'　　1) If+현재, will

'만약 내가 너라면 그녀에게 바로 연락할 거야.'　　2) If+과거, would+동사원형

'만일 내가 버스를 안 놓쳤으면 지각하진 않았을 거야.'　　3) If+과거완료, would have+과거분사

주절에 올 수 있는 조동사는 1번의 경우 will(be going to), may, should, might 등이고 2, 3번의 경우 would, could, should, might 등입니다.

1. A If you could go anywhere, where would you go?

   B _____ enough money, _____

   _____ Antarctica.   * visit 찾아가다, 방문하다

   A: 만약 어디든 갈 수 있다면 어디로 갈 거야?
   B: 돈이 많이 있으면 남극 대륙에 갈 거야.

2. A _____ any pizza left over,

   please _____.   * have 가지고 있다

   B Sure. Did you forget to bring your lunch today?

   A: 피자 남은 게 있으면 저한테 알려 줘요.
   B: 그럴게요. 오늘 점심 싸 오는 거 잊었어요?

3. A Are you interested joining the company bowling team?

   B Yes, _____ Saturdays off, I totally _____

   _____.   * sign up 등록하다

   A: 회사 볼링 팀에 가입하는 거 관심 있어?
   B: 네, 만약 토요일이 비번이면 정말 등록했을 거예요.

4. A Are you interested in going to Costco with me?

   B _____ work by six, _____

   with you.   * get off work 퇴근하다   absolutely 틀림없이, 꼭

   A: 나랑 같이 코스트코에 가는 거 관심 있어?
   B: 6시까지 퇴근하면 꼭 너랑 같이 갈게.

STEP 04 문장 영작

주어진 힌트를 참고하여 다음 한글을 영작해 보세요.

1. 만약 Marcel이 광고를 봤다면 그는 그 일자리에 지원했을 거야.

_____

Hint advertisement 광고   apply for ~에 지원하다   position 일자리
*조건절로 문장을 시작할 것, 과거 사실의 반대임

2. 내가 만일 선택권이 있다면 난 스시를 먹고 싶어.

_____

Hint would like to ~하고 싶다   get 얻다, 구하다, 사다   *조건절로 문장을 시작할 것

3. 만약 Sharon에게 선생님이 있었다면 더 좋은 배우가 됐을 거야.

_____

* good의 비교급 사용할 것, 과거 사실의 반대임

4. 만일 박람회가 오늘이었다는 걸 Jessica가 알았다면 그녀는 오려고 했었을 거야.

_____

Hint fair 박람회   try 노력하다, 시도하다   * 조건절로 문장을 시작할 것, 과거 사실의 반대임

5. 만약 우리가 화석 연료 사용을 멈춘다면, 아마도 우리가 인류를 구할 수 있을지도 몰라.

_____

Hint fossil fuels 화석 연료   be able to ~할 수 있다   humanity 인류   * 조건절로 문장을 시작할 것

소셜 미디어와 메신저

힌트와 한글을 보고 빈칸에 영어로 써 보세요.

Fortin

You should have come to the beach with us this weekend.

이번 주말에 우리랑 같이 바닷가에 왔어야 했어.

_____

_____

휴가를 냈으면 너랑 함께했었을 거야.

AM 9:13

Fortin

Will you be able to join us this Saturday?

이번 토요일에 우리랑 함께할 수 있어?

The schedule comes out tomorrow.

_____

AM 9:12 내일 일정이 나와. 일 안 하게 되면 거기 갈게.

Hint have the time off 휴가를 내다   join 함께하다   be 참석하다

PART

02

기능편

Unit 1~30

Unit 1

안부

say hello to someone ~에게 안부를 부탁하다
give my regards to someone ~에게 안부를 전하다

대화하는 상대방에게 다른 사람의 안부를 부탁하는 말입니다. 주로 헤어지면서 많이 사용하는 말인데 give my regards to가 say hello to보다 좀 더 격식을 차린 말입니다. give my regards to는 give my best regards to, give my best to라고 쓸 수도 있고, say hello to는 say hi to라고 쓸 수도 있습니다.

* 문제 풀이 시 혼동이 없도록 하기 위해, say hello/hi to는 '안부를 부탁하다', give my best regards to는 '~에게 안부를 전하다'로 숙지하기 바랍니다.

STEP 01 | 어순 연습

한글 뜻과 힌트를 보고 순서에 맞게 써 보세요.

● 다음 주말 학회에 가면 Michelle에게 안부 전해 줘요.

to Michelle / next weekend / give / at the conference / my regards

_____

_____

Hint give my best regards to라고 쓸 수도 있다.

● 당신 할머니에게 안부 부탁해요.

hello / your / say / grandmother / to

_____

_____

Hint say hi to라고 쓸 수도 있다.

구조 파악

본격적인 영작에 앞서 자세한 설명을 읽어 보세요.

say hello to someone
~에게 안부를 부탁하다

1 Javier 마주치면 나 대신 그에게 안부 부탁해.

If you run into Javier, say hello to him for me.
　　　　　　　　　　　　　　동사

➡ say hello to는 명령형이지만 친한 사이에서는 please 없이 사용한다. 안부를 받는 사람 앞에 to가 쓰였으며, for me는 선택적으로 사용 가능하다.

2 집에 있는 모든 사람에게 안부 부탁해요. 정말 보고 싶어요.

Please say hello to everyone at home. I really miss them.
　　　　　　　동사

➡ say hello to 앞에 Please를 붙여서 공손하게 표현하고 있다.

3 식당 매니저를 보게 되면 안부 부탁해.

When you see the manager at the restaurant, say hello to her.
　　　　　　　　　　　　　　　　　　　　　　　　　　　　동사

➡ to 뒤에 나오는 안부를 받는 사람은 상대방이 아닌 제3자가 된다.

give my (best) regards to someone
~에게 안부를 전하다

1 저녁 먹을 때 Sharon에게 안부 전해 줘요.

Please <u>give</u> my regards to Sharon at dinner.
　　　　동사

➡ 안부를 받는 사람 앞에 to를 써서 '~에게'라는 뜻으로 썼다.

2 Gilbert를 보게 되면 안부 전해 줘요.

When you see Gilbert, please <u>give</u> him my best regards.
　　　　　　　　　　　　　　동사

➡ give my best regards to him이라고 할 수도 있다.

3 Marcel이 저녁 먹으러 오면 안부 전해 줘요.

If Marcel comes to dinner, please <u>give</u> him my best.
　　　　　　　　　　　　　　　　동사

➡ regards를 생략하고 쓸 수 있다.

📝 Better Writer

say hello to를 다른 방식으로 표현하여 안부를 물을 때 tell somebody I say hello라고도 합니다. 이 말은 '내가 안부를 물었다고 ~에게 얘기하다'라는 뜻입니다. 명령형 tell somebody에 I say hello라는 종속절이 붙여진 형태입니다.

- When you get to the conference, **tell Jeremy I say hello.**
  학회에 가게 되면 Jeremy한테 내가 안부 물었다고 얘기해 줘.

- **Tell your mom I say hello** for me, would you?
  내가 안부 물었다고 네 엄마한테 얘기해 줘, 알았지?

표현 영작

주어진 내용을 바탕으로 대화에 맞게 문장을 완성해 보세요.

1. A Will I see you at the meeting this afternoon?

   B I'm leaving for a trip at lunch, but _____

   everyone for me, please.

   A: 오늘 오후에 회의에서 볼 수 있는 건가?
   B: 점심 때 출장에 떠나, 하지만 나 대신 모두에게 안부 부탁해요.

2. A Please _____ Stacy when you see her next.

   B It would be my pleasure.

   A: 다음에 Stacy 보면 안부 전해 줘요.
   B: 그럴게요.

3. A I'm sorry I can't go with you. Please _____

   _____.

   B Will do. She will be disappointed you couldn't make it.

   A: 같이 못 가서 미안해. 나 대신 네 아내에게 안부 부탁해.   * 아주 친한 사이에는 say hi를
   B: 그럴게. 네가 못 와서 그녀가 실망할 거야.   쓸 수 있다

4. A When you see Martin, please _____

   _____.

   B I will see him at the workshop on the weekend. I'd be happy to.

   A: Martin을 보게 되면 그에게 안부 전해 줘요.
   B: 주말에 워크숍에서 볼 거야. 기꺼이 그렇게.

문장 영작

주어진 힌트를 참고하여 다음 한글을 영작해 보세요.

1. 학회 센터에 가면 저 대신 Jacqueline한테 안부 부탁드릴게요.

_____

Hint get to 도착하다   the conference center 학회 센터   *아주 친한 사이에는 say hi를 쓸 수 있다.

2. 팀 사람들에게 같이 일한 때가 그립다고 하고 내가 안부 물었다고 얘기해 줘요.

_____

Hint miss 그리워하다   work together 함께 일하다   *please를 붙여서 더 공손하게 표현할 수 있다.

3. 다음에 너 집에 있을 때 네 엄마에게 안부 전해 줘.

_____

Hint be home 집에 있다   next 다음에   * 짧게 give my best to를 써서 안부를 전할 수 있다.

4. Hank를 마주치면 나 대신 안부 부탁해요.

_____

Hint run into 우연히 마주치다   *please를 붙여서 더 공손하게 표현할 수 있다.

5. 당신 부모님께 제 안부 전해 주세요.

_____

* please를 붙여서 더 공손하게 표현할 수 있다.

소셜 미디어와 메신저

힌트와 한글을 보고 빈칸에 영어로 써 보세요.

Instagram

Fortin
Jongno, Seoul

Is that your mom with you?_____

_____

너랑 같이 있는 분이 엄마? 내가 안부 여쭈었다고 말씀드려!

Great shot! Was this a special occasion?

사진 잘 나왔다! 특별한 날이었나?

_____

_____ Ask if she's got space for Thanksgiving.

나 대신 엄마한테 안부 부탁해. 추수감사절에 내가 갈 자리가 있는지 여쭤봐 줘.

You guys look fantastic!

너랑 엄마 멋져 보여!

* 아주 친숙한 사이에는 say hi를 쓸 수 있다.

Unit 2

축하, 칭찬

congratulate someone on (동)명사 ~을 축하하다
compliment someone on 명사 ~을 칭찬하다

성과나 업적에 대해 축하하거나 누군가를 칭찬할 때 쓸 수 있는 표현입니다. 두 동사 모두 명사로 쓰기도 하는데요. 'Congratulations on your promotion.'이라고 할 수도 있고, 상대방이 좋은 말을 해 준 경우 'I'll take that as a compliment.'라고도 할 수 있습니다.

STEP 01 | 어순 연습

한글 뜻과 힌트를 보고 순서에 맞게 써 보세요.

- Jeremy의 졸업을 축하해 주세요.

  Jeremy / graduation / his / on / please congratulate

  _____

  _____

  Hint congratulate은 전치사 on과 함께 쓰이며, on 뒤에는 축하하는 내용을 넣는다.

- 우리는 Thomas의 뛰어난 공연에 아낌없는 찬사를 보냈습니다.

  his/ Thomas / complimented / on / we / excellent performance

  _____

  _____

  Hint compliment는 전치사 on과 함께 쓰이며, on 뒤에는 칭찬/찬사하는 내용을 넣는다.

구조 파악

본격적인 영작에 앞서 자세한 설명을 읽어 보세요.

 congratulate someone on (동)명사/for 동명사
~을 축하하다

1 이번에 중대한 성과를 거둔 Jennifer를 저와 함께 축하해 주세요.

Please join me in congratulating Jennifer on this momentous
[동사]
accomplishment.

➡ 동사 join을 사용한 명령문이지만 Please를 붙여서 부탁하듯이 완곡하게 표현하고 있다.
전치사 in 뒤에는 동명사 congratulating을 썼다.

2 Eddie의 최근 수상을 잠시 축하하는 시간을 갖고 싶습니다.

I want to take a moment to congratulate Eddie on his recent
[주어] [동사]
award.

➡ 예문은 전치사 on 다음에 명사가 쓰인 경우인데 문장에 따라 동사에 ing가 붙은 동명사를 쓸
수도 있다.

3 Jackie가 Farah에게 도서 작업 완료했다고 축하해 주는 걸 들었어.

I heard Jackie congratulating Farah on completing **her book!**
[주어] [동사]

➡ 전치사 on 다음에 명사가 아닌 동명사 completing이 쓰인 경우이다. 동명사를 쓸 경우 전
치사 on 또는 for를 쓸 수 있다.

compliment someone on 명사
~을 칭찬하다

1   이번 분기 매출에 대해 부장이 Philomena를 칭찬하는 걸 Brad가 우연히 들었다.

<u>Brad</u> <u>overheard</u> the manager complimenting Philomena on her
　주어　　　동사
sales **this quarter.**

➡ overhear는 지각동사의 일종이므로 목적어인 the manager 다음에 동사원형이나 현재분사를 쓴다.

2   직장에서 다른 사람의 외모에 대해 칭찬하는 것은 적절하지 않다.

<u>Complimenting</u> someone on their looks **in the workplace is**
　　주어
inappropriate.　　　　　　　　　　　　　　　　　　　　　　　　　　동사

➡ 동명사 Complimenting이 주어 역할을 하고 있다.

　Justin이 머리 스타일을 새로 했는데 어떻게 칭찬해 주는 게 가장 좋을까?

3   <u>What's the best way</u> to compliment <u>Justin</u> on his new hairstyle?
　의문사+동사　　　　　　　　　　　　　주어

➡ 칭찬하다라는 뜻의 compliment는 '보충하다'라는 뜻의 complement와 혼동해 쓰지 않도록 유의한다.

✏ Better Writer

speak highly of somebody는 '어떤 사람이나 실력을 높이 평가하여 말하거나 좋게 말하다'라는 뜻입니다. 반대로 나쁘게 말할 경우, speak ill of를 쓰면 됩니다.

- Sharice **spoke very highly of Jared** at our meeting last week.
  Sharice는 지난 주 회의에서 Jared를 아주 높이 평가했어요.

- It's helpful to **speak highly of effective employees** to their managers.
  부장에게 유능한 직원을 높이 평가해서 말해 주는 건 유익한 일이다.

표현 영작

주어진 내용을 바탕으로 대화에 맞게 문장을 완성해 보세요.

1. A Tricia asked me to _____.

   B That's so kind of her. Thank you for telling me.

A: Tricia가 너 새 정장 마련한 거를 칭찬해 주라고 했어.
B: 상냥하기도 하셔라. 말해 줘서 고마워.

2. A I wanted to _____

   promoted.   * get promoted 승진하다

   B Thanks. I am pleased to be recognized for my work.

A: 승진한 거 축하해 주고 싶었어요.
B: 고마워요. 제가 한 일을 알아봐 줘서 기뻐요.

3. A The boss was _____

   _____ of the Marshall file in the meeting.

   B Oh, that's great to hear. I'm glad he was impressed.

A: 회의에서 사장님이 Marshall 파일을 잘 처리했다고 당신을 칭찬했어요.   * handling 처리
B: 아, 그렇다면 좋죠. 사장님이 인상 깊게 생각하셨다니 기뻐요.

4. A Allow me to_____your

   certification.   * earn ~을 얻다

   B Thank you, that means a lot to me.

A: 자격증 취득한 것을 축하드려요.
B: 감사해요. 그렇게 말씀해 주시니 고마울 따름이에요.

문장 영작

주어진 힌트를 참고하여 다음 한글을 영작해 보세요.

1. 누군가가 성공하는 것에 대해 사석에서는 비판하되 공석에서는 칭찬하는 것이 현명하다.

_____

> **Hint** wise 현명한   succeed 성공하다   publicly 공개적으로, 공적으로   criticize 비판하다
> in private 사적으로   *의미상 두 개의 to 동사원형이 wise와 연결된다.

2. Martin이 이사회 임원으로 임명된 것을 축하하고 싶어요.

_____

> **Hint** want ~하고 싶어 하다   appointment 임명   the Board of Directors 이사회

3. Michelle을 이보다 더 높이 평가할 수는 없어요. 그녀는 제가 거느린 최고의 직원 중 한 명이에요.

_____

_____. She's one of my best employees.

> **Hint** can't speak highly enough of 더 이상 높이 평가할 수 없을 만큼 훌륭하다

4. 이 아파트 집의 벽지 선택을 당신이 정말 잘했다고 칭찬해 드려야겠네요.

_____

> **Hint** allow me to ~하고자 합니다   your choice 당신의 선택   wallpaper 벽지

5. 그 팀은 백악관에 초청이 되어 슈퍼볼 우승을 축하받았습니다.

_____

> **Hint** be invited 초청받다   win the Superbowl 슈퍼볼에서 우승하다
> *축하하기 위해서라는 뜻으로 to 동사원형을 쓴다.

소셜 미디어와 메신저

힌트와 한글을 보고 빈칸에 영어로 써 보세요.

Fortin
Sat PM 20:45

Photo Album - 2019 Awards Gala
사진첩 - 2019년 수상 행사

👍❤️ 　　👍 Like　　💬 Comment　　↪ Share

Is that Mark from the sales department?_____

_____

_____

저 사람 영업부서의 Mark인 거죠? 그가 저 상을 받은 걸 축하해 주자고요!

I think it is. Way to go, Mark!!

그런 것 같아요. 잘한다, Mark!

_____

_____ I'm not surprised.

모두가 그를 아주 높이 평가하죠. 놀랄 일은 아니에요.

Congratulations Mark! Great job!

축하해요 Mark! 잘했어요!

---

* Please를 넣어 명령형을 완곡하게 표현한다.　**Hint**　award 상　everyone 모두

Unit 3

감사

thanks for (동)명사 ~에 대해 감사하다
I'd appreciate it if 주어+동사 ~해 주시면 감사하겠습니다

남이 자신을 위해 무엇인가를 해 줘서 흐뭇하고 고마운 마음이 들 때 쓸 수 있는 표현입니다. Thanks for 다음에는 명사나 동명사를 쓸 수 있어서 'Thanks for your help.'라고 할 수도 있고 'Thanks for helping me.'라고 할 수도 있습니다. I would appreciate it if 주어+동사는 이미 일어난 일에 대해 감사하는 것이 아니라 '부탁을 들어준다면 고마울 것이다'라는 말입니다.

STEP 01 | 어순 연습

한글 뜻과 힌트를 보고 순서에 맞게 써 보세요.

● 집에까지 먼 길을 태워 줘서 고마워.

for / home / me / all the way / driving / thanks

_____

_____

Hint thank는 뒤에 전치사 for와 함께 쓰며 for 뒤에 감사 내용이 들어간다.

● Michael이 전화할 때 나한테 알려 주면 고맙겠어.

let me know / if you could / I'd appreciate it / when / Michael calls

_____

_____

Hint 콤마가 없으므로 주절 뒤에 if절이 따라온다.

구조 파악

본격적인 영작에 앞서 자세한 설명을 읽어 보세요.

> thanks for (동)명사
> ~에 대해 감사하다

1 Tracy가 자기가 아팠을 때 음식을 가져다 줘서 고맙다고 하네요.

Tracy says thanks for bringing **her food when she was sick.**
　　주어　　동사

➡ for가 전치사이므로 뒤에 동명사 bringing을 썼다.

2 내가 힘겨워했던 프로젝트 도와줘서 고마워.

Thanks for your help with the project I was struggling with.

➡ 누군가에게 고마움을 표할 때 thanks for라는 표현을 쓰는데 여기에서 thanks는 감탄사로 쓰인 경우이다. 그리고 for 뒤에는 명사가 쓰였다.

3 그 회의에서 내 아이디어를 더 자세히 설명해 줘서 고맙다는 말을 하고 싶어요.

I want to say thanks for amplifying **my ideas in that meeting.**
　주어　동사

➡ 행위에 대해 고맙다는 말을 하려면 for 뒤에 동명사를 쓰면 된다.

I'd appreciate it if 주어+동사
~해 주시면 감사하겠습니다

1 할아버지와 할머니가 도착하기 전에 방 물건을 치워 줬으면 고맙겠구나.

I'd appreciate it if you could pick up **your room before your**
주어+동사
grandparents arrive.

➡ I'd appreciate는 I would appreciate의 줄임말로서, 조건절에서 말한 부탁을 만약 들어준다면 감사할 것이라는 의미로 쓰였다.

2 점심시간 전에 보고서를 이메일로 보내 주시면 정말로 고맙겠습니다.

If you could email that report over before lunch, I would
주어   동사
appreciate it greatly.

➡ 주절인 I would appreciate it이 뒤에 위치해 있다.

3 3시에 카페에서 Martin을 만나 주실 수 있다면 그가 정말 감사해 할 거예요.

Martin would appreciate it if you could meet **him at the cafe at**
주어   동사
3:00.

➡ 주로 I'd appreciate it if라는 표현으로 쓰이지만 I가 아닌 다른 주어를 쓸 수도 있다.

✎ Better Writer

상대방에게 고마움을 나타내는 또 다른 말로 be grateful for라는 표현이 있습니다. 이 표현은 thanks와 거의 같은 의미와 기능을 하는 말입니다. for는 전치사이므로 뒤에 명사를 써 주면 됩니다. be grateful 뒤에 주어, 동사가 들어간 절을 쓰고 싶다면 for 대신에 that을 넣어서 말하면 됩니다.

- **Learning to be grateful for** everyday things can bring us happiness.
  일상생활의 것들에 고마워하는 법을 배우는 것이 행복으로 가는 길이다.

- **I am** deeply **grateful for** your visit while I was in hospital.
  제가 병원에 있는 동안 병문안 와 주셔서 진심으로 감사해요.

표현 영작

주어진 내용을 바탕으로 대화에 맞게 문장을 완성해 보세요.

1. A   Your mom called asking if you were coming for Thanksgiving.

    B   _____ me know.

A: 네 엄마가 추수 감사절에 네가 오는지 나한테 전화해서 물어보더라.
B: 알려 줘서 고마워요.

2. A   Would you like me to pick up your package from the post office?

    B   Yes, _____ that for me.

A: 내가 우체국에서 네 소포 가져다줄까?
B: 네, 저 대신에 그렇게 해 주시면 감사하죠.

3. A   _____ to the party.

    B   It's my pleasure. I had a great time.

A: 파티에 와 주셔서 감사해요.
B: 별말씀을요. 재미있었어요.

4. A   _____ the music down.
I'm getting a headache.   * turn down 소리, 온도 등을 낮추다

    B   It would be my pleasure. Is there anything else I can do for you?

A: 음악 소리 줄여 주면 고맙겠어. 머리가 아픈 것 같아.
B: 그렇게 해 줘야지. 다른 거 또 해 줄 거 있어?

주어진 힌트를 참고하여 다음 한글을 영작해 보세요.

1. 오늘 여러분에게 저희 단체를 대표할 기회가 주어진 것에 감사의 말씀을 드립니다.

_____

Hint grateful 감사하는 opportunity 기회 present 대표하다 organization 단체

2. 오늘 오후, 제게 주목해 주셔서 감사합니다. 질문 있으신가요?

_____

Hint attention 주목, 관심

3. 떠나시기 전에 방명록에 사인해 주시면 감사하겠습니다.

_____

Hint sign 사인하다 guestbook 방명록

4. 이런 가치 있는 명분에 기부해 주신 여러분 모두에게 감사하다는 말씀을 드리고 싶습니다.

_____

Hint would like to ~하고 싶다 contributions 기부금, 출연금 worthy 가치 있는 cause 이유, 대의명분

5. 그가 회의 후에 저에게 회신 주시면 감사하겠습니다.

_____

Hint call back 회신하다

소셜 미디어와 메신저

힌트와 한글을 보고 빈칸에 영어로 써 보세요.

Fortin

_____

_____

오늘 아침에 회사까지 태워다 줘서 고마워.

AM 10:24

No problem at all.

신경 쓰지 마.

AM 10: 35

Fortin

_____

_____

오늘 밤에도 집에 태워다 주면 정말 고맙겠어. :)

AM 10:39

Sure.

그래.

AM 10:45

Hint give someone a ride 누구를 차로 태워 주다 to work 회사로

Unit 4

사과

be sorry 주어+동사 ~해서 미안하다
apologize to someone for (동)명사 ~에 대해 사과하다

남에게 잘못하여 마음이 편치 못할 때는 '미안합니다'라고 하고, 자신의 잘못을 인정하고 용서를 구할 때는 '죄송합니다'라고 합니다. 남에게 사과할 때 부끄럽고 자존심이 상할 때가 많으니 애초부터 사과할 일을 만들지 않는 게 현명할 것 같네요.

STEP 01 | 어순 연습

한글 뜻과 힌트를 보고 순서에 맞게 써 보세요.

- 당신 생일 못 챙기고 지나가서 사과하고 싶어요.

  to apologize / I would like / your birthday / for missing / to you

  _____

  _____

  Hint would like는 동사와 함께 쓸 때 to 동사원형을 쓴다.

- 오늘 올 수 없어서 그가 미안하다고 합니다.

  he's sorry / he says / he / come today / wasn't able to

  _____

  _____

  Hint be sorry 뒤에 미안한 이유를 말하는 절이 올 수 있다.

구조 파악

본격적인 영작에 앞서 자세한 설명을 읽어 보세요.

be sorry 주어+동사
~해서 미안하다

1 지난 주에 아이들 돌보는 거 못 도와줘서 미안해요.

I'm sorry I couldn't help you with childcare last week.
주어+동사

➡️ be sorry 뒤에 that절을 써서 미안한 이유에 대해 쓴다. that은 주로 생략한다.

2 그가 나가면서 문을 열어놔서 미안해 하고 있다.

He's sorry he left the door unlocked when he left.
주어+동사

➡️ be sorry는 that절이 아닌 전치사 for와 쓸 수도 있는데 이때는 for 다음에 명사형을 써야 한다.

3 제시간에 프로젝트를 끝마치지 못해서 미안해요.

I'm sorry I wasn't able to complete the project on time.
주어+동사

➡️ I'm sorry가 주절, I wasn't able to 이하가 종속절이다.

apologize to someone for (동)명사
~에 대해 사과하다

1 그가 나를 실망시킨 것 때문에 나에게 사과했어.

He <u>apologized</u> to me for letting me down.
　주어　　 동사

➡ 사과에 대한 이유에 해당하는 부분을 절이 아닌 구로 쓸 경우 전치사 for와 함께 명사형을 쓴다.
let somebody down은 '~를 실망시키다'라는 뜻이다.

2 Marcella는 어제 회의에서 당신을 무시한 것에 대해 사과하고 싶어 해요.

Marcella <u>wants</u> **to** apologize to you for ignoring **you in the**
　주어　　　동사
meeting yesterday.

➡ for ignoring 이하가 사과를 하는 이유이다.

3 결승골을 허용한 것 때문에 내가 우리 팀에게 사과했어.

I <u>apologized</u> to my team for letting **the winning goal in the net.**
주어　　 동사

➡ for letting 이하가 사과를 하는 이유이다.

✎ Better Writer

사과를 하는 또 다른 표현으로 owe someone an apology for+명사형이 있습니다. '~에게 사과하다/사과해야 하다'라는 뜻으로서, 동사 apologize를 쓰는 대신 '빚지다'라는 뜻의 동사 owe와 명사 apology를 함께 사용한 형태입니다. 위의 표현들과 마찬가지로 사과에 대한 내용은 전치사 for와 함께 쓰면 됩니다.

- I **owe you an apology for talking over you in the meeting.**
  회의에서 당신에 대해 말한 것에 사과를 드려요.

- He **owes her an apology for running into her car.**
  그는 그녀의 차를 친 것에 사과해야 한다.

표현 영작

주어진 내용을 바탕으로 대화에 맞게 문장을 완성해 보세요.

1. A I _____ the report on time.

   B Yes, we lost the contract to our competitor because of it.

   A: 제시간에 보고서를 마치지 못해서 미안합니다.
   B: 네, 그것 때문에 경쟁사에게 계약을 뺏겼어요.

2. A I think you should _____

   _____ so rudely.

   B Yes, I hope that will help repair our relationship.

   A: 너 Fatima한테 너무 무례하게 얘기한 거 사과해야 한다고 생각해.
   B: 응, 그렇게 해서 우리 관계를 회복하는 데 도움이 되길 바라.

3. A I _____ you waiting for me.

   B I just got here two minutes ago. Don't worry about it.

   A: 널 계속 기다리게 해서 미안해.   * keep somone waiting ~를 계속 기다리게 하다
   B: 나 여기 2분 전에 막 왔어. 걱정 마.

4. A Do you think it would help if I _____

   him up?
                                        * stand somebody up ~를 바람맞히다

   B No, the damage is done. It's best to just move on.

   A: 내가 Ned를 바람맞힌 것 때문에 사과한다면 도움이 될 거라고 생각해?
   B: 아니, 이미 상처는 받은 거야. 그냥 넘어가는 게 최선이야.

1. 당신의 메시지에 회신하지 않은 것에 대해 사과드리고 싶어요.

_____

Hint want ~하고 싶어 하다   reply to 회신하다

*전치사 뒤에서 동명사를 부정할 경우 not은 전치사와 동명사 사이에 위치한다.

2. 그녀의 자켓을 망친 것에 대해 그녀한테 사과해야 한다고 생각해.

_____

Hint ruin 망치다   * owe를 사용할 것

3. 파티에 참석할 수 없을 것 같다고 James가 미안해하고 있어.

_____

Hint attend 참석하다   * 종속절의 시제에 유의할 것

4. 그녀가 네 뒤에서 너에 대해 얘기한 건 사과할 필요가 있어.

_____

Hint behind somebody's back ~의 뒤에서

5. 오늘 아침 회의에 늦어서 미안해요.

_____

Hint late for ~에 늦은   * 종속절의 시제에 유의할 것

소셜 미디어와 메신저

힌트와 한글을 보고 빈칸에 영어로 써 보세요.

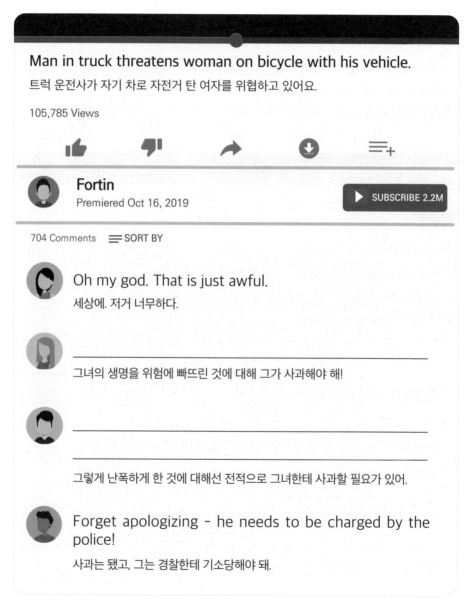

Man in truck threatens woman on bicycle with his vehicle.

트럭 운전사가 자기 차로 자전거 탄 여자를 위협하고 있어요.

105,785 Views

Fortin
Premiered Oct 16, 2019

▶ SUBSCRIBE 2.2M

704 Comments ≡ SORT BY

Oh my god. That is just awful.
세상에. 저거 너무하다.

_____
그녀의 생명을 위험에 빠뜨린 것에 대해 그가 사과해야 해!

_____

_____
그렇게 난폭하게 한 것에 대해선 전적으로 그녀한테 사과할 필요가 있어.

Forget apologizing - he needs to be charged by the police!
사과는 됐고, 그는 경찰한테 기소당해야 돼.

Hint owe ~해야 하다 endanger 위험에 빠뜨리다 absolutely 전적으로 so reckless 그토록 난폭한

Unit 5

희망, 바람

hope + to 동사원형/that절   ~을 바라다/희망하다

wish 주어 + 동사   ~이면 좋겠다

hope는 현실적이고 실현될 수 있는 소망을 표시할 때 사용하고, I wish는 가능성이 낮거나 불가능한 일을 가정할 때 사용합니다. 희망이나 바람을 갖고 그것이 이루어지길 원한다는 건 참 좋은 일이죠. 여러분은 어떤 희망이나 바람을 가지고 있나요? 무엇이 되었건 간에 그것이 꼭 성취되길 바랄게요.

STEP 01 | 어순 연습

한글 뜻과 힌트를 보고 순서에 맞게 써 보세요.

- 오늘 오후 회의에서 널 볼 수 있길 바라.

at the meeting / you / I hope / this afternoon / to see

_____

_____

Hint 동사 hope는 to 동사원형과 함께 쓴다.

- Mark는 악기 하나를 연주하는 법을 알았으면 하고 바라고 있어.

how to / wishes / an instrument / he knew / play / Mark

_____

_____

Hint wish 다음에 절을 사용하여 바라는 내용을 쓴다.

본격적인 영작에 앞서 자세한 설명을 읽어 보세요.

> **hope+to 동사원형/that 주어+동사**
> ~을 바라다

1 Frank는 업무가 끝나기 전에 일을 끝내기를 바란다.

Frank hopes **to finish** his work before quitting time.
　　　주어　동사

➡ hope는 뒤에 to 동사원형이나 that절을 함께 쓸 수 있다.

2 정부는 재선거에서 이기기를 바란다.

The government hopes **to win** re-election.
　　　　　주어　　　　동사

➡ to 동사원형인 to win을 써서 현실적인 일에 대한 바람을 표현하고 있다.

3 난 네가 언제 곧 우리 집을 방문할 수 있기를 바라.

I hope **that you will be able to visit** us sometime soon.
주어 동사

➡ hope 뒤에 that절을 써서 현실적인 일에 대한 바람을 표현하고 있다.

wish 주어+동사
~이면 좋겠다

1 가족은 네가 더 머물 수 있으면 좋겠다는 생각이야.

The family wishes you could stay longer.
　　　　주어　　　　동사

➡ wish 뒤에 나오는 주어+동사는 가정법에 해당하는 절이므로 현재 사실과 반대되면 과거, 과거 사실과 반대되면 과거완료를 사용한다. 예문에서는 조동사의 과거형 could가 쓰였다.

2 이사님은 당신이 그와 함께 골프 한 게임을 할 수 있기를 바라고 있어요.

The director wishes you were able to join him for a round of golf.
　　　주어　　　　동사

➡ wishes는 현재형이지만 종속절에서 동사의 과거형 were를 썼으므로 가능성이 낮은 일에 대해 가정하고 있다.

3 난 컴퓨터를 프로그래밍하는 법을 알았으면 좋겠어.

I wish I knew how to program a computer.
　주어　동사

➡ wish는 현재형이지만 종속절에서 동사의 과거형 knew를 썼으므로 현재 사실과 반대되는 내용을 가정하고 있다.

Better Writer

어떤 일이 이루어지기를 기대하거나 특별한 날이나 소식을 고대할 때 쓸 수 있는 표현으로는 look forward to+(동)명사가 있습니다. 편지나 이메일을 마무리할 때 상대방의 소식을 기다린다거나 상대방으로부터 무엇인가를 기대하고 있을 때 자주 쓸 수 있습니다.

• I **look forward to getting** some rest tonight.
오늘 밤에는 휴식을 좀 취할 수 있을 거라고 난 기대해.

• The team is **looking forward to finishing** their latest project.
그 팀은 가장 최근 프로젝트를 끝낼 것을 고대하고 있다.

• I'm really **looking forward to my trip** to Scotland this summer.
난 이번 여름에 갈 스코틀랜드 여행을 정말 고대하고 있어.

표현 영작

주어진 내용을 바탕으로 대화에 맞게 문장을 완성해 보세요.

1. A What are your plans for the weekend?

   B I _____ the new Marvel movie
      on Saturday.

   A: 주말 계획이 어떻게 돼?
   B: 토요일에 새로 나온 마블 영화를 보고 싶어.

2. A I _____ this proposal by lunch so
      I could go with you!

   B Want us to pick something up for you then?

   A: 너랑 같이 가게 점심시간 때까지 이 제안서를 끝낼 수 있으면 좋겠다!
   B: 그럼 너 먹을 거 뭐 좀 사다 줄까?

3. A Are you going to be able to join us tomorrow night?

   B I _____, but I'm not sure.

   A: 내일 밤 우리랑 함께 할 수 있어?
   B: 그럴 수 있길 바라지만 확실히 모르겠어.

   * B의 대답에서 join you tomorrow night은 반복적이고 이미 아는 내용이므로 생략한다.

4. A I _____ better at football. I'd
      play with you.

   B We're all terrible. You should come!

   A: 미식축구를 더 잘했으면 좋겠어. 너랑 경기 좀 하게.
   B: 우리 모두 실력이 형편없어. 너 와도 돼!

   * wish 주어 + 동사에서 동사가 be동사일 경우 was 대신 were를 사용한다.

문장 영작

주어진 힌트를 참고하여 다음 한글을 영작해 보세요.

1. 내년 학회에서도 널 마주치길 바라.

_____

Hint run into 우연히 마주치다   next year's 내년의   conference 학회

2. Frida는 건강 상태가 아주 좋아서 우리와 함께 어울릴 수 있길 바란다.

_____

Hint feel well enough 건강 상태가 아주 좋다고 느끼다   be able to ~할 수 있다   join 함께 어울리다

3. 그녀는 자신이 참가해서 경연 최종 라운드까지 가기를 바란다.

_____

Hint her entry 그녀의 참가   make 힘들게 이르다   the final round 최종 라운드   competition 경연
* that절을 사용할 것

4. 우리는 모두 다음 휴가를 고대하고 있다.

_____

Hint holiday 휴가   * all은 be동사 뒤에 위치한다.

5. Tamara는 늦게까지 일을 안 해도 되면 좋겠다고 생각한다.

_____

Hint have to ~해야 하다   * 현재 사실에 대한 반대이므로 종속절은 과거형으로 쓴다.

소셜 미디어와 메신저

힌트와 한글을 보고 빈칸에 영어로 써 보세요.

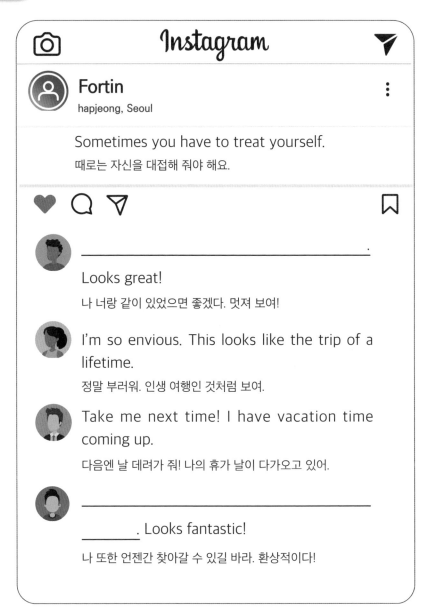

Instagram

Fortin
hapjeong, Seoul

⋮

Sometimes you have to treat yourself.
때로는 자신을 대접해 줘야 해요.

♥ ○ ◁   ▢

_____.

Looks great!
나 너랑 같이 있었으면 좋겠다. 멋져 보여!

I'm so envious. This looks like the trip of a lifetime.
정말 부러워. 인생 여행인 것처럼 보여.

Take me next time! I have vacation time coming up.
다음엔 날 데려가 줘! 나의 휴가 날이 다가오고 있어.

_____
_____. Looks fantastic!
나 또한 언젠간 찾아갈 수 있길 바라. 환상적이다!

Hint be able to ~할 수 있다   visit 찾아가다   as well 또한, 역시

* wish 주어 + 동사에서 동사가 be동사일 경우 was 대신 were를 사용한다.

Unit 6

결심, 결정

· ·

make up your mind to 동사원형　마음을 정하다, 결심하다
make a/the decision to 동사원형　　결정하다

의미 있는 일을 하기로 결심할 때, 중요한 일을 앞두고 마음을 정하거나 결정을 내려야 할 때가 꼭 있습니다. 신중하면서도 현명한 판단을 하여 중요한 일이 틀어지지 않도록 조심하기 바랍니다.

STEP 01 | 어순 연습

한글 뜻과 힌트를 보고 순서에 맞게 써 보세요.

● 나 대학원에 지원하기로 결정했어.

to apply / the decision / I've / to graduate school / made

_____

_____

> **Hint** apply to ~에 지원하다

● 올지 안 올지 마음이 정해지면 알려 줘.

make up / when you / your mind / let me know / to come or not

_____

_____

> **Hint** make up one's mind에 있는 소유격을 주어에 맞춰 써 준다.

STEP 02 구조 파악

본격적인 영작에 앞서 자세한 설명을 읽어 보세요.

> **make up your mind to 동사원형**
> 마음을 정하다, 결심하다

1 그는 군대에 들어가기로 결심했다.

He <u>has made up his mind</u> to enroll in the army.
주어   동사(숙어)

➡ 이제 막 결심했으므로 현재완료를 쓴다. 주어에 따라 소유격의 형태가 달라진다는 것에 유의한다.

2 Quentin은 미술 수업을 듣기로 마음을 먹었다.

Quentin <u>has made up her mind</u> to attend art classes.
주어   동사(숙어)

➡ 이제 막 마음을 먹었으므로 현재완료를 쓴다.

3 Teagan은 밤에 잠을 더 자기로 마음을 먹었다.

Teagan <u>has made up his mind</u> to get more sleep at night.
주어   동사(숙어)

➡ 이제 막 마음을 먹었으므로 현재완료를 쓴다.

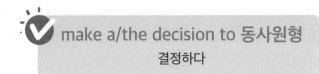

make a/the decision to 동사원형
결정하다

1 그녀는 대학에 지원할 결정을 아직 내리지 않았다.

She hasn't made the decision to apply **for college yet.**
　주어　　　　　　　　　　동사(숙어)

➡ 지금 시점까지도 결정을 내리지 않았으므로 현재완료를 쓴다.

2 River는 지난 주에 금연을 하기로 결정했다.

River made the decision to quit **smoking last week.**
　주어　　　　　　동사(숙어)

➡ last week라는 과거를 나타내는 말이 나왔으므로 과거시제를 썼다.

3 Dakota는 자신이 직접 사업을 하기로 결정을 내렸다.

Dakota made the decision to go **into business for herself.**
　주어　　　　　　동사(숙어)

➡ 과거시제이므로 과거의 한 시점에 내린 결정이라고 보면 된다.

✎ Better Writer

have not decided+의문사는 '~할지 결정하지 않았다'라는 뜻으로 who, when, where, what, how, why 등의 의문사와 함께 쓰는 표현입니다. 의문사 뒤에 절을 쓸 수 있고, 의문사+to 동사원형의 형태로 쓸 수도 있습니다.

- August **has not yet decided which** restaurant we will meet at tomorrow.
  August는 내일 어느 식당에서 우리가 만날지 아직 정하지 않았다.

- I **have not decided where to** apply for my next job.
  나는 다음 일자리로 어디에 지원할지 정하지 않았다.

표현 영작

주어진 내용을 바탕으로 대화에 맞게 문장을 완성해 보세요.

1. A Let me know when you _____
   or come with us.

   B I should have a decision by the end of the week.

   A: 네가 머물건지 아니면 우리랑 같이 갈지 마음을 정하면 알려 줘.
   B: 주말까지는 결정을 할 거야.

2. A Robin _____ to Juno.

   B That's so exciting! I can't wait for the announcement.

   A: Robin이 Juno에게 프러포즈하기로 결정을 내렸어.
   B: 아주 흥미로운 걸! 발표가 정말 기다려져.

3. A I've _____ the manager's position.

   B Good luck! Let me know how it goes!   * apply for 지원하다

   A: 매니저 자리에 지원하기로 결정했어.
   B: 행운을 빌어! 어떻게 되어 가는지 알려 줘.

4. A When you _____ something,
   you really go for it!

   B I suppose that's true. I am rather decisive.

   A: 뭔가를 할 마음을 먹으면 넌 정말 밀고 나가는구나!
   B: 그게 맞는 말인 것 같아. 내가 결단력이 있는 편이지.

문장 영작

주어진 힌트를 참고하여 다음 한글을 영작해 보세요.

1. Susan은 오늘 집에 가기 전에 프로젝트를 끝내기로 마음을 먹었다.

_____

Hint finish 끝마치다   go home 집에 가다

2. Elliott은 일주일에 두 번 운동을 시작하기로 결정했다.

_____

Hint work out 운동하다

3. Chinonso는 그들의 최신 앨범을 언제 발표할지 정하지 않았다.

_____

Hint release 발표하다   *의문사 + to 동사원형을 사용한다.

4. Helen은 1년 안에 마라톤을 뛰기로 마음을 먹었다.

_____

Hint in the next year 1년 안에

5. Logan은 규정을 어기기로 결정했는데 그것은 큰 실수였다.

_____

Hint break the rules 규정을 어기다

소셜 미디어와 메신저

힌트와 한글을 보고 빈칸에 영어로 써 보세요.

Fortin
Sat PM 20:45

What are you doing for the holidays this year?
올해 휴가 때는 뭘 할 건가요?

👍 Like   💬 Comment   ↪ Share

It's too early. _____

_____

너무 일러요. 어디로 갈지 아직 결정하지 않았어요.

Seriously? It's August. I have no idea yet.
정말인가요? 8월이네요. 전 아직 아무 생각이 없어요.

_____

_____

전 따뜻한 곳으로 휴가를 떠나기로 결정했어요.

Oooh. Good question. I should probably buy tickets soon if I'm going anywhere.
아~ 질문 좋네요. 어디든 갈 거면 아마도 곧 표를 끊어야겠죠.

Hint go on a vacation 휴가를 가다   somewhere warm 따뜻한 어느 곳

* 현재 시점까지 정하지 않았으므로 현재완료를 쓴다.
* 지금 막 결심한 것이므로 현재완료를 쓴다.

Unit 7

인식, 인지

realize that/what/how 주어 + 동사 　~를 깨닫다
it occurs to someone that 주어 + 동사 　~가 머리에 떠오르다

realize that은 인지하지 못했던 것을 느끼거나 알게 될 때, it occurs to me that은 기억이 되살아나거나 생각이 날 때 사용하는 표현입니다. 가끔 우리의 무의식에 자리 잡고 있던 무언가가 갑자기 의식으로 나타나기도 하는데요. 때로는 이것이 촉이나 감으로도 작용할 수 있다는 생각이 듭니다.

STEP 01 　어순 연습

한글 뜻과 힌트를 보고 순서에 맞게 써 보세요.

● 불현듯 방에 나 혼자 있지 않다는 걸 깨달았어.

that / suddenly, / in the room / I realized / I was not alone

_____

_____

Hint　realize 뒤에 that절이 나온다.

● 이번 분기에는 우리 목표치를 맞추지 못할 것 같은 생각이 들어요.

to meet our target / that / we are unlikely / this quarter / it occurs to me

_____

_____

Hint　it occurs to me 뒤에 that절이 나온다.

구조 파악

본격적인 영작에 앞서 자세한 설명을 읽어 보세요.

realize that/what/how 주어+동사
~를 깨닫다

1 Evelyn은 집으로 가는 버스 막차를 이미 놓쳤다는 것을 깨달았다.

Evelyn <u>realized</u> that **he had already missed the last bus home.**
　　주어　　　　동사

➡ that절은 명사절로서 realized의 목적어 역할을 한다.

2 Armani는 수프에서 빠진 게 월계수 잎이라는 걸 깨달았다.

Armani <u>realized</u> what **was missing from the soup was bay leaf.**
　　주어　　　　동사

➡ what절은 의문사 what이 주어, was missing이 동사 역할을 하는 명사절이다.

3 Imani는 작은 변화가 시간이 흐르면서 얼마나 중요한 영향을 끼칠 수 있는지 깨달았다.

Imani <u>realized</u> how **small changes could have a significant impact over time.**
　주어　　　　동사

➡ 의문사 how가 주어와 동사인 small changes could have와 함께 명사절을 이끌며 목적어 역할을 한다.

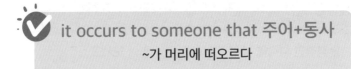

it occurs to someone that 주어+동사
~가 머리에 떠오르다

1 Chidi는 3년만 있으면 은퇴를 할 수 있다는 게 문득 떠올랐다.

It occurred to Chidi that he could retire in only three more years.
가주어　동사　　　　　　　　　　　　　　　　진주어

➡ that 이하가 it이 가리키는 말이며, Chidi의 머리에 떠오른 내용이다.

2 Malik은 도서관 책 반납일이 지났다는 게 문득 생각났다.

It occurred to Malik that his library books were overdue.
가주어　동사　　　　　　　　　　　　진주어

➡ that 이하가 it이 가리키는 말이며, Malik의 머리에 떠오른 내용이다.

3 당신에게 사과해야 할 것 같다는 생각이 문득 들어요.

It occurs to me that I owe you an apology.
가주어　동사　　　　　　진주어

➡ that 이하가 it이 가리키는 말이며, 나(me)의 머리에 떠오른 내용이다.

Better Writer

동사 notice는 '~을 알아차리다, ~이 눈에 띄다, ~을 알다'라는 뜻입니다. 여러 감각에 의해서 상황을 인지하게 될 때 쓰는데 주로 시각에 의해 알아차릴 때 쓰는 경우가 많습니다. notice 뒤에 that절뿐만 아니라 다양한 의문사를 함께 쓸 수 있다는 것을 알아 두세요.

- I **noticed that** you left early yesterday. 내가 보니까 너 어제 일찍 떠났더라고.
- We **noticed how** you take such good care of your pets.
  네가 애완동물을 얼마나 잘 돌보는지 우리가 알겠더군.
- She **noticed when** you shoveled the snow from her driveway.
  네가 그녀의 진입로에 쌓인 눈을 삽으로 치울 때 그녀는 알았어.
- He **noticed where** you missed the spelling of a few words in the essay.
  네가 에세이 어느 부분에서 몇몇 단어의 철자를 빼먹었는지 그는 알아챘어.

표현 영작

주어진 내용을 바탕으로 대화에 맞게 문장을 완성해 보세요.

1. A Zia _____ the whole staff
   instead of just her boss.   * email 이메일을 보내다

   B Oh dear, that's embarrassing.

   A: Zia는 사장에게 보낸다는 이메일을 전체 직원에게 보냈다는 걸 깨달았어.
   B: 저런, 그것 참 당혹스럽네.

2. A _____ you to dinner.

   B That's great. I'd love to come.   * should ~해야 하다

   A: 우리가 널 저녁 식사에 초대해야 한다는 생각이 Sahar에게서 갑자기 들었어.
   B: 좋지. 가고 말고.

3. A I didn't _____ outside at lunch.

   B Yes, I don't have any windows near my desk, so eat my
   lunch outside.

   A: 점심시간에 네가 밖에 있었다는 걸 내가 전엔 깨닫지 못했어.
   B: 응, 내 책상 주변에 창문이 없어서 밖에서 점심을 먹어.

4. A _____ interested in leading
   the project.   * might ~일지도 모른다

   B That's a wonderful offer. Yes, I would like that, thank you.

   A: 네가 프로젝트를 이끌어 나가는 데 관심이 있을 것 같다는 생각이 문득 났어.
   B: 훌륭한 제안이야. 응, 좋아. 고마워.

문장 영작

주어진 힌트를 참고하여 다음 한글을 영작해 보세요.

1. Janis는 오븐을 끄지 않았다는 걸 깨달았다.

_____

> **Hint** turn off 끄다   *오븐을 끄지 않은 시점에 유의하여 시제를 쓰도록 한다.

2. Richard는 그가 지원서를 제출하지 않았다는 게 문득 생각이 났다.

_____

> **Hint** submit 제출하다   application 지원서   *지원서를 제출하지 않은 시점에 유의하여 시제를 쓰도록 한다.

3. Blair는 Kelly의 눈에서 빛이 얼마나 반짝거리는지가 보였다.

_____

> **Hint** lights 빛   twinkle 반짝거리다

4. Riley는 그녀가 예상한 만큼 그것이 쉽지 않을 것이라는 걸 깨달았다.

_____

> **Hint** be going to ~할 것이다   as easy as ~만큼 쉬운

5. 우리가 주말에 먹을 식료품을 좀 사야 한다는 게 문득 생각이 났어.

_____

> **Hint** need to ~할 필요가 있다   pick up ~을 사다   groceries 식료품

소셜 미디어와 메신저

힌트와 한글을 보고 빈칸에 영어로 써 보세요.

<

Fortin

_____

_____

우리가 이번 달에 수의사한테 개를 안 데려갔다는
생각이 문득 드네.

Oh you're right._____

_____

아, 맞아. 우리가 지난 주에 예약을 지나쳤다는 걸
내가 알아채질 못했어.

AM 10:13

Fortin

Would you like me to call and
reschedule?

내가 전화해서 다시 예약 잡을까?

That would be great. Just let me
know when we need to go.

그러면 좋지. 단지 우리가 언제 가야할지만 알려 줘.

AM 10:17

Hint vet 수의사 miss 놓치다 appointment 예약

Unit 8

계획

be planning to 동사원형 ~할 계획이다
be going to 동사원형 ~할 것이다

개인적으로든, 아니면 가까운 사람들과 함께든 우리는 하고 싶은 일도 많고 앞으로 할 일도 참 많죠. 누구와 함께 무엇을 할지 계획을 세우는 것은 정말 중요합니다. 물론 그 계획대로 실천해 나가는 것도 중요하다는 것 잊지 마세요.

STEP 01 어순 연습

한글 뜻과 힌트를 보고 순서에 맞게 써 보세요.

● 저는 다른 회사의 일자리에 지원할 계획이에요.

a position / apply for / I / at another company / am planning to

_____

_____

Hint be planning to는 뒤에 동사원형을 쓴다.

● Jenny가 일요일 오후에 오페라를 보러 갈 거라고 말했어.

she / on Sunday afternoon / the opera / is going to / Jenny said

_____

_____

Hint be going to는 뒤에 동사원형을 쓴다.

구조 파악

본격적인 영작에 앞서 자세한 설명을 읽어 보세요.

> **be planning to 동사원형**
> ~할 계획이다

1 난 휴가를 가기 위해 다음 달에 시간을 좀 낼 계획이야.

I'm planning to take some time off next month to take a holiday.
　　　주어+동사

➡ be planning to는 뒤에 동사원형이 나오므로 take를 썼다.

2 신문에서 우리 회사가 경쟁사와 합병할 계획이라고 얘기하고 있어.

The newspaper says our company is planning to merge with a
　　　　주어　　　　동사
competitor.

➡ be planning to 뒤에 동사원형 merge를 썼다.

3 고양이가 냉장고 위로 점프를 하려고 하는 것 같아.

It looks like the cat is planning to jump onto the fridge.
　　　주어　　동사

➡ be planning to 뒤에 동사원형 jump를 썼다.

be going to 동사원형
~할 것이다

1 오늘 오후에는 날씨가 바뀔 것이다.

The weather is going to **change** this afternoon.
　　　주어　　　　　　　　　　동사

➡️ be going to는 뒤에 동사원형이 나오므로 change를 썼다.

2 그 시리즈 신간이 다음 달에 나올 것이다.

The latest book in the series is going to **come out** next month.
　　　　　　주어　　　　　　　　　　　　　　동사

➡️ be going to는 뒤에 동사원형이 나오므로 come을 썼다. 다만 come out이 동사구이므로 묶어서
본다.

3 우리 사장은 우리가 프로젝트를 일찍 끝내면 우리에게 보너스를 줄 것이다.

Our boss is going to **give** us a bonus if we finish the project early.
　　주어　　　　　　　　동사

➡️ be going to는 뒤에 동사원형이 나오므로 give를 썼다.

✏️ Better Writer

think of는 단순히 머리에 떠올려 생각하거나 상상할 때 쓰는 표현이지만 계획과 관련하여 '~에 대해 생
각하다/고려하다'라는 뜻으로 쓸 수도 있습니다. 무엇을 할 마음을 먹고 있다는 말이므로 실제로 계획에
옮기기 전에 고민하는 모습이 될 수 있겠네요.

- We're **thinking of visiting** my in-laws this weekend
  이번 주에 시부모님(장인, 장모)을 찾아뵐 생각이야.
- My parents **are thinking of selling** their house.
  우리 부모님이 집을 파실 생각을 하고 계셔.

표현 영작

주어진 내용을 바탕으로 대화에 맞게 문장을 완성해 보세요.

1. A _____ a triathlon next year.

   B Amazing. How long have you been training?

   A: 난 내년에 철인 3종 경기를 뛸 계획이야.
   B: 대단하다. 얼마 동안 훈련을 했어?

2. A What's on your to-do list this week?

   B _____ the report before

   anything else.

   A: 이번 주에 해야 할 일 리스트가 뭐야?
   B: 다른 것보다 우선 보고서를 끝낼 계획이야.

3. A It looks like the Muskrats _____

   the division title.

   B Shh! You'll curse them if you say it out loud.

   A: Muskrats(아마추어 야구단)가 디비전 타이틀에서 우승할 것 같아.
   B: 쉿! 네가 큰 소리로 말하면 그들에게 저주를 내리는 거야.

4. A I heard _____ a leave of

   absence.

   B Yes, I will be gone for a couple of months.

   A: 내가 듣기에 네가 휴가를 낼 거라고 하던데.
   B: 응, 두어 달 정도 나가 있을 거야.

주어진 힌트를 참고하여 다음 한글을 영작해 보세요.

1. Pat은 고위 관리직 자리에 지원할 계획이야.

_____

Hint   apply for 지원하다   senior management 고위 관리직   opening 빈자리, 공석

2. 그녀는 새 차를 사기 전에 시간을 좀 가지려고 해.

_____

Hint   take some time 시간을 가지다   * 부사절의 주어 she는 생략할 것

3. Chad는 그의 최신 곡들이 담긴 앨범을 녹음할 생각이야.

_____

Hint   album 음악 앨범   latest tracks 최신 곡

4. 다음 프로젝트에서는 Tracy와 함께 일할 계획이야.

_____

Hint   work with ~와 함께 일하다

5. 선거 결과는 오늘 이후에 온라인에서 발표될 것이다.

_____

Hint   results 결과   election 선거   publish 발표하다   later 이후에   *결과가 발표되므로 수동태를 쓴다.

소셜 미디어와 메신저

힌트와 한글을 보고 빈칸에 영어로 써 보세요.

Thanksgiving with the Family – Why do I keep doing this?

가족과 함께 하는 추수 감사절 – 난 왜 계속 이래야 할까요?

215,264 Views

👍 👎 ➡️ ⬇️ ☰+

Fortin
Premiered July 2, 2019

▶ SUBSCRIBE 2.2M

21 Comments ☰ SORT BY

_____

내년에 다시 갈 계획인가요?

I'm not going to my family's place for Thanksgiving. :(
추수 감사절엔 가족이 있는 곳엔 안 갈 거야. :(

Sorry you had a rough visit.
명절 방문이 힘들었다니 안됐네요.

We all have that uncle. _____

_____

다들 모두 그런 삼촌이 있잖아. 난 내년에 그냥 친구들만 부를 생각이야.

Hint go back 다시 가다   have somebody over ~를 부르다/초대하다

Unit 9

알림, 통보

• •

let someone know ~에게 알려 주다
notify someone of ~에 대해 알리다/통보하다

새로운 소식이나 내용을 남에게 알리는 것이 중요한 이유는 소식을 알아야 할 사람이 불편을 겪거나 불이익을 당할 수 있기 때문입니다. 그러니 알림과 통보는 꼭 잊지 않도록 하세요. let me know는 주로 if절이나 명사절과 함께 쓰고, notify someone of는 뒤에 명사구나 명사절을 쓴다는 것을 기억하고 다음으로 넘어 가시기 바랍니다.

STEP 01 어순 연습

한글 뜻과 힌트를 보고 순서에 맞게 써 보세요.

● 주택 사정이 조금이라도 변한다면 저희에게 알려 주세요.

if anything / with your housing situation / changes / know / let us

_____

_____

Hint 접속사 if를 써서 조건절이 나왔다.

● 그의 상태에 조금이라도 변화가 있다면 저에게 알려 주세요.

of / in his condition / me / any changes / please notify

_____

_____

Hint notify somebody of something의 형태로 쓰인다.

구조 파악

본격적인 영작에 앞서 자세한 설명을 읽어 보세요.

let someone know if/that/의문사
~에게 알려 주다

1 입장권 구매가 가능해진다고 들으면, 저에게도 통지해 주세요.

If you hear of any tickets becoming available, please let me
조건절
know.

➡️ let someone know가 if절과 함께 쓰였다. if절은 문장의 앞뒤 모두에 올 수 있으므로 let someone know의 위치도 그에 따라 변한다.

2 집 리모델링 공사업자에 대해 어떻게 생각하는지 우리에게 알려 줘.

Let us know **what you think of the contractor for home**
목적절
remodeling.

➡️ what you think로 시작하는 명사절이 know의 목적어 역할을 하고 있다.

3 회의 시간이 2시에서 4시로 변경됐다고 그들에게 알려 주세요.

Let them know **that the time of the meeting has been**
목적절
changed from 2pm to 4pm.

➡️ that절이 know의 목적어 역할을 하는 절이다.

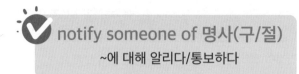

notify someone of 명사(구/절)
~에 대해 알리다/통보하다

1 일정이 조금이라도 변경이 되면 저희에게 통지해 주세요.

Please <u>notify</u> <u>us</u> of any changes to the schedule.
　　　　　동사　　목적어

➡️ of 뒤에 명사구 any changes를 썼다.

2 Amor가 회의에 도착하면 사장님께 알려 줘야 해요.

I <u>need</u> <u>you</u> to notify my boss of when Amor arrives for the
　　동사　 목적어

meeting.

➡️ of 뒤에 명사절 when Amor arrives for the meeting을 썼다.

3 Tomomi한테서 전화가 올 거예요. 저에게 즉시 알려 주세요.

I am expecting a call from Tomomi. Please <u>notify</u> <u>me</u>
　　　　　　　　　　　　　　　　　　　　　　　　동사　　목적어

immediately.

➡️ 이미 알고 있는 내용일 경우 notify someone만 써도 된다.

🖊 Better Writer

어떤 일의 상황에 대해 계속해서 알려 달라는 뜻으로 keep someone posted라는 표현을 씁니다. let me know가 일시적인 알림이라면, keep someone posted는 지속적인 알림을 의미합니다. 변화나 추이를 계속해서 알고 있어야 하고 그에 따라 대처할 필요가 있을 때 쓸 수 있는 표현입니다.

- **Keep me posted** about openings at your firm.
  당신 회사에 자리가 생기면 저에게 계속 알려 주세요.
- I will **keep you posted** on changes to the schedule.
  일정 변경에 대해서는 제가 계속해서 알려 드릴게요.

표현 영작

주어진 내용을 바탕으로 대화에 맞게 문장을 완성해 보세요.

1. A Are there any updates from Val on progress?

   B No, but I'll _____ if I hear anything.

   A: 진행 상황에 대해 Val한테서 들은 새로운 소식이 좀 있나요?
   B: 아뇨, 하지만 뭐든 듣게 되면 알려 드릴게요.

2. A Can you please _____ any changes to the design?

   B Sure, if anything changes I'll be in touch.

   A: 디자인에 조금이라도 변경이 생기면 저희에게 통보해 주시겠어요?
   B: 그럼요. 조금이라도 바뀌면 제가 연락할게요.

3. A If we're not going to meet the deadline, I need you to let me know.

   B I'll be sure to _____ any setbacks.

   A: 우리가 마감일을 못 맞춘다고 하면 저에게 알려 줘야 해요.
   B: 차질을 빚게 되면 꼭 통지해 드리겠습니다.

4. A Mattie _____ that you needed some help with the new software?

   B Oh, that's great. Yes, I'm having trouble with a particular function.

   A: 네가 새 소프트웨어 사용하는 거에 도움이 필요하다고 Mattie가 나한테 알려 줬어.
   B: 아, 그거 잘됐다. 맞아, 내가 특정 기능을 쓰는 게 어려워.

문장 영작

주어진 힌트를 참고하여 다음 한글을 영작해 보세요.

1. 우리가 다른 필요한 게 있으면 Chandra가 너한테 알려 줄 거라고 하네.

_____

> **Hint** anything else 다른 어떤 것   * 조건절은 뒤에 쓸 것

2. 일정에 변경이나 새로운 내용이 생기면 Nasim에게 통지해 주세요.

_____

> **Hint** changes 변경   updates 최신 정보   to the schedule 일정에

* Please를 사용하여 좀 더 공손하게 표현한다.

3. Bo가 요청하는 건 새 웹사이트에 대한 업데이트가 있으면 네가 그녀에게 계속 알려 달라는 거야.

_____

> **Hint** ask 요청하다   with updates 최신 정보로, 최신 정보를 가지고

4. 이 신발 선적을 또 한 번 받으면 저에게 알려 주시겠어요?

_____

> **Hint** another 또 하나, 다른   shipment 선적, 수송   * 조건절을 문장 앞쪽에 쓸 것

5. 문제가 있으면 내가 너에게 알려 줘야 한다고 Manjeet이 그랬어.

_____

> **Hint** should ~해야 하다   problems 문제   * 조건절을 문장 뒷쪽에 쓰고 there is 구문을 사용할 것

소셜 미디어와 메신저

힌트와 한글을 보고 빈칸에 영어로 써 보세요.

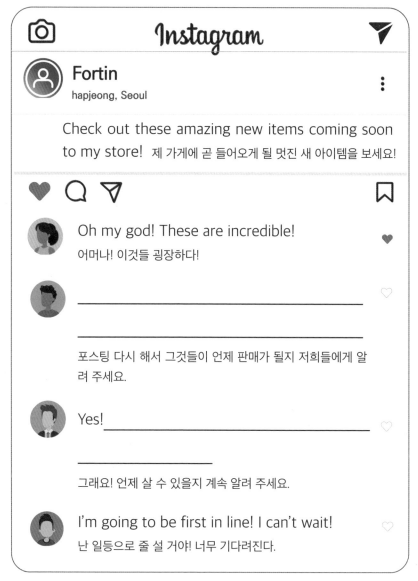

Instagram

Fortin
hapjeong, Seoul

⋮

Check out these amazing new items coming soon to my store! 제 가게에 곧 들어오게 될 멋진 새 아이템을 보세요!

♥ ◯ ◁   ⬚

Oh my god! These are incredible!   ♥
어머나! 이것들 굉장하다!

_____   ♡

_____

포스팅 다시 해서 그것들이 언제 판매가 될지 저희들에게 알려 주세요.

Yes!_____   ♡

_____

그래요! 언제 살 수 있을지 계속 알려 주세요.

I'm going to be first in line! I can't wait!   ♡
난 일등으로 줄 설 거야! 너무 기다려진다.

Hint post again 다시 게시하다 for sale 판매하는 available 구할 수 있는

* Please를 사용하여 공손하게 표현한다.

금지

It is prohibited to 동사원형 ~이 금지되어 있다
You aren't allowed to 동사원형 ~하면 안 된다

대부분의 사람들은 아이 때부터 하지 말라는 것부터 배우게 됩니다. 그런데 하지 말라고 하는 걸 더 하고 싶어지는 게 사람 심리인 거겠죠?

STEP 01 어순 연습

한글 뜻과 힌트를 보고 순서에 맞게 써 보세요.

- 국립공원에서 뭐든 가지고 나가는 것은 금지되어 있습니다.

  anything / to take / it / from a national park / is prohibited

  _____

  _____

  Hint be prohibited 뒤에 to 동사원형을 쓴다.

- 일부 박물관에서는 사진 촬영을 하면 안 된다.

  to take pictures / aren't / you / in some museums / allowed

  _____

  _____

  Hint be allowed 뒤에 to 동사원형을 쓴다.

구조 파악

본격적인 영작에 앞서 자세한 설명을 읽어 보세요.

It is prohibited to 동사원형
~이 금지되어 있다

1 신호등을 어기고 길을 건너는 것은 금지되어 있다.

It is prohibited to cross the street against the light.
가주어   진주어

➡ 진주어가 길어서 가주어 It을 썼다. prohibit은 '금지하다'라는 뜻이다. It is prohibited to 뒤에 동사원형 cross를 썼다.

2 통행증 없이 이 구역에 들어가는 것은 금지되어 있다.

It is prohibited to enter this area without a pass.
가주어   진주어

➡ It is prohibited to 뒤에 동사원형 enter를 썼다.

3 개인 용도로 회사 장비를 사용하는 것은 금지되어 있다.

It is prohibited to use company equipment for personal
가주어   진주어
purposes.

➡ It is prohibited to 뒤에 동사원형 use를 썼다.

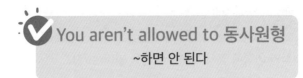

You aren't allowed to 동사원형
~하면 안 된다

1 이쪽 길에 주차해서는 안 됩니다.

<u>You</u> <u>aren't allowed to park</u> **on this side of the street.**
　　주어　　　　　동사

➡ be allowed는 뒤에 to 동사원형을 쓰므로 to park가 나왔다. allow는 '허락하다, 허용하다'라는 뜻
　이다.

2 허가 없이 사업을 해서는 안 된다.

<u>You</u> <u>aren't allowed</u> to do **business without a license.**
　　주어　　　　동사

➡ be allowed to 뒤에 동사원형 do를 썼다.

3 이 사원 안에서는 모자와 반바지를 입어서는 안 된다.

<u>You</u> <u>aren't allowed</u> to wear **hats and shorts inside of this temple.**
　　주어　　　　동사

➡ be allowed to 뒤에 동사원형 wear를 썼다.

Better Writer

forbid는 prohibit과 거의 같은 뜻으로 혼용해서 쓰이기도 하는데 prohibit이 법적인 제재를 의미한다면 forbid는 권한을 가진 자의 명령으로서 그 명령에 따라야 함을 의미합니다. allowed는 permit과 유사하게 쓰입니다. permit이 allow보다 좀 더 격식 있는 용어이며 주로 공식적인 공지 사항에서 사용됩니다.

- **It is forbidden to** impersonate a police officer.
  경찰관을 사칭하는 것은 금지되어 있다.

- **We are forbidden to** chew gum in class.
  수업 시간에 우리가 껌을 씹는 것은 금지되어 있다.

- **You aren't permitted to** start fires on public lands.
  공유지에서 불을 붙이는 것은 허용되지 않는다.

표현 영작

주어진 내용을 바탕으로 대화에 맞게 문장을 완성해 보세요.

1. A I'd like to return these clothes.

 B You _____ them once the tags
have been removed.   * allow 허용하다

A: 이 옷들을 반품했으면 하는데요.
B: 일단 꼬리표가 제거된 이상 반품이 안 됩니다.

2. A I don't have any identification with me, no.

 B It _____ the exam without identification.

A: 제가 신분증을 갖고 있지 않아요, 없어요.
B: 신분증 없이 시험을 치는 건 금지되어 있어요.

3. A Are you planning to camp there overnight?

 B It _____ without a permit, so
no.

A: 거기서 하룻밤 캠핑할 계획인 거야?
B: 허가 없이 캠핑하는 게 금지되어 있어, 그래서 캠핑 안 해.

4. A What's this? A parking ticket?

 B You _____ here on the
weekend.   * allow 허용하다

A: 이건 뭐죠? 주차 위반 딱지?
B: 주말엔 여기에 주차하시면 안 됩니다.

문장 영작

주어진 힌트를 참고하여 다음 한글을 영작해 보세요.

1. 영화관으로 외부 음식을 가지고 안으로 들어가는 것은 금지되어 있다.

    _____

    Hint prohibit 금지하다   bring 가져가다   outside food 외부 음식   into 안으로

2. 보도에서 차를 운전해서는 안 돼요.

    _____

    Hint sidewalk 보도

3. 회원 자격 없이 시설을 이용하는 것은 허용되지 않습니다.

    _____

    Hint permit 허용하다   facilities 시설   membership 회원(자격)

4. 야구에서 순서에 어긋나게 베이스를 도는 것은 금지되어 있다.

    _____

    Hint forbid 금지하다   to the bases 베이스를 향해   out of order 순서에 맞지 않게

5. 축구에서 손이나 팔로 공을 만지는 것은 허용되지 않는다.

    _____

    Hint permit 허용하다   touch 만지다

소셜 미디어와 메신저

힌트와 한글을 보고 빈칸에 영어로 써 보세요.

Fortin
Fri PM 18:26

👍❤️　　　👍 Like　　　💬 Comment　　　↗ Share

That's a silly rule. _____
_____

그 규정은 좀 웃기다. 왜 자기 골프채를 쓸 수 없다는 거지?

Whoever has such a policy – they won't stay open long.
누가 그런 정책을 가졌든지 간에 그 사람들은 길게 장사 못할 거야.

_____
_____ What were they thinking?

그리고 게스트를 데리고 오는 게 금지되어 있다고? 무슨 생각을 하고 있는 거지?

These are the worst business policies I've ever seen.
이것들은 지금까지 내가 본 영업 규정 중에 최악이야.

Hint allow 허용하다　your own 네 자신의　forbid 금지하다　bring 데려오다

찬성, 동의

I am in favor of (동)명사   나는 ~을 찬성/지지한다
I agree with (동)명사/to 동사원형   나는 ~에 동의한다

favor는 호의, 부탁, 찬성, 지지 등 여러 가지 뜻을 가지고 있습니다. agree with는 사람, 의견과 함께 쓰입니다. agree to는 뒤에 명사나 동사원형이 올 수 있지만 여기에서는 동사원형을 쓰는 것만 다루겠습니다.

STEP 01 | 어순 연습

한글 뜻과 힌트를 보고 순서에 맞게 써 보세요.

● Claude는 추가 광고를 통해 매출을 증대시키는 것에 동의한다.
increasing revenue / through / agrees with / Claude / additional advertising

_____

_____

Hint with는 전치사이므로 명사형이 와야 한다.

● 나는 기후 위기를 해결하기 위한 공격적인 행동에 찬성해.

to fix / in favor of / I am / the climate crisis / aggressive action

_____

_____

Hint in favor of 뒤에 명사형을 쓴다.

구조 파악

본격적인 영작에 앞서 자세한 설명을 읽어 보세요.

I am in favor of (동)명사
나는 ~을 찬성/지지하다

1 Cyrille은 사무실에서의 좀 더 캐주얼한 복장 규정에 대해 찬성하고 있어.

Cyrille is in favor of a more casual dress code in the office.
　　주어　　동사

➡️ in favor of 뒤에 명사구 a more casual dress code를 썼다.

2 Marin은 애완 동물 뒤처리를 주인이 하도록 요구하는 것에 대해 찬성해.

Marin is in favor of requiring owners to pick up after their
　　주어　　동사

pets.

➡️ in favor of 뒤에 동명사 requiring을 썼다.

3 난 네가 근무일을 줄이는 것에 대해 찬성한다고 들었어.

I heard you are in favor of shortening the workweek.
주어　동사

➡️ in favor of 뒤에 동명사 shortening을 썼다.

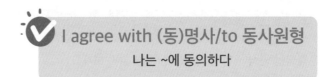

I agree with (동)명사/to 동사원형
나는 ~에 동의하다

1 Shirley는 재정적 필요성에 기초한 장학금을 늘리는 것에 대해 동의해.

<u>Shirley</u> <u>agrees</u> with increasing scholarships based on
　　주어　　　동사
financial need.

- -
➡️ 전치사 with 뒤에 동명사 increasing을 썼다.

2 Iggy는 오늘 나가서 점심을 사 오는 것에 대해 동의했어.

<u>Iggy</u> <u>agreed</u> to pick up lunch today.
　주어　　동사

- -
➡️ to 동사원형이므로 pick up을 썼다.

3 Brooklyn은 다음 주 회의에서 발표하는 것에 대해 동의했어.

<u>Brooklyn</u> <u>agreed</u> to present at next week's meeting.
　　주어　　　동사

- -
➡️ to 동사원형이므로 present를 썼다.

✏️ Better Writer

I partly/completely agree that절은 '~라는 것에 일부/전적으로 동의하다'라는 뜻입니다. 동의하는 정도가 다르다는 것을 나타내기 위한 표현이니 입맛에 맞게 사용하면 됩니다.

- **I partly agree that the** president's new policies will help the country.
나는 대통령의 새 정책이 국가에 도움이 될 거라는 것에 부분적으로 동의한다.

- **Jamie completely agrees that** hiring more diverse employees will increase our competitiveness.
Jamie는 좀 더 다양한 직원을 채용하는 것이 우리의 경쟁력을 증대시킬 거라는 것에 완전히 동의한다.

표현 영작

주어진 내용을 바탕으로 대화에 맞게 문장을 완성해 보세요.

1. A I heard _____ a salad for
   dinner tonight.

   B Yes, and Cassidy is bringing some wine.

A: Shelly가 오늘 밤 저녁 식사로 샐러드를 가져오는 것에 대해 동의했다고 난 들었어.
B: 응, 그리고 Cassidy가 와인을 좀 가져올 거야.

2. A What do you think of the decision to move our offices
   to a new building?   * the move 이사, 이동

   B _____ as it will mean a shorter
   commute for me.

A: 새 건물로 우리 사무실을 옮기기로 한 결정에 대해 어떻게 생각해?
B: 나한테는 출근 시간이 줄어들 거라서 난 옮기는 거를 찬성해.

3. A _____ that we move to a later
   meeting time.

   B As do I. It would give us a less stressful morning.

A: 나는 우리 회의 시간을 뒤로 옮기자는 Daniel의 제안에 동의해.
B: 나도 그래. 그러면 아침에 스트레스가 덜해질 거잖아.

4. A _____ a donation fund for
   charity this year.   * set up 수립하다

   B Me too. It's an easy way to collect money.

A: 난 올해 자선 기금을 수립하는 것에 대해 찬성이야.
B: 나도. 돈을 모으기엔 가장 쉬운 방법이야.

문장 영작

주어진 힌트를 참고하여 다음 한글을 영작해 보세요.

1. Arden은 새 공급 회사로 옮기자는 제안에 완전히 동의한다.

_____

Hint to move 옮기다   supplier 공급 회사

2. 10대들을 위한 학교를 나중에 시작해 보는 것에 난 관심이 있어.

_____

Hint later 나중에   teenagers 10대

3. Jung은 내일 오후 9시에 거기서 우릴 만나는 것에 대해 동의했어.

_____

4. Harlow는 정원에 심을 새 꽃을 좀 사는 것에 대해 찬성해.

_____

Hint get 사다, 구하다

5. Chibuzo는 Joyce의 의견에 부분적으로 동의해.

_____

Hint partly 부분적으로

소셜 미디어와 메신저

힌트와 한글을 보고 빈칸에 영어로 써 보세요.

 Fortin

What do you think of the boss' suggestion to move the conference date?

학회 날짜를 옮기자는 사장님의 제안에 대해 어떻게 생각해?

_____

I think it's too close to the holiday. You?

난 찬성이야. 휴가하고 너무 가까운 것 같아. 너는?

AM 10:13

 Fortin

_____

But what about our vendors?

우리한테 좋은 아이디어라는 것에는 부분적으로 동의해. 근데 판매사들은 어쩌고?

It's still a long time off. I think they'll be okay.

아직 한참 멀었어. 판매사들도 괜찮을 것 같아.

AM 10:17

Hint partly 부분적으로   for us 우리에게

Unit 12

반대

I am against (동)명사 나는 ~에 반대하다
I am opposed to (동)명사 나는 ~에 반대하다

against는 '~에 반대하여'라는 뜻의 전치사로서 뒤에 명사나 동명사 등의 명사 형태와 함께 씁니다. opposed는 '반대하는'이라는 뜻을 가진 형용사로 전치사 to와 함께 쓰며, 그 뒤에 명사나 동명사 등의 명사 형태를 써 줍니다. 자신의 의견과 맞지 않다면 신속하게 그리고 과감하게 반대 의사를 표시하는 것도 중요합니다.

STEP 01 | 어순 연습

한글 뜻과 힌트를 보고 순서에 맞게 써 보세요.

- 전 동물 실험에 대해 반대해요. 그건 잔인한 일이에요.

  I find it / am / animal testing / I / cruel / against

  _____

  _____

  Hint against 뒤에 명사 형태가 온다.

- Xavi는 우리 경쟁사와의 합병에 대해 반대해요.

  with / is opposed to / Xavi / our competition / the merger

  _____

  _____

  Hint be opposed to 뒤에는 명사 형태가 온다.

STEP 02 구조 파악

본격적인 영작에 앞서 자세한 설명을 읽어 보세요.

I am against (동)명사
나는 ~에 반대하다

1 난 10대에게 결혼을 허락해 준다는 생각에 대해 반대해.

I am against the idea of allowing teens to marry.
　주어 동사

➡ against가 전치사이므로 뒤에 명사형 the idea를 썼다.

2 Sasha는 다른 사람들의 행동을 단속하는 것에 대해 반대해.

Sasha is against policing other people's behavior.
　　주어　　동사

➡ against가 전치사이므로 뒤에 동명사 policing를 썼다.

3 Micha는 은밀하게 만든 자금으로 정치 캠페인을 한다는 생각에 대해 반대해.

Micha is against the idea of privately funded political
　　주어　 동사
campaigns.

➡ against가 전치사이므로 뒤에 the idea를 썼다.

I am opposed to (동)명사
나는 ~에 반대하다

1 Shannon은 공중으로 풍선을 날려 보내는 것에 대해 반대해.

Shannon is opposed to releasing balloons into the air.
　　주어　　　　동사

➡ be opposed to 뒤에 명사 형태가 오므로 동명사 releasing을 썼다.

2 Rosie는 라디오 광고에서 사이렌 소리를 허용하는 것에 대해 반대해.

Rosie is opposed to allowing sirens in radio advertising.
　　주어　　　　동사

➡ be opposed to뒤에 명사 형태가 오므로 동명사 allowing을 썼다.

3 Dominique는 주말에 초과 근무하는 것에 대해 반대해.

Dominique is opposed to working overtime on the weekends.
　　주어　　　　동사

➡ be opposed to 뒤에 명사 형태가 오므로 동명사 working을 썼다.

✎ Better Writer

I don't think it is right to 동사원형은 '~하는 것이 맞다고/옳다고 생각하지 않는다, ~하는 것이 맞지/옳지 않다고 생각한다'와 같이 뜻풀이를 할 수 있습니다. 이 표현은 to 이하 부분에 대해 반대 의견을 나타낼 때 사용할 수 있습니다.

- **I don't think it's right to** leave your animal outside in bad weather.
  악천후 속에서 동물을 밖에 놔두는 것은 옳지 않다고 생각해.

- **Gene doesn't think it's right to** let your friends join you in line.
  Gene은 네가 친구들을 줄 세워서 너랑 어울리게 하는 게 옳다고 생각하지 않아.

표현 영작

주어진 내용을 바탕으로 대화에 맞게 문장을 완성해 보세요.

1. A I noticed you don't eat meat.

B That's true. _____ animals.

A: 내가 너 보니까 고기 안 먹더라.

B: 맞아. 난 동물을 먹는 거에 대해 반대하거든.

* against를 사용할 것

2. A Do you support building a new dam for electricity?

B _____, honestly.

A: 전기 생산을 위해 새 댐을 건설하는 것을 지지합니까?

B: 솔직히 그거엔 반대야.

* opposed를 사용할 것

3. A What do you think of the company installing CCTV in the lounge?

B _____. It feels like a violation

of privacy.

A: 라운지에 CCTV를 설치하는 회사에 대해 어떻게 생각해?

B: 난 그거 반대야. 사생활 침범인 것 같아.

* against를 사용할 것

4. A _____ that we

selected this year.

* charity 자선 단체
* opposed를 사용할 것

B Me too. I think they act in discriminatory ways.

A: 올해 우리가 선택한 자선 단체는 난 반대야.

B: 나도야. 난 그들의 행동이 차별하는 식인 것 같아.

문장 영작

주어진 힌트를 참고하여 다음 한글을 영작해 보세요.

1. Maria는 프로젝트에 더 많은 시간을 보내는 것을 반대한다고 말했어.

_____

Hint　spend time on ~에 시간을 보내다　* against를 사용할 것

2. Yafe는 다음 해의 부서 예산을 증액하는 것에 대해 반대한다.

_____

Hint　increase 증가하다　department 부서　budget 예산　the coming year 다가오는 해
* be opposed to를 사용할 것

3. 내가 들었는데 Lisa가 모피 입는 것에 대해 반대한대.

_____

Hint　fur 모피　* be opposed to를 사용할 것

4. Jayden은 기한 전에 협상을 끝내는 것이 옳지 않다고 생각한다.

_____

Hint　end 끝내다　negotiation 협상　deadline 기한

5. Bo는 비용이 더 낮게 드는 국가로 제작을 이동하는 것에 대해 반대한다.

_____

Hint　move 이동하다　production 제작　a lower-cost nation 비용이 더 낮게 드는 국가
* against를 사용할 것

소셜 미디어와 메신저

힌트와 한글을 보고 빈칸에 영어로 써 보세요.

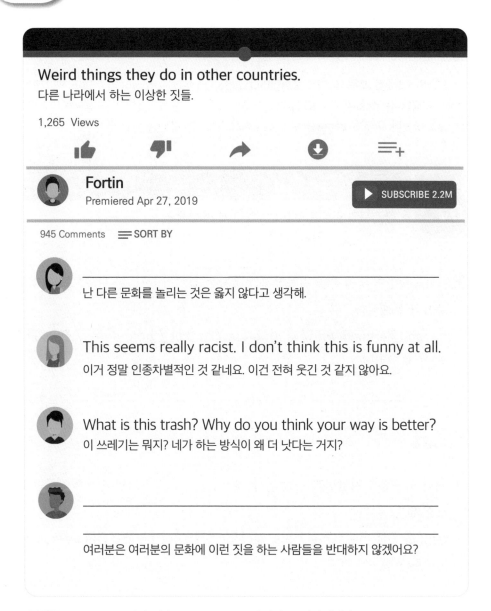

Weird things they do in other countries.
다른 나라에서 하는 이상한 짓들.

1,265 Views

👍   👎   ➡   ⬇   ☰₊

Fortin
Premiered Apr 27, 2019

▶ SUBSCRIBE 2.2M

945 Comments   ☰ SORT BY

_____

난 다른 문화를 놀리는 것은 옳지 않다고 생각해.

This seems really racist. I don't think this is funny at all.
이거 정말 인종차별적인 것 같네요. 이건 전혀 웃긴 것 같지 않아요.

What is this trash? Why do you think your way is better?
이 쓰레기는 뭐지? 네가 하는 방식이 왜 더 낫다는 거지?

_____

_____

여러분은 여러분의 문화에 이런 짓을 하는 사람들을 반대하지 않겠어요?

> **Hint** make fun of ~을 놀리다   wouldn't you 동사 당신은 ~하지 않겠어요?
> to your culture 당신의 문화에
> * be opposed to를 사용할 것

Unit 13 비교

A is different from B A는 B와 다르다
A is the same as B A는 B와 같다

다르거나 같거나 비교할 때 쓸 수 있는 표현입니다. different 뒤에는 from이 가장 많이 쓰이지만 영국에서는 to를, 미국에서는 than을 쓰기도 합니다. 우리말 구어에서는 둘의 결과가 똑같다는 의미로 '샘샘이다'라는 말을 쓰는데, 이 말은 same을 두 번 연속해서 말한 것에서 나온 말입니다.

STEP 01 어순 연습

한글 뜻과 힌트를 보고 순서에 맞게 써 보세요.

- Carson이 아직 자격을 취득하지 못했다는 점에서 Jerry와 다르므로 그것은 중요한 문제이다.

  he isn't certified yet, / is different / in that / from Jerry / Carson / so that matters

  _____

  _____

  Hint different from ~와 다르다 in that ~라는 점에서

- 이번 대통령은 지난번과 똑같다. 둘 중 어느 누구도 가난한 사람들에게는 관심이 없다.

  neither / is the same / this president / poor people / is interested in / as the last one

  _____

  _____

  Hint be the same as ~와 같다 neither 어느 것도 아니다

STEP 02

본격적인 영작에 앞서 자세한 설명을 읽어 보세요.

A is different from B
A는 B와 다르다

1 개는 고양이와 다르다. 개는 훨씬 더 많은 관심을 필요로 한다.

<u>Dogs</u> <u>are</u> different from cats; **they need a lot more attention.**
　　주어　 동사

➡ different는 be동사 외에도 appear, feel, look, seem, sound, taste 등의 동사와 함께 쓸 수 있다.

2 캐나다는 그들의 문화를 유지하기 위해 이민자를 원한다는 점에서 미국과 다르다.

<u>Canada</u> <u>is</u> different from the US **in that it wants immigrants**
　 주어　 　동사
to keep their cultures.

➡ in that 주어 + 동사는 '~라는 점에서'라는 뜻이다.

3 새 사무실이 공항에서 더 가깝다는 점에서 예전 위치의 사무실과는 다르다.

<u>The new office</u> <u>is</u> different from the old location **as it is**
　　　주어　 　　동사
closer to the airport.

➡ as는 '때문에'라는 뜻의 이유를 나타내는 단어이다.

A is the same as B
A는 B와 같다

1 어떤 사람들은 스시가 김밥과 같다고 생각하지만 그건 오해이다.

Some people think sushi is the same as kimbap, **but that's a**
<u>주어</u>   <u>동사</u>
misconception.

➡️ 다른 것과 비교하여 똑같다는 뜻으로 쓰일 때 the same은 as와 함께 쓰인다.

2 신체가 당분을 처리하는 방식에 있어서 과일 주스와 탄산수는 똑같다.

In terms of how the body processes sugar, <u>fruit juice</u> **is the**
                                              주어   동사
same as soda.

➡️ the same은 be동사 외에도 feel, look, seem, smell, sound, taste, stay와 함께 쓸 수 있다.

3 종종 식료품점에서 판매자 브랜드 제품이 유명 브랜드 제품과 똑같다.

Often times at grocery stores, <u>the house brand</u> **is the same as**
                                   주어   동사
the name brand.

➡️ be동사와 the same 사이에 exactly, almost, basically와 같은 부사를 넣을 수도 있다.

✏️ Better Writer

비교를 하는 다른 표현으로는 'A와 B의 차이점은 ~이다'라는 의미의 The difference between A and B is (that)와 'A는 B와 비슷하다'라는 의미의 A is similar to B라는 표현이 있습니다. 전자에서 is 뒤에 구를 쓸 경우에는 that이 필요 없지만 절을 쓴다면 that을 넣으면 됩니다.

- **The difference between a horror movie and a thriller** is frequently the amount of gore.
  공포물과 스릴러 영화의 차이는 유혈 장면의 분량인 경우가 흔하다.

- **Maple syrup is similar to honey** as they are both natural sweeteners.
  메이플 시럽이 꿀과 유사한 이유는 둘 다 자연 감미료이기 때문이다.

표현 영작

주어진 내용을 바탕으로 대화에 맞게 문장을 완성해 보세요.

1. A What do you find different between theatre and film?

B _____ in that the audience participates in the experience.

A: 극장과 영화의 차이가 뭔 것 같아?
B: 극장은 청중이 체험에 참여한다는 점에서 영화랑 달라.

2. A Do you want to go with Acme as our new supplier, or stick to Supreme?

B _____. They're the same price and quality in the end.

A: 우리 새 공급업체를 Acme으로 할래, 아니면 Supreme으로 고수할래?
B: Acme는 Supreme하고 똑같아. 결국엔 둘 다 같은 가격과 품질이야.

3. A How _____?

B The difference between duck and chicken is that duck is a fattier meat.

* 의문문의 주어, 동사 순서에 유의할 것

A: 오리가 닭하고는 어떻게 달라?
B: 오리와 닭이 다른 점은 오리 고기가 더 지방이 많다는 거야.

4. A What's the difference between rugby and football?

B _____ in many ways, but rugby has no forward passing.

A: 럭비와 풋볼의 차이점이 뭐지?
B: 럭비는 많은 부분이 풋볼하고 같아. 하지만 럭비는 전방 패스가 없어.

문장 영작

주어진 힌트를 참고하여 다음 한글을 영작해 보세요.

1. 저녁은 빛이 훨씬 따뜻하다는 점에서 아침이랑 다르다.

_____

Hint in that ~라는 점에서   the light 빛   warmer 더 따뜻한

2. 네 비밀번호가 사용자명이랑 똑같아.

_____

Hint username 사용자명

3. 내 새 아파트와 예전 아파트의 차이점은 그것들의 집 크기야.

_____

* 앞에 나온 명사의 반복을 피하기 위해 대명사 one을 쓸 수 있다.

4. 통밀 가루가 흰 밀가루보다 섬유질을 더 많이 함유하고 있다는 점에서 다르다.

_____

Hint whole wheat flour 통밀 가루   contain 함유하다   fiber 섬유질
* flour의 반복 사용을 피하기 위해 뒤에서는 생략한다.

5. 이 프로젝트는 마지막 프로젝트와 똑같은 요구 사항을 가지고 있다.

_____

Hint requirements 요구 사항   * 앞에 나온 명사의 반복을 피하기 위해 대명사 one을 쓸 수 있다.

소셜 미디어와 메신저

힌트와 한글을 보고 빈칸에 영어로 써 보세요.

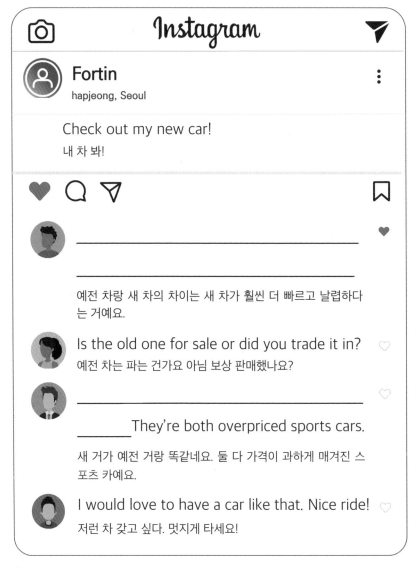

Instagram

Fortin
hapjeong, Seoul

Check out my new car!
내 차 봐!

_____

_____

예전 차랑 새 차의 차이는 새 차가 훨씬 더 빠르고 날렵하다
는 거예요.

Is the old one for sale or did you trade it in?
예전 차는 파는 건가요 아님 보상 판매했나요?

_____

_____They're both overpriced sports cars.

새 거가 예전 거랑 똑같네요. 둘 다 가격이 과하게 매겨진 스
포츠 카예요.

I would love to have a car like that. Nice ride!
저런 차 갖고 싶다. 멋지게 타세요!

Hint the old and new car 예전 차와 새 차   sportier 더 빠르고 날렵한

* 이미 언급되었고 모두가 알고 있는 단어 car의 중복을 피하기 위해 one을 사용한다.

Unit 14

대조

while 주어+동사 ~인 데 반하여
However, 주어+동사 하지만/그러나 ~이다

무엇과 반대가 되거나 대조되는 경우 쓰는 표현입니다. while은 접속사로서 두 절을 이어 주는 역할을 합니다. 그리고 however는 두 절을 이어 주는 접속 부사로서 아래와 같이 두 가지의 문장 부호를 씁니다.
1) He told me not to do it; however, I did it.
2) He told me not to do it. However, I did it.(본문에서는 두 번째 문장부호로 통일함)

STEP 01 어순 연습

한글 뜻과 힌트를 보고 순서에 맞게 써 보세요.

- 어떤 사람들은 일찍 일어나는 아침형인 데에 반해 다른 사람들은 늦게까지 자고 싶어 한다.

  others / are early risers, / some people / while / like to sleep in

  _____

  _____

  Hint 문장에 있는 콤마가 어디에 속하는지 파악한 후 while이 이끄는 부사절의 위치를 정할 수 있다.

- Chan은 정말로 숫자를 잘 다룬다. 하지만 그는 말주변은 없다.

  he's not so good / however, / is really good / Chan / with numbers / with words

  _____

  _____

  Hint however는 접속 부사로서 앞뒤 문장을 연결해 준다.

STEP **02** 구조 파악

본격적인 영작에 앞서 자세한 설명을 읽어 보세요.

> **while 주어+동사**
> ~인데 반하여

1 대학에 들어가는 것은 어렵지 않은 반면 졸업에는 큰 노력이 필요하다.

Getting into university is not difficult, while graduating takes
주어   동사
a lot of effort.

➡ 접속사로 쓰인 while은 앞뒤 절을 이어 주는 역할을 한다.

2 외향적인 사람은 다른 사람들과 시간을 보내면서 긴장을 푸는 데 반해 내성적인 사람은 혼자 있기를 더 좋아한다.

Extroverts relax by spending time with others, while introverts
주어
prefer to be alone.
동사

➡ 보통 부사절이 문장 뒤쪽에 위치할 경우 콤마를 쓰지 않으나 접속사 while의 경우 보통 콤마를 넣는다.

3 연구를 끝마치는 건 한 달 더 걸리는 데 반해 보고서를 쓰는 건 금방일 것이다.

Completing the research will take another month, while
writing the report will be quick.
주어   동사

➡ 대조를 나타내는 while을 쓸 경우, 앞뒤 절의 순서를 바꿔도 의미상 변함이 없다.

However, 주어+동사
하지만/그러나 ~이다

1 요리의 기본은 쉽다. 하지만 요리를 잘하는 것을 위해서는 일생 동안의 연습이 필요할 수도 있다.

The basics of cooking are easy. However, <u>cooking well</u> <u>can</u>
주어 동사
<u>take</u> a lifetime of practice.

➡️ 접속 부사로 쓰인 however는 앞뒤 문장을 이어 주는 역할을 한다.

2 도시 밖에서 사는 것은 조용하다. 하지만 오락 시설의 접근성이 좀 더 제한적이다.

Living outside the city is quiet. However, <u>access to amenities</u>
주어
is more limited.
동사

➡️ 대조를 나타내는 however를 쓸 경우, 앞뒤 문장의 순서를 바꿔도 의미상 변함이 없다.

3 판매할 때는 카리스마가 요구된다. 하지만 고객과의 관계를 쌓는 것에는 개성이 요구된다.

Selling takes charisma. However, <u>building client relationships</u>
주어
<u>takes</u> character.
동사

➡️ '짓다, 쌓다'의 뜻을 가진 동사 build를 동명사 building으로 바꾸어 '쌓기, 쌓는 것'이라는 뜻의 주어로 쓰고 있다.

Better Writer

대조를 나타내는 또 다른 표현으로는 on the other hand가 있습니다. '반면에'라는 뜻이며 however와 문장 부호 쓰임이 똑같습니다.

- My car payments are high. On the other hand, I really enjoy driving such a nice vehicle.
  건강하지 않은 것은 치명적이다. 반면 건강해지는 데는 많은 수고가 필요하다.

- Working freelance provides a lot of freedom. On the other hand, full-time work is stable.
  프리랜서로 일함으로써 많은 자유를 얻는다. 반면에 정규직은 안정적이다.

표현 영작

주어진 내용을 바탕으로 대화에 맞게 문장을 완성해 보세요.

1. A I'll work on the presentation, _____

   _____ the report.

   B Sounds good to me.

   * take on 맡다, 책임지다

   A: 제가 발표 자료 작업을 하는 한편, 당신은 보고서를 맡으면 돼요.
   B: 그거 괜찮은 것 같네요.

2. A Are you free to see a movie this weekend?

   B I'm tied up this weekend. _____

   available during the week.

   A: 이번 주말에 영화 보러 갈 시간이 돼?
   B: 이번 주말에 꼼짝도 못해. 하지만 주중엔 가능해.

3. A What are people bringing to the potluck?

   B I'm bringing dessert, _____ a salad.

   A: 포틀럭에 사람들이 뭘 가져가?
   B: 내가 디저트를 갖고 갈거고 Duha는 샐러드를 가져가.

   * potluck 참석자 각자 음식을
   갖고 와 나눠 먹는 식사/파티

4. A I think donuts are my favorite junk food.

   B Donuts are delicious. _____

   I prefer tarts.

   A: 도넛이 내가 가장 좋아하는 정크 푸드인 것 같아.
   B: 도넛 맛나지. 하지만 난 타르트가 더 좋은 것 같아.

문장 영작

주어진 힌트를 참고하여 다음 한글을 영작해 보세요.

1. SUV 매출이 떨어진 데 반해 전기 승용차 매출은 올해 올라갔다.

   _____

   Hint sales of SUVs SUV 매출   drop 떨어지다   sedan 승용차   increase 증가하다

2. 많은 사람들이 아시아 음식이 맵다고 생각하지만 후추는 미주 지역에서 유래됐어.

   _____

   Hint think of something as 어떤 것을 ~로 생각하다   originate in ~에서 유래되다   the Americas 미주

3. 한국어 문법은 복잡해. 반면에 글자는 배우기가 간단해.

   _____

   Hint complex 복잡한   script 문자, 글자

4. 백색 지방은 건강 문제를 일으킬 수 있는 데 반해 갈색 지방은 건강에 이로워요.

   _____

   Hint lead to ~로 이어지다   issue 문제   beneficial to ~에 유익한/이로운

5. 두리안은 맛있으면서 커스터드 같은 질감을 갖고 있지만 냄새가 지독해.

   _____

   Hint delicious 맛있는   custard-like 커스터드 같은   texture 질감
   *texture를 두 개의 형용사가 수식한다.

소셜 미디어와 메신저

힌트와 한글을 보고 빈칸에 영어로 써 보세요.

Fortin
Mon PM 17:10

👍❤️ 👍 Like   💬 Comment   ↗ Share

That pizza looks great. _____

_____

저 피자 맛있어 보인다. 그렇지만 너 정말 Alexandria's 식당에서 파이를 먹어 봐야 해.

I agree. Alexandria's has the best sauce.

동의해. Alexandria's는 소스가 최고지.

_____

_____

소스가 어떤 사람들에겐 중요한 데 반해 나한테는 겉껍질이 최고야.

I don't care about either. Just give me extra cheese!

난 어떤 것도 중요치 않아. 그냥 치즈만 충분히 더 주면 돼.

Hint need to ~할 필요가 있다   try 먹어 보다   it is all about~ ~이 최고다/전부다
crust 파이 윗부분, 껍질

Unit 15

분류

There are two kinds of 명사   두 종류의 ~가 있다
A can be divided into B   A는 B로 나눠질 수 있다

동식물 등을 분류하는 분류학이라는 학문이 있지만 분류는 일상생활 곳곳에서도 찾아볼 수 있습니다. 백화점이나 상점 등에 가 보면 물건이 종류별, 품목별, 용도별 등으로 나눠져 있는 것을 볼 수 있습니다. There are two kinds of 명사에서 two는 다른 수사로 바꿔 쓸 수 있습니다. be divided는 '나누다'라는 동사 divide의 수동형입니다.

STEP 01   어순 연습

한글 뜻과 힌트를 보고 순서에 맞게 써 보세요.

● 사람들은 두 그룹으로 나눠질 수 있어. 아침형 인간과 올빼미형 인간.

early birds / can / two groups: / be divided into / people / and night owls

_____

_____

Hint   A can be divided into B에서 A가 B보다 상위 범주이다.

● 사람은 두 종류가 있다. 일을 하려고 하는 사람들과 그들이 일하게 기꺼이
놔두는 사람들.

two kinds of / those willing to work, / people: / there are / and those
willing to let them

_____

_____

Hint   kinds of 뒤에는 명사를 쓴다.

구조 파악

본격적인 영작에 앞서 자세한 설명을 읽어 보세요.

> ### There are two kinds of 명사
> 두 종류의 ~가 있다

1 애완동물 주인에는 두 종류가 있다. 고양이를 좋아하는 사람과 개를 좋아하는 사람.

There <u>are</u> <u>two kinds of pet owners</u>: **cat lovers and dog lovers.**
　　　동사　　　주어

➡ 유도부사라고 불리는 there가 문두에 나오면 주어, 동사의 위치가 바뀐다.

2 회계에는 두 종류의 거래가 있다. 신용과 차변.

There <u>are</u> <u>two kinds of transactions</u> in accounting: credit and
　　　동사　　　주어
debit.

➡ be동사는 주어의 수에 맞춘다. two kinds이므로 are를 썼다.

3 전기에는 두 종류가 있다. 교류와 직류.

There <u>are</u> <u>two kinds of electricity</u>: **alternating current and**
　　　동사　　　주어
direct current.

➡ 콜론(:)은 뒤에 세부 항목을 나열하거나 예시를 들 때 사용할 수 있다.

A can be divided into B
A는 B로 나눠질 수 있다

1 운동은 두 가지 종류로 나눠질 수 있다. 유산소와 무산소 운동.

Exercise <u>can be divided</u> into two types: **aerobic and anaerobic.**
　　주어　　　　　　동사

➡ be divided는 수동형으로 쓰인 문장이다.

2 에너지는 운동 에너지와 위치 에너지로 나눠질 수 있다.

Energy <u>can be divided</u> into kinetic and potential types.
　주어　　　　　　동사

➡ be divided into 뒤에 명사를 써서 주어의 세부 항목을 바로 나열하고 있다.

3 우리 업무는 여러 범주로 나누질 수 있다. 내부 업무, 고객 업무, 그리고 자선 활동 업무.

Our work <u>can be divided</u> into several categories: **internal,**
　주어　　　　　　동사
for clients, and for charity.

➡ several categories 뒤에 주어의 세부 항목이 나열되어 있다.

✎ Better Writer

여럿을 종류에 따라 나눌 때 '~로 분류되다'라는 뜻으로 be categorized as+명사를 씁니다. be divided into의 경우는 뒤에 전치사 into를 쓰고, be categorized as의 경우는 뒤에 as를 쓴다는 것에 유의하세요.

- Should this item **be categorized as** home decor or kitchenware?
  이 물건은 가정용 장식으로 분류돼야 하나요, 아님 주방용품으로 분류돼야 하나요?

- A few kinds of whales **are categorized as** endangered species.
  몇 종류의 고래가 멸종 위기종으로 분류되어 있다.

1. A I'm looking to replace the flooring in my house. What options do I have?

B _____: hard surface and carpeting. Which are you looking for?

A: 제 집 바닥을 대체할 것을 보고 있는데요. 어떤 옵션이 있죠?
B: 바닥에는 두 종류가 있어요. 단단한 바닥하고 카페트요. 어떤 걸 찾고 있나요?

2. A What kinds of dessert do you have?

B _____ available this evening: ice cream and tarts.

A: 우리가 먹을 수 있는 디저트에 어떤 종류가 있지?
B: 오늘 저녁에 먹을 수 있는 디저트로는 두 종류가 있어. 아이스크림이랑 타르트.

3. A How many people are having pie?

B The pie _____ twelve pieces, which will leave one slice left over.

A: 파이 먹을 사람이 몇 명이야?
B: 파이가 12조각으로 나눠지니까 한 조각은 남게 될 거야.

4. A How should we divide up into teams?

B There are thirty-two of us, so we _____ _____ four teams of eight.

A: 우리가 어떻게 팀을 나누지?
B: 우리가 32명이니까 8명씩 네 팀으로 나눠질 수 있겠어.

1. 개는 십여 개의 다른 종으로 나눠질 수 있다.

_____

> **Hint** dozens of 십여 개의 breeds 종

2. 그 디자인은 여러 가지 스타일로 나눠질 수 있다.

_____

> **Hint** several 몇몇의

3. 피드백에는 두 종류가 있다. 부정적인 것과 긍정적인 것.

_____

> **Hint** feedback 피드백

4. 이 책들은 소설로 분류되어야 한다.

_____

> **Hint** fiction 소설, 허구

5. 이 포장물 안에는 두 종류의 과일이 들어 있다.

_____

> **Hint** package 포장물

소셜 미디어와 메신저

힌트와 한글을 보고 빈칸에 영어로 써 보세요.

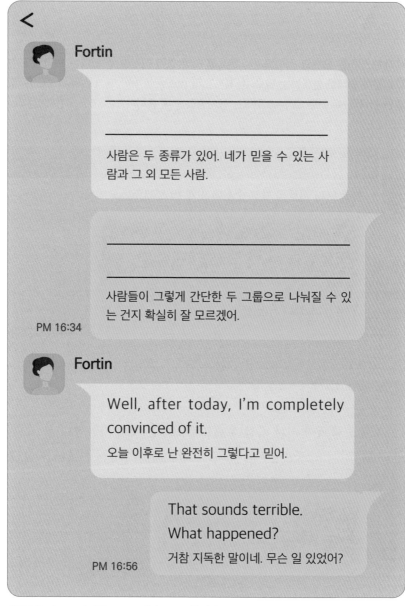

Fortin

_____

_____

사람은 두 종류가 있어. 네가 믿을 수 있는 사람과 그 외 모든 사람.

_____

_____

사람들이 그렇게 간단한 두 그룹으로 나눠질 수 있는 건지 확실히 잘 모르겠어.

PM 16:34

Fortin

Well, after today, I'm completely convinced of it.

오늘 이후로 난 완전히 그렇다고 믿어.

That sounds terrible.
What happened?

거참 지독한 말이네. 무슨 일 있었어?

PM 16:56

Hint   those 사람들   trust 믿다   sure 확실한   like that 그렇게, 그런 식으로

Unit 16

가능

it is possible to   ~하는 것이 가능하다
it is okay to   ~해도 괜찮다/좋다

가능 여부에 대해 말하는 표현과 걱정되거나 문제될 것이 없어 허락할 수 있다는 의미의 표현에 대해 다루겠습니다. 의문문 형태로 물어보는 말로 쓴다면 'is it possible to', 'is it okay to'로 주어, 동사의 순서를 바꿔 주면 됩니다. 두 표현 모두 to 뒤에는 동사원형을 써 줍니다.

STEP 01   어순 연습

한글 뜻과 힌트를 보고 순서에 맞게 써 보세요.

- 아픈 것 같으면 하루 쉬는 게 좋아요.

  okay / you're feeling / to take / it is / a day off / if / sick

  _____

  _____

  Hint   take a day off 하루를 쉬다

- 이 소포를 보통 우편이나 속달 우편으로 보내는 것이 가능합니다.

  possible / this package / to send / via regular / it is / or express mail

  _____

  _____

  Hint   via 통하여, 경유하여

구조 파악

본격적인 영작에 앞서 자세한 설명을 읽어 보세요.

> ### it is possible to 동사원형
> ~하는 것이 가능하다

1 Ellie에 의하면 교육비 자금 일부를 학회에 사용하는 게 가능해요.

According to Ellie, it's possible to use some of your education
　　　　　　　　　　　가주어+동사　　　　　진주어
funds for the conference.

➡ to 뒤에 동사원형 use를 썼다.

2 다중 트랙 녹음기로 스트림과 오디오 녹음을 동시에 하는 게 가능해요.

With this multitrack recorder, it's possible to stream and
　　　　　　　　　　　　　　　가주어+동사　　　　　진주어
record audio at the same time.

➡ to 뒤에 2개의 동사 stream and record가 동사원형으로 쓰였다.

3 당신이 완벽하게 건강하다고 느낄 때에도 독감을 퍼뜨리는 게 가능하다.

It is possible to spread the flu even when you feel perfectly
　가주어+동사　　진주어
healthy.

➡ to 뒤에 동사원형 spread를 썼다.

it is okay to 동사원형
~해도 좋다/괜찮다

1 Nat은 그가 떠나 있는 동안 자신의 아파트를 사용해도 좋다고 말했다.

<u>Nat said</u> it's okay to use his apartment while he's away.
　주어　동사

➡ Nat said가 주절이고 it's okay부터 문장 끝까지가 종속절이다. to 뒤에 동사원형 use를 썼다.

2 당신이 도움이 필요할 때 도움을 요청하는 것은 괜찮다.

It's okay to ask for help when you need it.
가주어+동사　　　진주어

➡ to 뒤에 동사원형이 나오므로 동사구 ask for를 썼다.

3 우리 문화에서 성이 아닌 이름으로 상대방을 부르는 것은 괜찮다.

In our culture, it is okay to address someone by their first
　　　　　　　　가주어+동사　　　진주어
name.

➡ to 뒤에 동사원형 address를 썼다.

Better Writer

'be allowed to 동사원형'은 '~하는 것이 허용되다/허락되다'라는 뜻으로 쓰이는 표현입니다. allow someone to do something의 형태에서 someone이 주어로 쓰이게 되면 'someone is allowed to do something'이 되는 것입니다. it is possible to, it is okay to와 마찬가지로 to 뒤에는 동사원형을 쓴다는 점에 유의해 주세요.

- The students **are allowed to go** outside during their break times.
  학생들은 휴식 시간 동안에 밖에 나가는 것이 허용된다.

  ➡ The school **allows the students to go** outside during their break times.

- Jocelyn **is allowed to ride** the city bus to school by herself.
  Jocelyn은 혼자서 학교까지 시내 버스를 타고 가도 된다.

표현 영작

주어진 내용을 바탕으로 대화에 맞게 문장을 완성해 보세요.

1. A   How can I send a fax without a fax machine?

B   _____ it from the photocopier.

A: 팩스머신 없이 팩스를 어떻게 보낼 수 있지?

B: 복사기에서 보내는 게 가능해.

* 앞에서 언급된 send의 반복을 피하기 위해 대동사를 쓴다.

2. A   My child is ill so I won't be able to come in today.

B   _____ from home if you

don't want to use a sick day.

A: 우리 애가 아파서 오늘 출근할 수 없어요.

B: 병가를 쓰고 싶지 않으면 집에서 일을 해도 괜찮아요.

3. A   Are there any discounts available?

B   _____ 10% off if you're

a member of our loyalty club.

A: 할인이 가능한가요?

B: 고객님이 저희 로열티 클럽(고객 포인트)의 멤버이시면 10% 할인을 받으실 수 있어요.

4. A   I'm not entirely satisfied with the look of this presentation

yet.

B   _____ another day

on it if that's helpful.

A: 이 발표 자료 모양이 아직 완전히 만족스럽지는 않아요.

B: 하루 더 시간 투자를 해 보는 게 도움이 된다면 그래도 괜찮아요.

문장 영작

주어진 힌트를 참고하여 다음 한글을 영작해 보세요.

1. 다른 의견을 가진다는 건 괜찮아.

_____

Hint opinion 의견

2. 구내 식당에서는 누구나 다 자기가 앉을 자리를 골라도 돼.

_____

Hint everyone 모든 사람   own 자신의   cafeteria 구내 식당

3. 몇 분 늦게 도착하는 것은 괜찮아.

_____

Hint arrive 도착하다   late 늦은

4. 그곳에 대중교통으로 가는 것이 가능해.

_____

Hint get ~에 도착하다   public transportation 대중 교통

5. 우리 문화에서 사람들은 자신이 누구와 결혼할지 선택하는 것이 허용된다.

_____

Hint marry 결혼하다   * whom 대신 who를 목적격으로 쓰기도 한다.

소셜 미디어와 메신저

힌트와 한글을 보고 빈칸에 영어로 써 보세요.

 Instagram

 Fortin ⋮
hapjeong, Seoul

I lost 10kg in a month with this amazing diet!
전 이 놀라운 다이어트로 한 달에 10kg을 뺐어요!

That's not healthy. I can't believe you're ♥
pushing such a dangerous program.

그건 건강에 좋지 않아요. 그렇게 위험한 프로그램을 하다니
믿을 수가 없군요.

_____
_____

사람들에게 이런 종류의 건강하지 않은 생활 방식을 홍보하
고 있는 건 좋지 않아요.

_____
_____There's no way you lost 10kg.

이렇게 광고할 때 거짓말을 해도 되나요? 10kg을 뺐다는 건
말도 안 돼요.

 I don't care what these haters say. Tell me more! ♡
전 비방하는 사람들의 말에 신경 쓰지 않아요. 좀 더 알려 주
세요.

Hint promote 홍보하다 unhealthy 건강하지 않은 lifestyle 생활 방식
in advertising 광고할 때

Unit 17

확신

be sure that ~라고 확신하다
be convinced that ~라고 확신하다

어떤 것에 대해 굳게 믿을 때는 확신한다는 말을 씁니다. 근거 없이 확신하는 건 우기는 것이니 명확한 근거나 이유가 있을 때만 확신하는 것이 좋습니다.

STEP 01 어순 연습

한글 뜻과 힌트를 보고 순서에 맞게 써 보세요.

● 난 내일 비가 올 거라고 확신해.

is going to /sure / rain tomorrow / that / it / I'm

_____

_____

Hint sure 뒤에 that절을 쓴다.

● 전 주말까지는 인턴이 일을 그만둘 거라고 확신해요.

quit / that / by the end of the week / the intern / I'm convinced /
is going to

_____

_____

Hint convinced 뒤에 that절을 쓴다.

STEP 02

구조 파악

본격적인 영작에 앞서 자세한 설명을 읽어 보세요.

> **be sure that 주어+동사**
> ~라고 확신하다

1 내가 사는 동안에 암 치료제가 생길 것이라고 나는 확신한다.

I am sure that there will be **a cure for cancer in my lifetime.**
주어 동사   종속절

➡ 확신하는 내용을 종속절에 써 준다.

2 Evelyn의 동료는 그녀가 승진을 하게 될 것이라고 확신한다.

Evelyn's colleagues are sure that she will get **the promotion.**
             주어   동사   종속절

➡ 종속절인 that절에 주어, 동사를 써 준다.

3 Francis는 Arden이 올해 프러포즈를 할 것이라고 확신하고 있다.

Francis is sure that Arden will propose **this year.**
    주어   동사   종속절

➡ sure의 목적어로 that절을 쓰고 있다.

be convinced that 주어+동사
~라고 확신하다

1 Noga는 택시가 늦을 것이라고 확신하고 있다.

Noga is convinced **that the taxi is going to be late.**
주어　　동사　　　　　　　　　　　　　　　　종속절

➡ 확신하는 내용을 종속절에 써 준다.

2 Shani는 신임 이사가 새 직원을 고용할 것이라고 확신하고 있다.

Shani is convinced **that the new director will hire new staff.**
주어　　동사　　　　　　　　　　　　　　　　종속절

➡ 주절에 속하는 종속절이므로 주어, 동사를 써 준다.

3 Mel은 그가 만든 애플 파이가 쇼의 최고상을 받을 것이라고 확신하고 있다.

Mel is convinced **that his apple pie will win "Best in Show".**
주어　동사　　　　　　　　　　　　　　　　종속절

➡ 주절에 속하는 종속절이므로 주어, 동사를 써 준다.

📝 **Better Writer**

확신한다는 뜻을 가진 다른 형용사로 confident와 positive가 있는데 문장에서 쓰는 구조도 sure, convinced와 똑같습니다. be confident that 주어+동사, be convinced that 주어+동사로 쓸 수 있습니다.

- **I'm confident that this difficult time will turn around** eventually.
  난 이 난국이 결국엔 돌아설 것이라고 확신한다.

- **I'm positive that we'll make** a profit if we sell this product in this market.
  학생들은 휴식 시간 동안에 밖에 나가는 것이 허용된다.

표현 영작

주어진 내용을 바탕으로 대화에 맞게 문장을 완성해 보세요.

1. A   Anthony _____ flat.

   B   Are you sure he's not just pulling your leg?

A: Anthony는 세계가 평평하다고 확신하고 있어.

B: 그가 농담하고 있지 않은 거 확실해?

* the world 세계

* convinced 사용할 것

2. A   Will any of the bigwigs be coming to the presentation on Friday?

   B   Stella _____ in attendance.

A: 금요일 발표에 윗분들 중 누군가 오시나요?

B: Stella는 대표이사가 참석할 거라고 확신하고 있어요.

* sure 사용할 것

3. A   _____ the shortest way there.

   B   Okay, let's go that way, then.

A: 난 이 길이 그곳에 가는 가장 빠른 길이라는 걸 확신해.

B: 알았어. 그럼 이 길로 가자.

* sure 사용할 것

4. A   The doctor _____ cancerous.

   B   That must be a relief.

A: 의사는 그 종양이 암이 되는 게 아니라고 확신하고 있어.

B: 그거 진짜 다행이다.

* tumor 종양

* convinced 사용할 것

문장 영작

주어진 힌트를 참고하여 다음 한글을 영작해 보세요.

1. Adil은 우리가 한 달을 버틸 돈이 충분치 않다고 확신하고 있어.

_____

Hint sure 확신하는   enough 충분한   last 지속하다, 견디다   the month 한 달

2. 지붕 수리공이 우리 현재의 지붕이 10년은 갈 거라고 확신하고 있어.

_____

Hint roofer 지붕 수리공   convinced 확신하는   have got 가지고 있다, 소유하다
ten years left in ~에 10년이 남은   current 현재의

3. Joshua는 이것들이 장미 종에 속하는 것이라고 확신하고 있어.

_____

Hint confident 확신하는   a species of ~의 종

4. 기상학자는 이 열대성 폭풍우가 강해질 거라고 확신하고 있다.

_____

Hint meteorologist 기상학자   positive 확신하는   tropical storm 열대성 폭풍우
be going to ~할 것이다   strengthen 강해지다

5. Hazel은 운동과 잘 먹는 것이 긍정적인 영향을 줄 것이라고 확신한다.

_____

Hint confident 확신하는   eating 먹기   have a positive impact 긍정적인 영향을 주다

소셜 미디어와 메신저

힌트와 한글을 보고 빈칸에 영어로 써 보세요.

Fortin
Tue AM 11:04

"15 stress-reducing tips from a high school counsellor"
고등학교 진학 상담자가 말하는 15가지 스트레스 감소 팁

_____

_____

나의 아이가 더 일찍 잠자리에 들면 걔가 훨씬 더 기분이 좋아질 거란 걸 전 확신해요.

These all seem reasonable, but then again, I don't have kids.
모두 합리적인 말인 것 같아요. 그렇지만 전 아이가 없어요.

I wish my kids would spend more time with their friends and off their phones.
내 아이들이 친구들하고 더 시간을 많이 보내고 휴대폰하고는 떨어졌으면 좋겠어요.

_____

_____

아이들 스트레스의 절반은 소셜 미디어에서 시간을 보내면서 나온다는 걸 전 확신해요.

Hint convince 확신하다   go to bed 잠자리에 들다   a lot 훨씬   confident 확신하는
half 절반   be from ~에서 나오다   spend time on ~에 시간을 보내다

* 현재 사실에 대한 반대이므로 go의 과거형을 쓴다.

Unit 18

의견

The way I see it is that 내가 보기에 ~하다
Personally, I think that 개인적으로 나는 ~라고 생각한다

자신의 생각이나 의견을 말할 때 쓸 수 있는 표현들입니다. The way I see it is that은 'The way I see it'과 'is that'을 한 박자 쉬어 가듯 나눠서 써 보면 훨씬 이해가 빠를 거예요. 두 표현 모두 that절에 의견을 적어 주는데 절이기 때문에 주어와 동사를 써야 한다는 점에 유의해 주세요.

STEP 01 어순 연습

한글 뜻과 힌트를 보고 순서에 맞게 써 보세요.

● 개인적으로 난 민트 초코칩이 최고의 아이스크림 맛이라고 생각해.

I think / mint chocolate chip / that / the superior ice cream flavor / personally, / is

_____

_____

Hint I think가 목적어로 that절을 쓰고 있다.

● 내가 보기에 나한테 영향이 없는 건 나하고는 상관없는 일이야.

the way / I see it / it doesn't concern me / is that / what doesn't affect me,

_____

_____

Hint that절에서 의문사가 명사절을 이끌고 있다.

STEP 02 구조 파악

본격적인 영작에 앞서 자세한 설명을 읽어 보세요.

> The way I see it is that 주어+동사
> 내가 보기에 ~하다

1 내가 보기에 우리는 1년 안에 빚에서 벗어날 수 있어.

The way I see it is that we can get out of debt within a year.
주절　동사

➡ that절에 주어, 동사를 포함하여 의견을 적어 준다.

2 사장님이 의견을 주셨는데 제가 보기엔 저희가 따라야 해요.

The boss gave an opinion, and the way I see it is that we
주어　동사　주절　동사
should follow.

➡ 2개의 절이 접속사 and로 연결된 문장이다.

3 제가 보기엔 우리가 시도하지 않는다면 실패할 거라는 거죠.

The way I see it is that if we don't try, we fail.
주절　동사

➡ that절에서 조건절이 주절보다 앞에 위치하고 있다.

Personally, I think that 주어+동사
개인적으로 나는 ~라고 생각한다

1 개인적으로 난 그건 우스운 생각이라고 생각해.

Personally, I think that it's **a silly idea.**
   주어 동사

➡️ that절에 개인적인 생각을 적는다.

2 개인적으로 난 화성에 가는 비용은 들일 만한 가치가 있는 것 같다고 생각해.

Personally, I think that going to Mars is **worth the expense.**
   주어 동사

➡️ going to Mars가 that절의 주어로 쓰였다.

3 개인적으로 난 그가 마땅히 받아야 할 벌을 받은 것 같다고 생각해.

Personally, I think that he got **what he deserved.**
   주어 동사

➡️ Personally를 빼도 의미상 큰 차이는 없지만, 말하고자 하는 것이 단순히 개인적 생각임을 알려 주는 차원에서 넣는다.

🖊️ Better Writer

'내 생각엔, 내가 아는 한, 내게 있어서'라는 의미로 as far as I'm concerned라는 표현을 쓸 수도 있습니다.

- **As far as either of us is concerned,** we're ready to start working tomorrow.
  너나 나나 서로 생각하기에 우린 내일 일을 시작할 준비가 돼 있어.

- **As far as I'm concerned,** this is up to management, not me.
  내 생각엔 이건 내가 아니라 경영진이 결정해야 할 일이야.

표현 영작

주어진 내용을 바탕으로 대화에 맞게 문장을 완성해 보세요.

1. A _____ an unfair

stereotype.

B Aren't all stereotypes unfair?

A: 개인적으로 난 그건 불공평한 고정 관념이라고 생각해.
B: 모든 고정 관념이 다 불공평한 게 아닌가?

2. A Do you have any opinions on this year's reporting structure?

B _____ the policy,

I follow it.   * set 정하다, 결정하다

A: 올해의 보고 체계에 관해 의견이 있나요?
B: 제가 볼 때 전 정책을 따르는 거지, 정하지는 않아요.

3. A What do you think of the beta version of our new software?

B _____ ready for

release.

A: 우리의 새 소프트웨어 베타 버전에 대해 어떻게 생각하나요?
B: 개인적으로 전 출시 준비가 된 것 같지 않다고 생각해요.

4. A _____ to have

opinions.   * be not paid to ~할 돈을 받다

B I disagree. Stifled dissent just breeds contempt.

A: 제가 볼 때 전 의견을 낼 자격이 없다고 봅니다.
B: 동의하지 않습니다. 억눌린 반대 의견은 그저 경멸을 낳을 뿐이에요.

1. 개인적으로 난 Springfield에 있는 골동품상이 가격이 가장 좋은 것 같아.

_____

Hint antique dealer 골동품상   fairest 가장 좋은

2. Richard가 보기에 패션은 시간 낭비이다.

_____

Hint a waste of time 시간 낭비

3. Shirin의 생각에, 기자는 어느 민주주의 국가에서도 중요한 역할을 한다.

_____

Hint reporter 기자   role 역할   democracy 민주주의 국가

4. 개인적으로 나는 잃어버린 문명이 흥미로운 주젯거리라고 생각한다.

_____

Hint civilization 문명   fascinating 흥미로운

5. Theodore가 보기에 우주 탐사는 성장 산업이다.

_____

Hint exploration 탐사   growing industry 성장 산업

소셜 미디어와 메신저

힌트와 한글을 보고 빈칸에 영어로 써 보세요.

 Fortin

Any more thoughts on travelling to Paris with me this autumn?

올 가을에 나랑 같이 파리로 여행가는 거에 대해 더 의견 있어?

_____

_____

PM 13:05 개인적으로 난 재정적인 이유로 넘어가야 할 것 같아.

 Fortin

Oh! That's awful. I'd like to travel with you though. How about somewhere cheaper?

아아! 너무 안됐다. 그래도 너랑 같이 여행 가고 싶은데. 다른 데 좀 더 싼 곳은 어때?

_____

_____

PM 13:10 우리가 생각하기엔 적은 예산으로 되는 곳이어야 할 거야.

Hint will have to ~해야 할 것이다　pass 넘어가다, 지나가다
financial reasons 재정적인 이유　would need to ~할 필요가 있을 것이다
shoestring budget 쥐꼬리만큼 아주 적은 예산

Unit 19 제안

I suggest that 주어+동사 ~하자고 말하다/제의하다
Why don't you 동사? ~하는 게 어때?

상대방에게 제의나 제안을 하는 표현들입니다. 여럿이 의견을 조율하거나 협상을 하는 데 있어서 제안은 의사소통을 원활하게 해 주는 역할을 합니다. suggest가 제안하는 의미로 쓰일 때 that절의 동사는 주절의 시제와 상관없이 동사원형을 쓰거나 should와 함께 씁니다.

STEP 01 | 어순 연습

한글 뜻과 힌트를 보고 순서에 맞게 써 보세요.

● Bella가 동물 보호소에서 동물을 입양하는 게 어떤가요?

adopt / Bella / why doesn't / from a shelter / an animal

_____

_____

> **Hint** 주어에 따라 why 뒤에 doesn't나 don't 둘 중 하나를 쓸 수 있다.

● 난 네가 회사에서 휴가 좀 내서 몸을 회복하면 좋겠어.

you take / that / off work / some time / I suggest / to get well

_____

_____

> **Hint** I suggest 뒤에 that절을 쓰고 있다.

STEP 02 구조 파악

본격적인 영작에 앞서 자세한 설명을 읽어 보세요.

I suggest that 주어+동사
~하자고 말하다/제의하다

1 난 다음 주에 우리가 푸드트럭 축제에 가는 건 어떨까 해.

I suggest that we go to the food truck festival next week.
　　주어　　동사

> ➡ suggest가 제안하는 의미로 쓰일 경우에는 that절에서 동사를 쓸 때 should + 동사 또는 should를 생략하고 동사원형만 쓴다. 주절이 과거일 경우에도 마찬가지이다.

2 Jonty는 내가 프로젝트 관리자가 돼야 한다고 말한다.

Jonty suggests that I should become a project manager.
　주어　　　동사

> ➡ that절에서 동사는 should become으로 쓰였다.

3 Ferdinand는 연말연시를 맞이해 우리가 사무실을 꾸며야 한다고 말한다.

Ferdinand suggests that we should decorate the office for the holiday.
　주어　　　　동사

> ➡ that절에서 동사는 should decorate으로 쓰였다.

Why don't you+동사?
~하는 게 어때?

1 자동차 대출이 만족스럽지 않으면 네가 은행 매니저와 얘기해 보는 게 어때?

Why don't you speak with the bank manager if you're
　　　　　　주어　　동사

unhappy with your car loan?

➡ 주어가 3인칭 단수일 경우에만 doesn't로 쓰고 나머지 경우에는 모두 don't를 쓴다. 따라서 주어 you에는 don't를 썼다.

2 Rudo가 카풀할 사람을 찾아보는 건 어때?

Why doesn't Rudo find someone to carpool with?
　　　　　　　주어　　동사

➡ 주어 Rudo에 맞춰 doesn't를 썼다.

3 우리 케이터링 업체에 추천해 달라고 물어보는 건 어때?

Why don't we ask the caterer for recommendations?
　　　　　　주어　동사

➡ 주어 we에 맞춰 don't를 썼다.

Better Writer

It may be a good idea if 주어+동사는 '~한다면 그건 좋은 생각일지도 모른다, ~한다면 그건 좋은 생각일 수도 있다'라는 뜻입니다. 직접적으로 의견을 제시하는 표현이 아니라 조건절을 사용하여 간접적으로 전달하는 표현입니다.

- **It may be a good idea if our department hires** temporary staff for the project.
  우리 부서에서 프로젝트를 할 계약직을 채용한다면 그건 좋은 생각일지도 모른다.

- **It may be a good idea if we ask** Nicolet to come to the party.
  우리가 Nicolet한테 파티에 오라고 물어보는 게 좋은 생각일 수도 있어.

1. A What's the most important task for us to complete this week?

   B _____ on finishing the parts order first.

   * should는 생략할 것

   A: 이번 주에 우리가 완료해야 할 가장 중요한 업무가 무엇인가요?
   B: 부품 주문을 끝내는 걸 우선으로 작업해야 한다고 봐요.

2. A _____ a pizza for dinner?

   B That sounds great. I don't feel like cooking tonight.

   A: 저녁 식사로 피자를 사 갖고 가는 게 어떨까?
   B: 그거 좋다. 오늘 밤엔 요리할 기분이 아니거든.

   * pick up ~을 사 가다

3. A _____ a plumber.

   B If she can't fix it then I guess we'll have to.

   A: Stein은 우리가 배관공을 부르는 게 어떠냐고 그랬어.
   B: 우리가 못 고치면 불러야겠지.

   * should는 생략할 것

4. A _____ at the gym closer to home?

   B She said the staff there were rude to her.

   A: Mari가 집에서 가까운 헬스장에서 운동하는 건 어때?
   B: 걔가 거기 직원이 자기한테 무례하게 굴었다고 그랬어.

   * work out 운동하다

문장 영작

주어진 힌트를 참고하여 다음 한글을 영작해 보세요.

1. Viola는 남편이 아들을 돌보며 더 많은 시간을 보냈으면 한다.

_____

Hint　spend time ~ing ~하며 시간을 보내다　take care of ~을 돌보다

2. Fu가 파트타임 일을 구하는 것이 좋은 생각일지도 모른다.

_____

Hint　get 구하다　part time job 파트타임 일

3. 우리가 Senka에게 금요일 밤에 아기를 봐 달라고 물어보는 건 어때?

_____

Hint　babysit 아기를 돌보다

4. Jay는 우리가 매매 계약서를 작성할 변호사를 고용하길 제의했어.

_____

Hint　hire 고용하다　draw up 작성하다　sale contract 매매 계약서

5. 보험 설계사한테 전화해서 견적을 받아 보는 건 어때?

_____

Hint　insurance consultant 보험 설계사　for a quote 견적을 받아 보기 위하여

소셜 미디어와 메신저

힌트와 한글을 보고 빈칸에 영어로 써 보세요.

"Chemist finds promising new material to clean up oil spills."

화학자, 기름 유출을 깨끗이 없애 줄 유망한 새로운 물질을 발견하다.

32,154 Views

 Fortin
Premiered May 25, 2019

234 Comments ≡ SORT BY

 I really hope they are able to mass-manufacture this for emergencies.

위급 상황에 이것을 대량 생산할 수 있기를 정말 바랍니다.

 _____

Then we wouldn't have oil spills.

기름 사용을 중지하는 건 어떤가요? 그럼 기름 유출이 없을 거잖아요.

 _____

_____

최대한 빨리 재생 에너지로 바꾸는 게 좋은 생각일 수도 있어요.

 People don't realize that oil is used for a lot more than just energy.

사람들은 기름이 에너지에만 사용되는 게 아니라 훨씬 더 많은 곳에 사용된다는 걸 깨닫지 못하고 있어요.

Hint switch 바꾸다   renewable 재생 가능한   ASAP 최대한 빨리(= As Soon As Possible)

* stop 뒤에는 to 동사원형과 ~ing 2가지를 쓸 수 있다. '~하고 있는 것을 멈추다'라고 할 때는 동명사를 쓴다.

Unit 20

조언

I think you should   나는 네가 ~하는 게 좋을 것 같다
If I were you, I would   내가 너라면, 난 ~할 것이다

I think you should+동사는 직역하면 '나는 네가 ~해야 한다고 생각해'이지만 조언식으로 말한다면 '난 네가 ~하는 게 좋다고 생각해'라는 뜻이 됩니다. '만약 내가 너라면'이라는 말은 가정법의 규칙에 따라 If I were you라고 기억하기 바랍니다.

STEP 01   어순 연습

한글 뜻과 힌트를 보고 순서에 맞게 써 보세요.

● 네가 내일 그들에게 회신해 주는 게 좋을 것 같아.
you should / them / call / back / I think / tomorrow

_____

_____

> Hint   I think가 주절이고 나머지는 종속절이다.

● 내가 너라면 어쨌든 그 일자리에 지원해 볼 거야.
I would / I were you, / if / apply for / anyway / the job

_____

_____

> Hint   조건절이 앞에 나오는 가정법 문장이다.

구조 파악

본격적인 영작에 앞서 자세한 설명을 읽어 보세요.

I think you should+동사
나는 네가 ~하는 게 좋을 것 같다

1 전 당신이 제품군에 새 제품을 추가하는 게 좋겠다고 생각해요.
I think you should add **new products to our lineup.**
주어   동사

➡ you should add~our lineup까지가 종속절이다.

2 Jeronim은 내가 그와 함께 수영 수업을 받는 게 좋겠다고 생각해.
Jeronim thinks I should take up **swimming with him.**
　　주어　　　동사

➡ should 뒤에는 동사원형을 쓰는데 여기에서는 동사구 take up을 썼다.

3 난 네가 공부해서 치과 간호사가 되는 게 좋을 것 같아.
I think you should study **to be a dental nurse.**
주어   동사

➡ I think (that) you should와 같이 주절과 종속절 사이에 that이 있으나 주로 생략하고 쓴다.

If I were you, I would 동사
내가 너라면, 난 ~할 것이다

1 내가 Erik이라면 난 잔디를 가꾸기 위해 정원사를 고용할 거야.

If I were Erik, <u>I would hire</u> a gardener to take care of the lawn.
        주어   동사

▶ 일반적으로 조건절은 주절의 앞뒤 아무데나 위치할 수 있지만 조언을 하는 이 표현에서는 앞에 위치한다. 조건절이 앞에 위치할 때는 조건절 뒤에 콤마를 넣는다.

2 내가 Averie라면 난 다른 지점으로 전근을 가게 해 달라고 요청할 거야.

If I were Averie, <u>I would ask</u> to be transferred to a different
         주어   동사
branch.

▶ I was가 아니라 I were임에 유의해야 한다. 주절의 동사로는 would+동사원형을 쓴다.

3 내가 Lumusi라면 난 경제학 분야에서 경력을 쌓는 걸 고려해 볼 거야.

If I were Lumusi, <u>I would consider</u> a career in economics.
         주어   동사

▶ would 뒤에 동사원형 consider를 썼다.

Better Writer

조언을 하는 다른 표현으로는 '너는 ~하는 게 좋겠다'라는 뜻의 You had better+동사와 '너는 ~해야 해'라는 뜻의 You ought to+동사가 있습니다. 두 표현 모두 동사원형을 쓴다는 점에 유의해 주세요. You ought to는 You should과 거의 유사하여 서로 바꿔 쓸 수도 있습니다. 반면에 You had better는 듣는 상대방이 행동을 취하지 않으면 부정적인 결과가 있을 수 있음을 암시하는 말입니다. 글을 쓸 때는 주로 should를 씁니다.

- With that kind of abdominal pain, **you had better come** with me to urgent care.
  그런 종류의 복통이라면 응급실로 저와 함께 가시는 게 좋겠어요.

- **You ought to take** a week off work and do something nice for yourself.
  넌 일주일간 휴가를 내고 네 자신을 위해서 뭔가 좋은 걸 해야 해.

주어진 내용을 바탕으로 대화에 맞게 문장을 완성해 보세요.

1. A _____ a doctor about it.

   B Seems like a reasonable idea to me.

   A: Nora는 내가 그것과 관련해서 의사를 만나 보는 게 좋겠다고 생각하네.
   B: 합리적인 생각인 것 같아.

2. A _____ calling

   the office again.   * try 해 보다

   B I don't know. I'm so disappointed that I don't think I can take more rejection.

   A: Kuzman은 네가 다시 사무실에 전화를 해 보는 게 좋다고 생각하고 있어.
   B: 모르겠어. 너무 낙담해서 더 이상 거절당하는 걸 견딜 수 없을 것 같아.

3. A I can't believe I lost my wedding ring at the beach.

   B _____ a metal

   detector for the weekend.

   A: 내가 해변에서 결혼 반지를 잃어버리다니 믿겨지지가 않아.
   B: 내가 너라면 난 주말 동안 금속 탐지기를 빌려 볼 거야.

4. A I'm not sure where I should hang this photograph.

   B _____ it in the front hall.

   A: 이 사진을 어디에 걸지 확실히 잘 모르겠어.
   B: 내가 너라면 난 앞쪽 홀에 둘 거야.

문장 영작

주어진 힌트를 참고하여 다음 한글을 영작해 보세요.

1. 난 국립 미술관에 있는 최근 전시회를 네가 한번 보는 게 좋을 것 같다고 생각해.

_____

Hint check out 살펴보다   exhibit 전시회   National Gallery 국립 미술관

2. 내가 너라면 난 공중 공원을 꼭 방문해 볼 거야.

_____

Hint make sure 확실하게 하다   Public Gardens 공중 공원

3. 넌 네가 실망했다는 의견을 고객 서비스 센터에 표현해야 해.

_____

Hint disappointment 실망   customer service 고객 서비스 센터

4. 난 네가 퀵서비스가 아니라 이메일로 보고서를 보내야 한다고 생각해.

_____

Hint by email 이메일로   by courier 퀵서비스로

5. 내가 너라면 난 네가 환불을 받을 수 있는지를 확인할 거야.

_____

Hint see if ~인지 확인하다   get a refund 환불을 받다

소셜 미디어와 메신저

힌트와 한글을 보고 빈칸에 영어로 써 보세요.

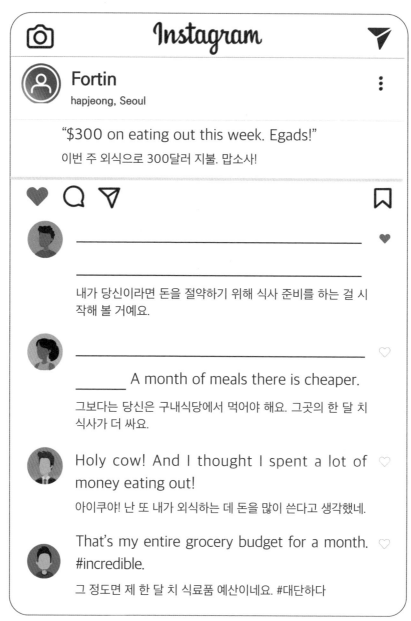

Instagram

Fortin
hapjeong, Seoul

"$300 on eating out this week. Egads!"
이번 주 외식으로 300달러 지불. 맙소사!

_____

_____

내가 당신이라면 돈을 절약하기 위해 식사 준비를 하는 걸 시작해 볼 거예요.

_____

_____ A month of meals there is cheaper.

그보다는 당신은 구내식당에서 먹어야 해요. 그곳의 한 달 치 식사가 더 싸요.

Holy cow! And I thought I spent a lot of money eating out!

아이쿠야! 난 또 내가 외식하는 데 돈을 많이 쓴다고 생각했네.

That's my entire grocery budget for a month. #incredible.

그 정도면 제 한 달 치 식료품 예산이네요. #대단하다

Hint meal prepping 식사 준비하기 cafeteria 구내식당

instead 그보다는 오히려, 대신에(부사이며 문두나 문미에 올 수 있다)

Unit 21

책임

be responsible for ~을 책임지다/~할 책임이 있다
be in charge of ~을 담당하다/맡다

맡은 일이나 의무에 대한 표현들을 알아보도록 하겠습니다. 두 표현 모두 끝에 전치사가 있는데 전치사 for와 of 뒤에 자신이 책임지고 있는 일을 동명사나 명사로 써 주면 됩니다.

STEP 01 | 어순 연습

한글 뜻과 힌트를 보고 순서에 맞게 써 보세요.

- Shri는 프로그래밍 팀을 담당하고 있어요.

  of / charge / is / in / Shri / our programming team

  _____

  _____

  Hint 전치사 of 뒤에 담당하는 일을 쓴다.

- Claire는 고객 관리를 책임지고 있다.

  responsible / is / for / Claire / customer relations

  _____

  _____

  Hint 전치사 for 뒤에 책임지고 있는 일을 쓴다.

STEP 02 구조 파악

본격적인 영작에 앞서 자세한 설명을 읽어 보세요.

✔ be responsible for
~을 책임지다/~할 책임이 있다

1 Leola는 직원의 건강과 만족도를 책임지고 있다.

Leola is responsible for **employee wellness and satisfaction.**
　주어　　동사

➡ be responsible for 뒤에 책임지고 있는 일을 쓴다. 여기에서는 명사 employee wellness and satisfaction을 썼다.

2 Asher는 회의용 다과의 주문을 책임지고 있다.

Asher is responsible for **ordering refreshments for our meetings.**
　주어　　동사

➡ be responsible for의 전치사 for 뒤에 동명사 ordering을 썼다.

3 Monroe는 우리의 제품이 품질 기준에 부합하는지 확인하는 것을 책임지고 있다.

Monroe is responsible for **ensuring our products meet quality**
　주어　　동사
standards.

➡ be responsible for의 전치사 for 뒤에 동명사 ensuring을 썼다.

be in charge of
~을 담당하다/맡다

1 Zaria는 병원에서 사회복지사를 담당하고 있다.

Zaria is in charge of the social workers at the clinic.
<u>　　</u>　　<u>　　　　</u>
주어　　동사

➡️ be in charge of 뒤에 담당하고 있는 일을 쓴다. 여기에서는 명사 social workers를 썼다.

2 Lyn은 인사부를 담당하고 있다.

Lyn is in charge of Human Resources.
<u>　　</u>　<u>　</u>
주어　동사

➡️ be in charge of 뒤에 명사 Human Resources를 써서 맡고 있는 일을 나타내고 있다.

3 Jonty는 마라톤 경주자에게 제공될 음식 준비를 담당하고 있다.

Jonty is in charge of organizing food for the marathon
<u>　　　</u>　<u>　</u>
주어　　동사

runners.

➡️ be in charge of의 전치사 of 뒤에 동명사 organizing을 썼다.

✏️ Better Writer

It is someone's job to+동사는 '~하는 것은 누구의 일이다'라는 뜻입니다. my job, your job, Leo's job처럼 소유격을 써서 누구의 일인지 쓰면 되고 어떤 일인지는 to 뒤에 동사를 써서 나타내면 됩니다. to 동사원형이 진주어이고 it은 가주어입니다. '그건 내가 할 일이 아니야.'라고 부정으로 말한다면 'It's not my job to do it.'이라고 하면 됩니다.

- **It's my job to help** people achieve their goals.
  사람들이 자신의 목표를 이루도록 도와주는 게 내가 하는 일이야.

- **It's Leo's job to ensure** the kitchen is clean before he leaves.
  부엌을 나서기 전에 부엌이 깨끗한지 확인하는 것은 Leo의 일이다.

표현 영작

주어진 내용을 바탕으로 대화에 맞게 문장을 완성해 보세요.

1. A Who should I contact about replacement toner for the printer?

   B _____ all networked equipment, including the printers.

   A: 프린터 토너를 교체하려면 누구한테 연락해야 해요?
   B: IT가 프린터를 포함해서 네트워크 장비를 모두 책임지고 있어요.

2. A _____ the marketing department, and Alexander manages accounting.

   B That's helpful to know, thank you.

   A: Amina는 마케팅 부서를 맡고 있고 Alexander는 회계를 관리해요.
   B: 그걸 알고 있으면 도움이 되겠네요. 감사해요.

3. A _____ counting out before I leave?

   B Yes, but together with the shift manager.

   A: (마트에서) 제가 자리를 벗어나기 전에 돈을 맞출 책임이 있나요?
   B: 네. 하지만 교대 매니저랑 같이 해요.

4. A _____ the nightly deposit?

   B Whoever is on closing shift should put the deposit in the safe.

   A: 야간에 돈을 넣어 두는 건 누가 담당이죠?
   B: 누가 되든지 간에 마감 교대자가 금고에 돈을 넣어 둬야 해요.

문장 영작

주어진 힌트를 참고하여 다음 한글을 영작해 보세요.

1. 사람들이 휴게실에서 쉬고 나서 뒷정리까지 책임지면 좋겠어.

_____

Hint wish 바라다   clean up after 뒷정리를 하다(after 뒤에 주어와 맞춰 대명사를 쓴다)

in the break room 휴게실에서

2. Michael은 벌통을 건실하게 유지하는 일을 맡고 있다.

_____

Hint keep 유지하다   beehive 벌통   healthy 건실한

3. 채널상의 광고 콘텐츠를 확인하는 것이 그 방송인의 일이다.

_____

Hint broadcaster 방송인   verify 확인하다   content 콘텐츠, 내용   channel 채널

4. 이 일자리는 새 의료 기기의 개발과 검사를 책임지고 있다.

_____

Hint position 일자리   development 개발   testing 검사   medical device 의료 기기

5. 그 경찰관은 지역의 범죄 활동을 조사하는 일을 맡고 있다.

_____

Hint investigate 조사하다   criminal activity 범죄 활동   in the district 지역에 있는

소셜 미디어와 메신저

힌트와 한글을 보고 빈칸에 영어로 써 보세요.

Fortin
Wed PM 15:46

Why can't people be adults?
왜 사람들은 어른이 될 수 없나요?

I'm so tired of people not picking up after themselves.
자기가 썼던 자리 뒷정리를 안 하는 사람들이 난 너무 짜증나.

_____

_____

난 사람들이 자기네들이 어질러 놓은 건 그냥 두지 말고 책임지고 치우면 좋겠어.

_____

_____

치우는 건 다른 사람의 일이니까 그들은 하지 않아도 된다고 생각하는 것 같아.

This is disgusting. What is wrong with people?
역겨워. 사람들이 뭐가 잘못된 거지?

Hint wish 바라다   their own messes 그들 자신들이 어질러 놓은 것   instead of ~대신에
leave 두다, 남기다   I think (that) ~라고 생각하다   someone 누구, 어떤 사람   clean up 치우다
don't have to ~하지 않아도 된다(반복되는 동사 부분은 생략 가능)

Unit 22

선호

- **I prefer A to B**   나는 B보다 A를 선호한다
- **I like A better than B**   나는 B보다 A가 더 좋다

여럿 중 하나를 특별히 더 좋아한다고 할 때, 또는 둘 중 더 좋은 것을 말할 때 쓸 수 있는 표현들입니다. prefer는 A와 B 사이에 than이 아닌 to를 쓴다는 점에 유의합니다. I like A better than B 대신에 I like A more than B를 써도 의미 차이가 없습니다.

STEP 01 | 어순 연습

한글 뜻과 힌트를 보고 순서에 맞게 써 보세요.

● 저는 스노보드를 타는 것보다 스키를 타는 것을 더 좋아해요.

better / skiing / than / I like / snowboarding

_____

_____

Hint like A better than B B보다 A가 더 좋다.

● 나는 이탈리아 요리보다 그리스 요리를 선호합니다.

cuisine / prefer / to / I / Italian / Greek

_____

_____

Hint prefer A to B B보다 A를 더 선호한다.

STEP 02 구조 파악

본격적인 영작에 앞서 자세한 설명을 읽어 보세요.

I prefer A to B
나는 B보다 A를 선호한다

---

1 난 Margreet의 작품보다 Nathan의 작품을 선호해요.

I prefer Nathan's work to Margreet's.
　주어　동사

➡ prefer 명사 to 명사의 형태로 썼다. 원래 Margreet's work이지만 work가 반복되어서 생략되어 있다.

---

2 Scarlett은 창문을 닦을 때 상품으로 파는 스프레이보다 식초와 신문지를 쓰는 걸 선호한다.

Scarlett prefers to use vinegar and newspaper to a commercial
　주어　　　동사
spray to clean her windows.

➡ prefers to use 명사와 to (use) 명사의 형태로 썼다. 뒤의 동사는 반복으로 인해 생략되어 있다.

---

3 Ralph는 외식하는 것보다 집에서 요리하는 것을 선호한다.

Ralph prefers cooking at home to eating out.
　주어　　동사

➡ prefers 동명사 to 동명사의 형태로 썼다.

I like A better than B
나는 B보다 A가 더 좋다

1 Rudo는 과학보다 역사를 더 좋아한다.

Rudo <u>likes</u> history better than science.
<u>　주어　</u>　<u>동사</u>

➡ likes 명사 better than 명사의 형태로 쓰였다.

2 Daniel은 여행 가이드를 고용하는 것보다 독립적으로 여행하는 것을 더 좋아한다.

Daniel <u>likes</u> traveling **independently** better than hiring **a tour**
<u>　주어　</u>　<u>동사</u>
guide.

➡ likes 동명사 better than 동명사의 형태이다.

3 Madison은 회의실에서보다 사무실 밖에서 고객을 만나는 것을 더 좋아한다.

Madison <u>likes</u> meeting **clients outside the office** better than in
<u>　주어　</u>　<u>동사</u>
the board room.

➡ likes 동명사 better than (동명사)의 형태이다. better than (meeting them)에서 반복되는 부분이 생략되어 있다.

✎ Better Writer

would rather A than B는 'B보다는 차라리 A가 낫다, B보다는 차라리 A를 하려고 하다'라는 뜻입니다. A, B에는 주로 동사를 쓰지만 절을 쓸 수도 있습니다. than 뒤에 앞에 나온 동사가 반복된다면 생략이 가능합니다.

- I **would rather** be a shoemaker **than** a jewelry maker.
  난 보석 만드는 사람보다는 차라리 신발 만드는 사람이 되는 게 좋다.

- Milena **would rather** a seamstress make her dress **than** buy one off the rack
  Milena는 기성품을 사기보다는 차라리 제봉사에게 자기 드레스를 만들어 달라고 할 거야.

표현 영작

주어진 내용을 바탕으로 대화에 맞게 문장을 완성해 보세요.

1. A I heard Averie _____ her car
   _____ an automated system.

   B I'm the same. It gives me time to look carefully at my car.

   A: 난 Averie가 자동 세차 시스템을 이용하는 것보다 손 세차를 하는 걸 선호한다고 들었어.
   B: 나도 똑같아. 내 차를 주의 깊게 볼 수 있는 시간이 되기도 하거든.   * hand wash 손 세차를 하다

2. A I _____ set times of day to check my
   email _____ notifications.

   B That's an interesting strategy. What happens if it's an
   urgent message?   * 동사로 각각 have와 get을 사용할 것

   A: 난 알림을 사용하는 것보다 하루 중에 이메일을 확인할 시간을 정해 놓고 있는 게 더 좋아.
   B: 그것 참 흥미로운 전략이군. 급한 메시지가 오면 어떻게 해?

3. A What do you like to do on the first date?

   B I _____ to dinner so we can
   talk and get to know each other.   * go out 나가다

   A: 첫 데이트에서 뭘 하고 싶어?
   B: 난 저녁 먹으러 가는 걸 선호해. 그래야 이야기도 하고 서로 알아 갈 수 있게 돼.

4. A Do you ride your bike to work every day?

   B I _____. I ride every day that I can.

   A: 너 매일 자전거로 출근해?
   B: 난 버스보다 내 자전거를 더 좋아해. 할 수 있으면 매일 타.

1. Karina는 그룹 수업에 참석하는 것보다 개인 튜터와 일하는 걸 선호한다.

_____

Hint   attend 참석하다   * prefer 동명사 to 동명사의 형태를 사용할 것

2. Luna는 택시를 부르는 것보다 승차 공유 앱을 쓰는 걸 더 좋아해.

_____

Hint   ride sharing app 승차 공유 앱   call for ~을 부르다

3. Grace는 식료품 가게보다는 차라리 제과점에서 빵을 사려고 할 거야.

_____

Hint   buy something from ~에서 물건을 사다   bakery 제과점   grocery store 식료품점

4. Joseph은 아이스크림보다 젤라또를 더 좋아한다.

_____

Hint   gelato 젤라또

5. Carter는 클럽에 가는 것보다는 차라리 집에서 책을 읽으려고 할 거야.

_____

Hint   stay home 집에 머물다

소셜 미디어와 메신저

힌트와 한글을 보고 빈칸에 영어로 써 보세요.

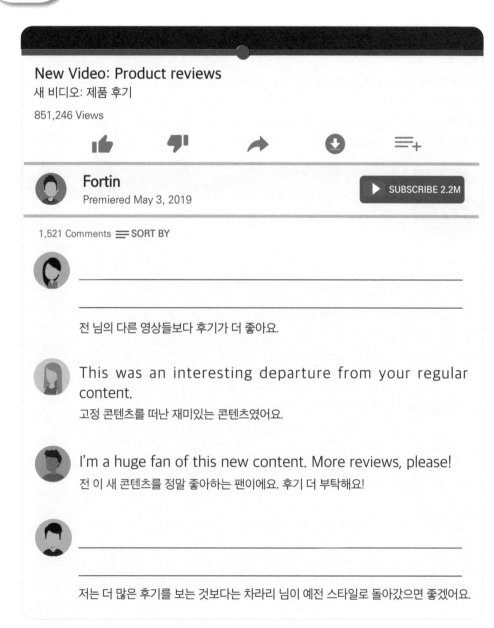

New Video: Product reviews
새 비디오: 제품 후기

851,246 Views

Fortin
Premiered May 3, 2019

▶ SUBSCRIBE 2.2M

1,521 Comments ≡ SORT BY

_____

_____

전 님의 다른 영상들보다 후기가 더 좋아요.

This was an interesting departure from your regular content.
고정 콘텐츠를 떠난 재미있는 콘텐츠였어요.

I'm a huge fan of this new content. More reviews, please!
전 이 새 콘텐츠를 정말 좋아하는 팬이에요. 후기 더 부탁해요!

_____

_____

저는 더 많은 후기를 보는 것보다는 차라리 님이 예전 스타일로 돌아갔으면 좋겠어요.

Hint review 후기   other 다른   go back to ~로 돌아가다(would에 맞춰 동사의 시제를 쓸 것)
watch 보다

Unit 23

약속

Are you available at/on 시간/요일? (시간/요일)에 시간이 되나요?
Can we meet at/on 시간/요일? (시간/요일)에 우리 만날 수 있을까요?

약속을 잡기 위해 가능한 시간과 요일을 묻는 표현들입니다. 기본적으로 시간 앞에는 at을, 요일 앞에는 on을 쓴다는 것에 유의하되, this Friday, next Thursday와 같이 'this, next'라는 말이 요일 앞에 붙을 경우에는 on을 쓰지 않는다는 사실도 기억합시다. 시간과 요일이 다양하게 조합될 수 있으니 여러 문장을 통해 잘 익히시기 바랍니다.

STEP 01 | 어순 연습

한글 뜻과 힌트를 보고 순서에 맞게 써 보세요.

● 우리 내일 오후 4시에 만나서 커피 마실 수 있을까요?

tomorrow / we / at 4 pm / can / for coffee / meet

_____

_____

Hint 보통 시간, 일(날짜) 순으로 표기한다.

● 화요일 10시 30분에 면접이 가능한가요?

on Tuesday / available / are you / for an interview / at 10:30

_____

_____

Hint 보통 시간, 요일 순으로 표기한다. 만나는 목적은 available 뒤 또는 문장 끝에 넣을 수 있다.

STEP 02 구조 파악

본격적인 영작에 앞서 자세한 설명을 읽어 보세요.

Are you available at/on 시간/요일?
(시간/요일)에 시간이 되나요?

1 목요일 오후에 머리 깎으러 갈 건데 시간이 되나요?

Are you available on Thursday afternoon **for a haircut?**
(Are: 동사, you: 주어)

요일 앞에 on을 넣어 on Thursday afternoon이라고 썼다. for a haircut은 available 뒤에 올 수도 있다.

2 다음 주 월요일에 전화 회의를 하는데 Chloe가 시간이 되나요?

Is Chloe available on Monday next week **for a conference call?**
(Is: 동사, Chloe: 주어)

요일 앞에 on을 넣어 on Monday next week라고 썼다. for a conference call은 available 뒤에 올 수도 있다.

3 수요일 저녁 7시마다 Walther가 활 쏘기 수업을 하는 게 가능한가요?

Is Walther available **to teach archery lessons** at 7 on Wednesday evenings?
(Is: 동사, Walther: 주어)

시간 앞에는 at을 썼다. 요일 앞에는 on을 넣었으며 '수요일 저녁마다'이므로 s가 붙어서 on Wednesday evenings가 되었다. to teach archery lessons는 문장 끝에 올 수도 있다.

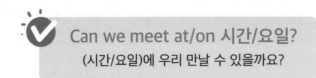

Can we meet at/on 시간/요일?
(시간/요일)에 우리 만날 수 있을까요?

1 선물을 고를 건데 주말에 장난감 가게에서 우리 만날 수 있어?

Can <u>we</u> <u>meet</u> at the toy store on the weekend to pick out a
 　　주어　동사
present?

➡️ 시간과 장소의 순서는 서로 바뀔 수도 있다.

2 일요일 11시에 브런치 먹을 건데 Owen이 나올 수 있어?

Can <u>Owen</u> <u>meet</u> at 11 on Sunday for brunch?
　　　주어　　동사

➡️ 동사 뒤에 시간, 요일의 순으로 쓰여 있다.

3 화요일에 매매를 완료하려고 하는데 저희가 Jack을 만날 수 있을까요?

Can <u>we</u> <u>meet</u> Jack on Tuesday to finalize the sale?
　　주어　동사

➡️ meet은 의미상 뒤에 목적어가 올 수도, 안 올 수도 있다. 여기에서는 목적어로 Jack을 썼다.

🖊 Better Writer

'Does 시간/날짜/요일 work for someone?'은 '시간/날짜/요일이 누군가에게 괜찮은가?'라는 뜻입니다. 여기에서 work는 '일하다'가 아니라 '작용하다, 맞다'라는 뜻입니다. 시간을 조율할 때 간단하게 쓸 수 있는 유용한 표현입니다.

- **Does** 2 o'clock tomorrow **work for you?**
  내일 오후 2시에 너 시간 괜찮아?

- **Does** Tuesday or Wednesday **work** better **for you?**
  화요일이나 수요일이 당신에게 더 괜찮은가요?

- **Does** Saturday afternoon **work for Natalie?**
  토요일 오후가 Natalie에게 괜찮은가?

표현 영작

주어진 내용을 바탕으로 대화에 맞게 문장을 완성해 보세요.

1. A _____?

   B Sure. What time did you have in mind?

   A: 저희 다음 주 수요일에 만날 수 있을까요?
   B: 그럼요. 몇 시쯤 생각하고 계신가요?

2. A _____ to facilitate a

   workshop _____?

   B I think so. Which days are you thinking of?

   A: 다음 주에 워크숍을 진행하려고 하는데 Vanda가 시간이 되나요?
   B: 될 것 같아요. 무슨 요일을 생각하고 계세요?

3. A Are there any open appointments on Friday next week?

   B Yes. _____?

   A: 다음 주 금요일에 예약이 비어 있는 시간이 있나요?
   B: 네. 9시 45분에 가능하신가요?

4. A _____ near

   the train station?

   B Unfortunately she can't meet until 5:30.

   A: Zoey가 기차역 근처에서 오후 5시에 우릴 만날 수 있어?
   B: 안타깝지만 5시 30분 전에는 못 만나.

문장 영작

주어진 힌트를 참고하여 다음 한글을 영작해 보세요.

1. 다음 주 목요일 오후 6시에 시간이 돼?

_____

2. 우리 이번 금요일 오전 10시에 만날 수 있어?

_____

3. 주말에 내 토끼들한테 먹이 줄 시간이 돼?

_____

Hint feed 먹이를 주다   rabbit 토끼

4. 다음 주가 Sharon한테 괜찮아?

_____

5. 월요일 오전 11시에 그 정신과 의사가 저희를 만날 수 있나요?

_____

Hint psychiatrist 정신과 의사

소셜 미디어와 메신저

힌트와 한글을 보고 빈칸에 영어로 써 보세요.

 Fortin

Do you have plans this weekend?

_____

이번 주에 계획 있어? 토요일에 영화 볼 시간이 돼?

Sadly I'm out of town this weekend.

_____

슬프지만 이번 주말엔 나가 있을 거야. 너 다음 주말은 괜찮아?

PM 17:23

 Fortin

That would be great. Want me to get the tickets in advance?

다음 주말 좋지. 미리 표 사 놓을까?

Sure, that would be great. I'll buy snacks at the theater, then.

그래, 그거 좋지. 그럼 영화관에서 내가 먹을 거 살게.

PM 17:25

Unit 24

목적

in order to 동사 ~하기 위해
so that 주어+조동사 ~하도록

두 표현은 어떠한 행위의 목적을 나타낼 때 쓰는 말입니다. 셀프 주유소를 찾아가는 목적은 싸게 주유하기 위해서이고, 운동을 하는 목적은 건강해지기 위해서입니다. in order to+동사원형은 사실상 to 동사원형과 같은 표현이지만 좀 더 격식을 차린 말이라고 보면 됩니다.

STEP 01 어순 연습

한글 뜻과 힌트를 보고 순서에 맞게 써 보세요.

- 저는 수업료를 내기 위해 식료품점에서 전일제로 일했어요.

full time / in order to / at the grocery store / I worked / afford tuition

_____

_____

- Sammie가 깜짝 파티를 계획할 수 있도록 친구들을 모았어요.

so that / his friends / they could plan / Sammie organized / a surprise party

_____

_____

구조 파악

본격적인 영작에 앞서 자세한 설명을 읽어 보세요.

 in order to 동사
~하기 위해

1 Jun은 공인 회계사가 되기 위해 대학에 들어갔다.

Jun <u>went</u> **to college** in order to **become certified as an**
　주어　 동사
accountant.

➡ in order to 뒤에 동사원형 become을 썼다. in order to 이하가 대학에 들어간 목적이다.

2 식사를 하려면 주문할 때 계산을 해야만 합니다.

In order to get your meal, <u>you</u> <u>must pay</u> **when you place your**
　　　　　　　　　　　주어　　 동사
order.

➡ in order to 구문이 문장의 흐름상 문장 앞에 위치할 수도 있다.

3 Dylan은 그의 사업을 더 잘 운영하기 위해 점원을 고용했다.

Dylan <u>hired</u> **a shop assistant** in order to **better manage his**
　주어 　동사
business.

➡ to와 동사 manage 사이에 부사 better를 쓸 수도 있다.

so that 주어+조동사
~하도록

1 Marlyn은 사람들이 알아보지 못하도록 변장을 했다.

Marlyn wore a disguise so that she would not be recognized.
<u>　주어　</u>　<u>동사</u>

➡ so that 뒤에는 절이 나오는데 주어+조동사+동사의 형태가 된다.

2 Cary는 새 사업을 시작할 수 있게 미용술을 배웠다.

Cary took up cosmetology so that he might start **his own**
<u>주어</u>　<u>동사</u>

business.

➡ so that 이하가 미용술을 배운 목적이다.

3 Hannah는 새 친구를 만나 볼 수 있게 볼링 리그에 가입했다.

Hannah joined a bowling league so that she could meet **some**
<u>주어</u>　<u>동사</u>

new friends.

➡ so that에서 that은 생략이 가능하지만 익숙해질 때까지는 so that으로 쓰는 게 좋다.

✎ Better Writer

so as to 동사는 '~하기 위해서'라는 뜻으로 in order to와 같은 뜻과 쓰임을 갖고 있습니다. 둘 다 격식을 갖춘 글쓰기에서 적합한 표현입니다. so as to 뒤에는 동사원형을 쓴다는 점을 유의합니다.

- Gale began exercising every other day **so as to become** stronger.
  Gale은 더 강해지기 위해 하루 걸러서 운동하기 시작했다.

- The carpenter wore long clothes in the summer **so as to avoid** getting burned.
  목수는 햇빛에 타는 걸 피하기 위해 여름에 긴 옷을 입었다.

표현 영작

주어진 내용을 바탕으로 대화에 맞게 문장을 완성해 보세요.

1. A Why are you interested in leaving your current job?

   B I need to move on _____ more
      challenging work.

   A: 왜 현재 일을 떠나려고 하는 건가요?
   B: 좀 더 도전적인 일을 찾기 위해 나서 보려고 해요.

2. A I heard Zoey started writing fanfiction!

   B Did she do that _____ extra cash?

   A: Zoey가 팬 픽션을 쓰기 시작했다고 들었어.
   B: 여윳돈을 벌려고 그걸 시작한 거야?

3. A Would you quit your job _____
      _____ your passion?   * pursue 추구하다

   B I would love to, but I don't have enough savings.

   A: 당신의 열망을 추구할 수 있게 일을 그만두겠습니까?
   B: 그러고 싶지만 모아 둔 돈이 충분치가 않아요.

4. A If you could do anything, what would you do?

   B I would buy a farm _____ goats
      and vegetables.   * raise 기르다

   A: 넌 뭐든지 할 수 있다고 한다면 뭘 할 거야?
   B: 염소와 채소를 기를 수 있게 농장을 살 거야.

1. 저희가 예약을 보증할 수 있도록 업무일 이틀 내에 확정하셔야 합니다.

   _____

   Hint must 반드시 ~하다   confirm 확정하다   business day 업무일   guarantee 보증하다
   booking 예약

2. 수업에 등록하시려면 이 양식을 작성해 주세요.

   _____

   Hint fill out 작성하다   register for ~에 등록하다

3. 기술자가 세탁기를 수리하기 위해 도착했다.

   _____

   Hint technician 기사, 기술자   so as to ~하기 위해   repair 수리하다

4. 그 프로그래머들은 제시간에 그들의 일을 완료할 수 있도록 장시간 일해야 한다.

   _____

   Hint long hours 장시간   complete 완료하다   on time 제시간에

5. 담보 대출 승인을 받기 위해서는 자격 요건이 되어야 합니다.

   _____

   Hint qualify 자격이 있다   in order to ~하기 위해   be approved 승인 받다   mortgage 담보 대출

소셜 미디어와 메신저

힌트와 한글을 보고 빈칸에 영어로 써 보세요.

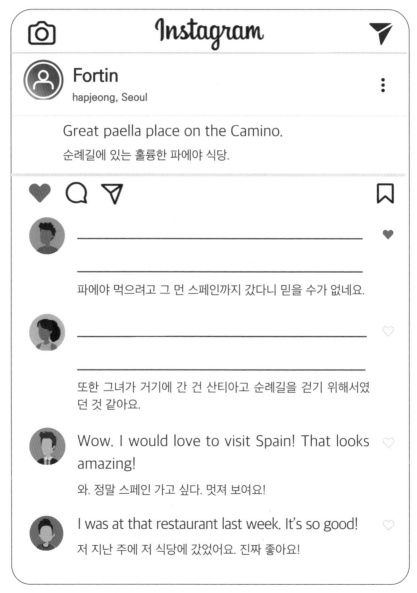

Instagram

Fortin
hapjeong, Seoul

Great paella place on the Camino.
순례길에 있는 훌륭한 파에야 식당.

_____

_____
파에야 먹으려고 그 먼 스페인까지 갔다니 믿을 수가 없네요.

_____

_____
또한 그녀가 거기에 간 건 산티아고 순례길을 걷기 위해서였던 것 같아요.

Wow. I would love to visit Spain! That looks amazing!
와. 정말 스페인 가고 싶다. 멋져 보여요!

I was at that restaurant last week. It's so good!
저 지난 주에 저 식당에 갔었어요. 진짜 좋아요!

Hint all the way to ~까지 먼 길 paella 파에야(스페인 음식) also 또한
the Camino de Santiago 산티아고 순례길

Unit 25

이유

because 주어+동사 ~이기 때문에
The reason 주어+동사 is~ ~하는 이유는 ~때문이다

because와 the reason은 이유를 말할 때 쓰는 말입니다. because는 접속사로서 이유를 나타내는 부사절을 이끕니다. The reason 주어+동사 is는 쓰임에 따라 주부의 절이 생략되어 The reason is+구/절로 쓸 수도 있습니다.

STEP 01 어순 연습

한글 뜻과 힌트를 보고 순서에 맞게 써 보세요.

● 고객이 방문하기로 해서 내일 회의에 참석할 수 없어요.

a client / to attend / because / tomorrow's meeting / I'm unable /
is visiting

_____

_____

Hint because는 이유를 나타내는 접속사로서 뒤에 절을 쓴다.

● Nadiya가 결석한 이유는 독감에 걸렸기 때문이에요.

she's caught / Nadiya is absent / the reason / the flu / is that

_____

_____

Hint the reason 주어+동사가 주절이다.

구조 파악

본격적인 영작에 앞서 자세한 설명을 읽어 보세요.

> **because 주어+동사**
> ~이기 때문에

1 간호사가 다른 환자를 보고 있어서 몇 분 늦을 거예요.

The nurse will be a few minutes late because he's with
　　　주어　　　동사
another patient.

➡ because는 이유를 나타내는 부사절을 이끄는 접속사이다.

2 Gabriel의 생일이어서 Lillian이 케익을 가져오기로 했어.

Lillian is bringing a cake because it's Gabriel's birthday.
　주어　　동사

➡ because가 이끄는 부사절은 문장의 앞이나 뒤에 위치할 수 있다. 앞에 위치할 경우에는 부사
　절 끝에 마침표를 써 준다.

3 다이버는 너무 빨리 수면으로 올라왔기 때문에 잠수병에 걸렸다.

The diver got the bends because he came **to the surface too**
　주어　동사
quickly.

➡ 접속사 because 뒤에 주어와 동사 he came을 썼다.

The reason 주어+동사 is~
~하는 이유는 ~때문이다

1 계산원이 해고된 이유는 그들이 돈을 훔쳐 가고 있었기 때문이다.

The reason the cashiers were fired **is** they were stealing money.
　　　　　주어　　　　　　　　　　　　　　　　　동사

➡ 주어(The reason)와 본동사(is)의 간격이 넓고 그 사이에 절이 있기 때문에 주어와 본동사를 파악하기가 어려울 수 있다. 하지만 주어를 수식하는 절만 가려낸다면 문장 파악이 훨씬 쉬워진다.

2 괴물 영화가 흥행을 하는 이유는 주로 이야기 때문이다.

The reason the monster movie was a huge success **is** largely
　　　　　주어　　　　　　　　　　　　　　　　　　　　　　동사

due to the story.

➡ 주어를 수식하는 절은 the monster movie was a huge success이다.

3 그가 나비 넥타이를 매는 이유는 긴 넥타이는 작업 시 안전에 위험이 있기 때문이다.

The reason he wears bowties **is** long ties are a safety hazard
　　　　　주어　　　　　　　　　　　　　　동사

in his work.

➡ 주어를 수식하는 절은 he wears bowties이다.

Better Writer

Now that 주어+동사는 '이제 ~이니까/하니까'라는 뜻으로, 원인과 결과(cause and effect)의 관계입니다. Now that이 원인이고, 주절이 결과가 됩니다. because of는 '~때문에'라는 뜻으로, 뒤에 명사 형태가 오므로 뒤에 절을 쓰는 because와 비교하며 적절하게 선택해서 쓰면 됩니다.

• **Now that you've attended** the training, do you feel better prepared for the job?
  네가 이제 직무 교육을 받아 보니까 업무 준비가 더 잘된 기분이야?

• Air flights were canceled **because of heavy rains**.
  모든 항공편이 폭우 때문에 취소되었다.

표현 영작

주어진 내용을 바탕으로 대화에 맞게 문장을 완성해 보세요.

1. A I'm not sure why my dog is using the bathroom in the house.

   B Maybe it's _____ sick.
   Why not take her to the vet?   * get sick 병이 들다(시제 주의)

   A: 내 개가 왜 집 화장실을 쓰는지 확실히 모르겠어(평소와 다른 행동을 보임).
   B: 개가 아파서 그럴 수도 있어. 수의사한테 데려가 보지 그래?

2. A What _____ our
   work method to a new system?   * 의문문이므로 주어, 동사의 순서에 유의할 것

   B The reason is it is more flexible in dynamic situations.

   A: 우리가 새 시스템으로 작업 방법을 바꾸고 있는 이유가 뭐죠?
   B: 이유는 역동적인 상황에서 좀 더 유연하기 때문이에요.

3. A Are you still going camping this weekend?

   B I don't think I will, _____ to
   move through the area.   * storm 폭풍 predict 예상하다

   A: 너 이번 주말에 캠핑 가는 거 아직 유효한 거야?
   B: 나 못 갈 것 같아. 폭풍이 그 지역을 지나갈 거라고 예상되고 있어서.

4. A Why is this company taking applications without names on
   them?

   B _____ it is better
   at reducing implicit bias.   * remove 제거하다

   A: 이 회사가 지원서에 이름을 안 쓰게 하고 받는 이유가 뭐야?
   B: 이름을 없애고 있는 이유는 숨어 있는 편견을 줄이기에 좋기 때문이야.

문장 영작

주어진 힌트를 참고하여 다음 한글을 영작해 보세요.

1. 우리 인구가 나이가 들어가기 때문에 더 많은 노인병 전문의가 요구될 거야.

_____

Hint geriatric 노인병의   specialist 전문의   require 요구하다   population 인구   age 나이가 들다

2. 그녀가 음악을 듣고 있는 이유는 그녀가 집중할 수 있게 도와주기 때문이야.

_____

Hint listen to ~을 듣다   focus 집중하다   *help는 뒤에 to 동사원형 또는 동사원형 둘 다 쓸 수 있다.

3. 내가 아프리카로 여행을 와 보니 아프리카에 대해서 좁은 견해를 갖고 있었다는 걸 깨달았어.

_____

Hint realize 깨닫다   narrow 좁은   opinion 의견, 견해
      *Now that이 쓰였으므로 realize는 현재시제임에 유의할 것

4. 경제가 움츠러들고 있기 때문에 정부가 세금을 줄이고 있는 겁니다.

_____

Hint government 정부   reduce 줄이다   economy 경제   shrink 움츠러들다

5. 내가 몸무게가 빠지고 나니까 훨씬 더 건강한 느낌이야.

_____

Hint lose weight 체중이 빠지다   healthy의 비교급 사용   *Now가 쓰였으므로 시제에 유의할 것

소셜 미디어와 메신저

힌트와 한글을 보고 빈칸에 영어로 써 보세요.

Fortin
Fri PM 12:25

Seemingly unpopular candidate wins Congressional election!
겉보기에는 인기 없던 후보자가 의원 선거에서 승리하다!

_____

_____

이런 바보들 때문에 우리 나라가 국제적인 조롱거리가 되고 있는 거라고.

Don't be so hyperbolic. In two years things will be different again.
너무 그렇게 과장하지 마세요. 2년 후엔 다시 달라질 거니까요.

_____

_____

이제 선거를 치렀으니 여기에 얼마나 많은 멍청이들이 살고 있는지 우리가 알 수 있겠군.

Wow. You guys seem really upset over a local race.
와. 지역 선거 때문에 당신들 정말 화가 났나 보네요.

Hint fool 바보   like this 이렇게, 이와 같은   become ~이 되다   international 국제적인
joke 우스개, 농담   have an election 선거를 치르다   know 알다   idiots 바보, 멍청이

Unit 26

불만, 문제 제기

• •

I'd like to complain about ~에 대해 불만 사항을 말하고 싶다
I'm afraid there is a problem with ~에 문제가 있는 것 같다

불만 사항에 대해 말하거나 문제 제기를 할 때 쓰는 표현입니다. 나의 잘못이 아니라 누군가의 잘못으로 내가 피해를 본다면 당연히 불만을 표하거나 문제 제기를 해야겠죠. 두 표현 끝에 각각 전치사 about과 with가 있으므로 그 뒤에 불만 요소에 해당하는 명사를 쓰면 됩니다. 그럼 적절한 불만 제기를 통해 나에게 주어진 권리를 찾으시기 바랍니다.

STEP 01 어순 연습

한글 뜻과 힌트를 보고 순서에 맞게 써 보세요.

● 학회에 쓸 홍보 자료에 문제가 있는 것 같아요.

the promotional materials / there is / I'm afraid / a problem with / for the conference

_____

_____

Hint 유감스러운 내용을 전할 때 I'm afraid라고 한다.

● 식사에 대해 불만을 제기하고 싶은데요. 저희 자리에 음식이 식어서 왔어요.

it arrived / complain / I'd like to / about the meal − / to our table cold

_____

_____

Hint 불만 사항을 하이픈(-) 이후에 말하고 있다.

344
Part 02. 기능편

> **I'd like to complain about 명사**
> ~에 대해 불만 사항을 말하고 싶다

1 서비스에 불만이 있다고 말하고 싶은데 그럴 수가 없네요. 완벽했어요!

I'd like to complain about the service, **but I can't. It was**
주어+동사

perfect!

➡️ I would like to는 '~하고 싶다'라는 뜻이며 뒤에는 동사원형을 써서 complain이 나왔다.

2 제 방의 불만 사항에 대해 말하고 싶은데요. 담배 냄새 같은 게 나요.

I'd like to complain about my room. **It smells like cigarette**
주어+동사

smoke.

➡️ 전치사 about 뒤에 명사구 my room을 썼다.

3 구내 식당의 채식 식단 부족에 대해 불만 사항을 말하고 싶은데요.

I'd like to complain about the lack of vegetarian options **in the**
주어+동사

cafeteria.

➡️ the lack of vegetarian options를 모두 묶어서 명사 형태로 썼다.

I'm afraid there is a problem with 명사
~에 문제가 있는 것 같다

1 새 회계 소프트웨어에 문제가 있는 것 같아요.

I'm afraid there is a problem with the new accounting software.
주어+동사

➡ I'm afraid는 유감스러운 내용이나 꺼려하는 말을 전할 때 붙이는 말이다. There은 특별한 뜻이 없이 문장을 이끄는 역할을 하는데 There is+주어의 형태로 쓴다.

2 4층에 있는 자판기에 문제가 있는 것 같아요.

I'm afraid there is a problem with the vending machine **on the**
주어+동사
fourth floor.

➡ with 뒤에 명사 형태를 써서 the vending machine이 나왔다.

3 지난 주에 구입한 믹서기에 문제가 있는 것 같아요.

I'm afraid there is a problem with the blender **I purchased**
주어+동사
last week.

➡ I purchased last week가 뒤에서 the blender를 수식하는 구조이다.

✎ Better Writer

불만을 표시하는 다른 표현으로는 '~에게 불만을 제기하다'라는 뜻의 make a complaint to someone이 있습니다. 동사 complain을 단순히 동사+명사 형태인 make a complaint로 바꿨다고 생각하면 됩니다.

- In the case of harassment, it is important to **make a complaint to Human Resources.**
  괴롭힘이 있을 경우, 인사과에 불만을 제기하는 것이 중요하다.
- You can **make a complaint to the government** through this website.
  이 웹사이트를 통해 정부에 불만을 제기할 수 있습니다.

표현 영작

주어진 내용을 바탕으로 대화에 맞게 문장을 완성해 보세요.

1. A _____ that

was delivered this morning.

* the order 주문, 주문품

B I'm sorry. What seems to be the problem, exactly?

A: 오늘 아침에 배송된 주문품에 문제가 있는 것 같아요.

B: 죄송합니다. 정확하게 뭐가 문제인 것 같나요?

2. A _____ in

the office.

* temperature 온도

B Certainly. What seems to be the problem?

A: 사무실 온도에 대해 불만 사항을 말하고 싶은데요.

B: 그러신가요. 뭐가 문제인 것 같나요?

3. A _____

B Oh? What did you find?

* production 생산

A: 생산 일정에 문제가 있는 것 같아요.

B: 그래요? 찾아낸 게 뭐죠?

4. A Good afternoon. How can I help you?

B _____ on

my car.

* detailing 세부 장식

A: 안녕하세요. 어떻게 도와드릴까요?

B: 제 차 세부 장식에 대해 불만 사항을 말하고 싶은데요.

STEP 04 문장 영작

주어진 힌트를 참고하여 다음 한글을 영작해 보세요.

1. 이 카페의 와이파이 속도에 불만이 있는데요.

_____

> **Hint** wifi 와이파이   in this cafe 이 카페에 있는

2. 당신의 웹사이트에 있는 등록 페이지에 문제가 있는 것 같아요.

_____

> **Hint** registration 등록

3. 서비스가 불만족스러울 때는 항의하는 것이 중요합니다.

_____

> **Hint** be dissatisfied with ~에 불만족스러운

4. 고속도로에서 과속하는 버스 운전사에 대해 불만 사항을 말하고 싶어요.

_____

> **Hint** speed 과속하다   highway 고속도로

5. 손님의 신용카드에 문제가 있는 것 같아요.

_____

* 주인이 손님에게 직접 말하는 상황으로 간주하여 알맞는 소유격을 쓸 것

소셜 미디어와 메신저

힌트와 한글을 보고 빈칸에 영어로 써 보세요.

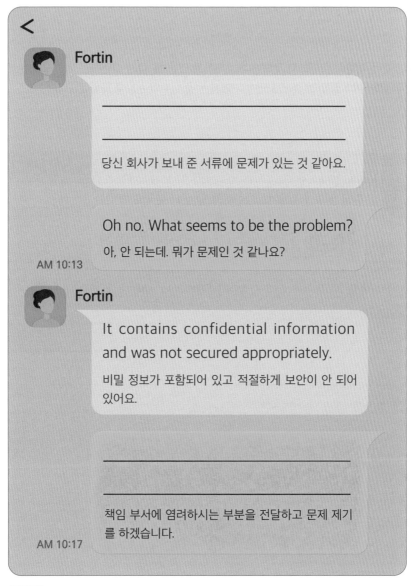

Fortin

_____

_____

당신 회사가 보내 준 서류에 문제가 있는 것 같아요.

Oh no. What seems to be the problem?

아, 안 되는데. 뭐가 문제인 것 같나요?

AM 10:13

Fortin

It contains confidential information and was not secured appropriately.

비밀 정보가 포함되어 있고 적절하게 보안이 안 되어 있어요.

_____

_____

책임 부서에 염려하시는 부분을 전달하고 문제 제기를 하겠습니다.

AM 10:17

Hint document 서류   send over 보내다(시제 유의할 것) pass on 전달하다, 넘겨 주다
concerns 염려   complaint 불만, 문제 제기 responsible 책임지고 있는, 책임이 있는
department 부서

Unit 27 설명, 해명

What I mean is 내 말뜻은 ~이다
All I am saying is 내가 하려는 말은 ~이다

내가 말한 것을 상대방이 이해하지 못하거나 오해하고 있을 때 다시 설명하기 위해 말하는 표현입니다. 두 표현 모두 뒤에 구나 절을 쓸 수 있지만 여기에서는 절 위주의 문장을 다루겠습니다.

STEP 01 어순 연습

한글 뜻과 힌트를 보고 순서에 맞게 써 보세요.

- 제 말은 저 두 무늬가 서로 잘 어울릴 것 같지 않다는 말이에요.
  those two patterns / is / what I mean / go very well / I don't think / together

  _____

  _____

  > **Hint** What I mean is 뒤에 절을 써서 주어, 동사가 나온다.

- 제가 하려는 말은 우리가 공급업체에 전화해서 어떻게 돼 가고 있는지 알아보자는 거예요.
  call the supplier / and find out / we should / all I'm saying / what's going on / is

  _____

  _____

  > **Hint** All I'm saying is 뒤에 절을 써서 주어, 동사가 나온다.

구조 파악

본격적인 영작에 앞서 자세한 설명을 읽어 보세요.

What I mean is 주어+동사
내 말은 ~라는 뜻이다

1 내 말은 음식에 그렇게 돈을 많이 쓰면 장식은 할 수 없다는 뜻이야.

<u>What I mean</u> is **if we spend that much on food we can't have**
　주어　　　　　　동사
decorations.

➡ 의문사 what을 써서 명사절이 주어 역할을 하고 있다.

2 Solvi의 말은 우리 쪽 관람객이 우리 축제 대신에 다른 축제에 참석할 것 같다는 뜻이야.

<u>What Solvi means</u> is **our audience is more likely to attend the**
　　　주어　　　　　　동사
other festival instead.

➡ Solvi가 3인칭 단수이므로 means를 썼다.

3 이 말은 고용 동결이 있을 수도 있을 거라는 뜻이야.

<u>What this means</u> is **there will probably be a hiring freeze.**
　　주어　　　　　　동사

➡ 주어 this는 사람이 아니라 일종의 대중 매체를 두고 하는 말이다.

All I am saying is 주어+동사
내가 하려는 말은 ~이다

1 내가 하려는 말은 다른 방법이 분명 있을 거라는 말이야.

All I am saying is there must be another way.
　　주어　　　　　　　　　　　동사

➡ I am saying이 뒤에서 주어인 All을 수식하고 있다. is 뒤는 there 구문이므로 be가 동사, another way가 주어이다.

2 Julian이 하려는 말은 더 이상의 투자 없이는 프로젝트가 완료될 수 없다는 거예요.

All Julian is saying is that without more investment the
　　주어　　　　　　　　　　　동사
project can't be completed.

➡ All someone says is (that)에서 that은 생략하지 않고 쓸 수도 있다. that절에서 부사구 without more investment가 주어, 동사 앞에 나왔다.

3 Aubrey가 하려는 말은 그녀가 주말에는 시간이 안될 거라는 거예요.

All Aubrey is saying is she won't be available that weekend.
　　주어　　　　　　　　　　　동사

➡ All Aubrey is saying is 뒤에 that절의 주어, 동사로 she won't be가 나왔다.

📝 Better Writer

What I am getting at is (that)은 자신이 상대방에게 설명한 것의 요지를 다시 말하면서 정확하게 의도를 전달하기 위해 하는 말로, '내가 말하려고 하는 것은 ~이다'라는 뜻입니다.

- **What I'm getting at is** if we don't change our strategy, we're going to lose.
  내가 말하려고 하는 건 전략을 바꾸면 우리가 질 거라는 거예요.

- **What Samuel is getting at is that** there isn't time to delay making a decision.
  Samuel이 말하려고 하는 건 결정을 미룰 시간이 없다는 거예요.

표현 영작

주어진 내용을 바탕으로 대화에 맞게 문장을 완성해 보세요.

1. A Are you saying it's my fault we lost the account?

B _____ more than a quality

product to keep people happy.   * take 필요하다

A: 우리가 고객을 잃은 게 나의 잘못이라고 말하는 거예요?

B: 내 말에 질 좋은 제품을 만드는 것보다 사람들을 기쁘게 해 주는 것이 더 많은 수고가 필요하다는 거예요.

2. A What do you mean, "maybe we should see other people"?

B _____ very

happy in this relationship.   * seem ~인 것 같다

A: "우리가 다른 사람들을 만나 보는 게 좋을지도 모르겠다"라는 게 무슨 말이야?

B: 내가 하려는 말은 이 관계에서 네가 아주 행복해 보이지 않는 것 같다는 뜻이야.

3. A Are you saying that you expect us to fail?

B _____ setbacks

on the path to success.   * probably 아마도 experience 경험하다

A: 너는 내가 실패할 거라고 생각한다는 거야?

B: 내 말은 우리가 성공으로 가는 길에서 차질을 겪을 수도 있을 거라는 뜻이야.

4. A I don't understand if you're upset or happy.

B _____ to adjust

our expectations.

A: 네가 화가 난 건지 기쁜 건지 알 수가 없어.

B: 내가 하려는 말은 우리가 서로한테 하는 기대를 조정할 필요가 있다는 거야.

문장 영작

주어진 힌트를 참고하여 다음 한글을 영작해 보세요.

1. 내 말은 우리가 가능한 다른 선택이 없다는 뜻이야.

_____

(Hint) any other 어떠한 다른   available 이용할 수 있는

2. 제가 하려는 말은 학회에 저 발표자를 섭외할 자금이 충분치 않다는 거예요.

_____

(Hint) funding 자금   hire 고용하다   conference 학회   *All I'm saying을 사용할 것

3. 내가 말하려는 건 아무도 결과가 어떻게 나올지 모른다는 거야.

_____

(Hint) be going to ~할 것이다   turn out 결과가 나오다/나타나다
*What I'm getting at을 사용할 것

4. 내 말은 때로는 올바른 결정이 어려운 것(결정)이라는 뜻이야.

_____

(Hint) hard 어려운   *decision의 반복을 피하기 위해 대명사를 쓴다.

5. 내가 하려는 말은 우리가 노력하지 않으면 알 수 없을 거라는 거야.

_____

(Hint) unless ~하지 않으면   * All I am saying을 사용할 것

My Performance Art: It's all pointless anyway.

나의 행위 예술: 어쨌든 모든 것은 무의미하다.

124,254 Views

👍 👎 ➡ ⬇ ≡+

Fortin
Premiered Dec 11, 2019

▶ SUBSCRIBE 2.2M

805 Comments ≡ SORT BY

_____

_____ I don't understand.

이 영상에서 말하려고 하는 것이 뭐죠? 이해를 못하겠어요.

Well, that was confusing. What was that about?

그것 참 헷갈리네요. 저건 뭐에 관한 거죠?

I think _____

_____

제 생각에 그녀의 말은 인생은 완전히 무의미하다는 거예요.

Was this some conceptual art or something? I don't get it.

개념 미술이나 뭐 그런 건가요? 뭔지 잘 모르겠어요.

Hint utterly 완전히   meaningless 무의미한

* 의문사+동사+주어의 순서로 쓴다.

결과

so 형용사/부사 that   너무 ~해서 ~하다
such (a) 형용사+명사 that   너무 ~해서 ~하다

원인과 결과를 말하는 표현입니다. 원인은 that절 앞에 쓰고 that절에는 결과에 대한 내용을 씁니다. 기본적으로 so 다음에는 형용사나 부사가 올 수 있고, such 다음에는 형용사와 명사가 옵니다. 명사가 셀 수 있는 명사인지 아닌지에 따라 관사의 여부도 달라집니다.

STEP 01 어순 연습

한글 뜻과 힌트를 보고 순서에 맞게 써 보세요.

● 칠면조가 너무 맛있어서 남은 게 하나도 없었어요.

there weren't / so delicious / that / the turkey was / any leftovers

_____

_____

> Hint   so는 형용사를 꾸미며, that절에는 결과에 해당하는 내용이 들어간다.

● 너무 박빙의 경기여서 연장에 세 번을 들어갔어.

they went into / a close match / triple overtime / such / that / it was

_____

_____

> Hint   such는 형용사와 명사를 꾸미며, that절에는 결과에 해당하는 내용이 들어간다.

구조 파악

본격적인 영작에 앞서 자세한 설명을 읽어 보세요.

so 형용사/부사 that 주어+동사
너무 ~해서 ~하다

1 아이는 너무 아파서 선물조차 열어 보고 싶어 하지 않았다.

The child **was** so **ill** that she didn't even want **to open her**
　　주어　　　동사　　형용사
presents.

➡ 너무 아프다는 내용의 주절이 원인이고 that절이 결과이다.

2 Simon은 시험 후에 너무 지쳐서 먹지도 않고 잠자리에 들었다.

Simon **was** so **exhausted** after the exam that she went **to**
　주어　　동사　　　형용사
bed without eating.

➡ 너무 지쳤다는 내용의 주절이 원인이고 that절이 결과이다.

3 모든 것이 너무 많이 변해서 내 고향 마을을 거의 알아볼 수 없었다.

Everything **changed** so **much** that I could barely recognize
　　주어　　　　동사　　　　부사
my home town.

➡ 너무 많이 변했다는 내용의 주절이 원인이고 that절이 결과이다. so 뒤에 부사가 쓰인 경우
이다.

such (a) 형용사+명사 that 주어+동사
너무 ~해서 ~하다

① Shahnaz는 일관성이 너무 없는 발표를 해서 아무도 요점을 이해하지 못했다.

Shahnaz gave such a disjointed presentation **that none**
　　주어　　동사　　　　　　　　形容詞　　　　명사

understood the main points.

➡️ 일관성 없는 발표를 했다는 내용의 주절이 원인이고 that절이 결과이다. presentation이 단수명사여서 a를 썼다.

② Florianne은 너무나 능숙한 선장이어서 거친 바다조차 평온하게 느껴졌다.

Florianne was such a skilled captain **that even rough seas felt**
　　주어　　동사　　　　　　形容詞　　명사

smooth.

➡️ 능숙한 선장이라는 내용의 주절이 원인이고 that절이 결과이다. caption이 단수명사여서 a를 썼다.

③ 그 남자는 매너가 너무나 좋아서 모든 이가 그를 좋아한다.

The man has such fine manners **that everyone likes him.**
　주어　　동사　　　形容詞　　명사

➡️ 매너가 좋다는 내용의 주절이 원인이고 that절이 결과이다. manners가 복수명사여서 관사를 쓰지 않았다.

✏️ Better Writer

Thanks to Noun, 주어 + 동사는 '~덕분에 ~했다'라는 뜻으로서 ~때문에 어떠한 결과가 나타났다는 말입니다. thanks to 뒤에는 사람과 사물 모두 쓸 수 있습니다. 문장의 앞이나 뒤에 위치할 수 있습니다.

- We're able to raise over $100,000 **thanks to your help and donations.**
  여러분의 도움과 기부금 덕분에 10만 달러를 모을 수 있었습니다.

- **Thanks to the latest innovations** in footwear, **these shoes require** no additional waterproofing.
  신발류에 일어난 최근의 혁신 덕분에 이 신발들은 추가적인 방수를 필요로 하지 않는다.

- **Thanks to our logistics capabilities, packages arrive** on time 98.5% of the time.
  저희의 물류 능력 덕분에 98.5%의 소포가 제시간에 도착합니다.

1. A I heard you didn't make your trip to Greece.

   B The flu came on _____ time to reschedule the flight.

   A: 너 그리스 여행 못 갔다고 들었어.
   B: 독감이 갑자기 들어서 항공편 일정을 조정할 시간이 없었어.

2. A Beate was _____ to bring me soup!

   B What a kind friend to take care of you when you're feeling sick.

   A: Beate는 너무 착해서 나한테 스프를 가져다줄 생각까지 했어!
   B: 네가 아플 때 널 돌봐 주다니 정말 착한 친구네.

3. A James is _____ me to work today.

   * thoughtful 사려 깊은

   B How kind! The weather is absolutely horrible today.

   A: James는 정말 사려 깊은 사람이어서 오늘 회사까지 태워다 줬어.
   B: 정말 착하네! 오늘 날씨가 완전 끔찍했거든.

4. A The original delivery was _____ a second supplier.

   * contact 연락하다

   B Oh dear. That must have been expensive.

   A: 최초 배송이 너무 늦어져서 두 번째 공급업체에 연락해야 했어.
   B: 아이고. 비용이 많이 들었겠다.

문장 영작

주어진 힌트를 참고하여 다음 한글을 영작해 보세요.

1. Thomas는 너무나 후한 사람이어서 금요일에 모든 사람에게 점심을 샀어.

_____

Hint generous 후하다

2. 너무나 아름다운 콘서트여서 Max는 울고 말았어.

_____

3. Timberwolf 기업과의 동업 덕분에 우리 비용이 10%나 감소했어요.

_____

Hint partnership 동업   Enterprises 기업   cost 비용   reduce 줄이다

4. 그건 너무 비싼 바이올린이어서 나는 그것을 특별히 신경을 쓴다.

_____

Hint take special care of 특별히 신경 쓰다

5. 새로운 기술 덕분에 삶이 훨씬 더 편리해졌습니다.

_____

Hint convenient 편리한   technology 기술   *현재완료를 사용할 것

STEP 05 — 소셜 미디어와 메신저

힌트와 한글을 보고 빈칸에 영어로 써 보세요.

Instagram

Fortin
hapjeong, Seoul

Real world or imaginary world?
현실 세계 아니면 상상의 세계?

_____

_____

이 사진은 너무 믿기 어려울 정도여서 내가 직접 이 장소를 가서 봐야겠어.

What a great shot. Is this really #nofilter?
정말 잘 찍었네요. 이거 정말 필터 없이 찍은 건가요?

_____

_____

당신 덕분에 제 버킷 리스트에 새 항목이 생겼어요!

Are you sure this isn't photoshopped? I can hardly believe my eyes!
이거 정말 포토샵을 한 거 아니에요? 제 눈을 믿을 수가 없어요!

Hint unbelievable 믿을 수 없는 go see 가서 보다 for myself 직접 item 항목

Unit 29 조건

in case of 명사/동명사　~일 경우
only if 주어+동사　~할 때에만

조건과 관련된 표현을 다루도록 하겠습니다. in case of는 '만약 어떤 일이 일어난다면'이라는 뜻으로 뒤에 명사나 동명사를 써 줍니다. only if는 '~할 때에만'이라는 뜻으로 어떤 일이 일어나기 위한 단 한 가지 조건에 대해 말하고 있습니다.

STEP 01 어순 연습

한글 뜻과 힌트를 보고 순서에 맞게 써 보세요.

- 이 접시들은 우리가 손님을 맞이하게 될 때만 사용하는 거예요.

  only if / we have / are to be used / these dishes / company over

  _____

  _____

  Hint in case of는 전치사이므로 명사와 함께 쓰인다.

- 비상 상황이 발생할 경우, 가장 가까운 출구는 방 뒤쪽에 있습니다.

  is at the rear / emergency, / of the room / the nearest exit / in case of

  _____

  _____

  Hint only if는 '~일 때에만'이라는 뜻으로 주어, 동사와 함께 쓴다.

구조 파악

본격적인 영작에 앞서 자세한 설명을 읽어 보세요.

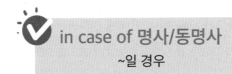

in case of 명사/동명사
~일 경우

1 고장이 날 경우, 경보 단추를 누르고 이 번호로 전화를 하세요.

In case of breakdown, <u>press</u> the alarm button and call this
동사

number.

➡ in case of 뒤에 명사 형태가 쓰이므로 breakdown이 나왔다. in case of는 문장의 처음과
끝에 선택적으로 올 수 있다.

2 그들은 비가 올 경우에 호텔로 다시 돌아올 거예요.

<u>They</u> <u>will come back</u> to the hotel in case of rain.
주어　　동사

➡ in case of 뒤에 명사 rain을 썼다. 문장 끝에 위치해 있다.

3 화재가 났을 경우 소방서에 전화해야 한다.

<u>You</u> <u>should call</u> the fire department in case of fire.
주어　동사

➡ in case of 뒤에 명사 fire를 썼다. 문장 끝에 위치해 있다.

only if 주어+동사
~할 때에만

1 누군가가 심각한 사고가 났을 때만 저에게 전화를 하세요.

Please call me only if someone has **a serious accident.**
　　　동사

➡ 나에게 전화를 하는 유일한 조건은 누군가가 심각한 사고가 났을 때이다.

2 다른 사람이 아무도 시간이 안 된다면 제가 교대 근무를 맡을게요.

I'll take the shift only if no one else is **available.**
　　　주어+동사

➡ 교대 근무를 맡는 유일한 조건은 아무도 시간이 안 될 경우이다.

3 Anima는 하루 더 유급 휴가를 받을 경우에만 통역가로서 봉사를 할 것이다.

Anima will serve as interpreter only if she gets **an extra day of**
　주어　　동사

paid holiday.

➡ 통역가로서 봉사하는 유일한 조건은 하루 더 유급 휴가를 받는 것이다.

Better Writer

as long as 주어+동사는 '~하는 한은, ~하기만 하면'이라는 뜻으로 only if와 유사한 뜻을 가지고 있습니다. in case 주어+동사는 '~할 때를 대비해서'라는 뜻으로서 일어날 가능성이 있는 일을 대비해서 예방책을 말할 때 쓰는 표현입니다.

- We can anticipate an annual raise **as long as** Avery is in charge.
  Avery가 책임자로 있는 한 우린 연봉 인상을 기대할 수 있어.

- **In case** you are uncertain what to do, please use the search function.
  어떻게 해야 할지 확실치 않을 땐, 검색 기능을 사용하세요.

- The manual is on the top shelf **in case** you need to refer to it.
  매뉴얼을 참고해야 할 때를 대비해 맨 위 선반에 뒀어.

표현 영작

주어진 내용을 바탕으로 대화에 맞게 문장을 완성해 보세요.

1. A What should I do if we lose power?

B _____ the backup generator

will turn on.   * power loss 정전

A: 전원이 나가면 우리 어떻게 해야 하지?

B: 정전이 될 경우, 보조 발전기가 켜질 거야.

2. A Is the movie still going to be in theaters next week?

B _____ really well by Wednesday.

A: 그 영화 다음 주에 영화관에서 계속 상영할까?   * do well 잘 하다

B: 수요일까지 영화가 정말 잘될 경우에만이지.

3. A Should I leave this on the stove?

B Yes, but please watch it _____

A: 이거 레인지에 놔둬도 돼?

B: 응, 근데 탈 수도 있으니까 지켜봐 줘.

4. A Should I throw this away?

B _____ anymore and

can't be repaired.   * work 작동하다

A: 이거 버려야 하나?

B: 더 이상 작동이 안되고 수리도 안될 때만.

문장 영작

주어진 힌트를 참고하여 다음 한글을 영작해 보세요.

1. 기내 기압이 떨어질 경우, 산소 마스크가 여러분 위의 패널에서 떨어질 겁니다.

_____

Hint loss 손실 cabin pressure 기내 압력 oxygen mask 산소 마스크 from the panel 패널에서 above 위

2. 기계를 정확하게 사용할 수 있게 교육받은 경우에만 이 기계를 사용하세요.

_____

Hint please 정중하게 부탁할 때 사용하는 말 train 교육받다 correctly 정확하게

3. 땅에 아직 눈이 있을 때를 대비해 차에 겨울용 타이어를 쓰세요.

_____

Hint still 여전히 ground 땅 winter tire 겨울용 타이어

4. 우리가 가진 게 완전히 다 팔릴 때만 주문을 더 해 주세요.

_____

Hint please 정중하게 부탁할 때 사용하는 말 what we have 우리가 가진 것 sell out 매진되다

5. 냉장고에 음식이 있는 한은 너 그거 먹어도 괜찮아.

_____

Hint fridge 냉장고 be welcome to ~해도 좋다

소셜 미디어와 메신저

힌트와 한글을 보고 빈칸에 영어로 써 보세요.

Fortin
Sun PM 14:51

Your emergency shelter looks prepared for anything!
당신의 비상 대피소가 뭐든 준비가 다 된 것처럼 보이네요.

_____

_____

좀비의 대재앙이 있을 경우, 전 당신이 있는 곳으로 갈 거예요.

_____

_____

당신이 먹을 음식을 갖고 오기만 하면요!

That's an impressive stash. I know where I'm going in an emergency.
비축해 둔 게 대단하네요. 비상 상황 시 제가 어디로 가야 할지 알겠어요.

Hint zombie apocalypse 좀비 대재앙 place 장소 bring 가져오다 own food 자신이 먹을 음식

* 현재진행 시제가 미래시제를 대신하는 것에 유의해서 go를 사용할 것

Unit 30

구성 요소

A consist of B   A는 B로 구성되어 이루어져 있다
A include B   A는 B를 포함한다

문장의 주어가 무엇으로 구성되어 있는지, 무엇을 포함하고 있는지를 말할 때 쓰는 표현입니다. 두 표현 모두 진행형으로는 쓰지 않는다는 점, consist of는 수동형이 아닌 능동형으로 써야 한다는 점을 염두에 두세요. include는 수동형으로 쓸 수 있지만 B is included in A와 같은 형태로 써야 합니다.

STEP 01 | 어순 연습

한글 뜻과 힌트를 보고 순서에 맞게 써 보세요.

● 모든 물질은 원자로 구성되어 있는데 이것은 육안으로 보이지 않는다.

which are invisible / consists of / all matter / atoms, / to the naked eye

_____

_____

Hint   which는 atoms를 지칭한다.

● 이 과정의 주제는 초기, 중기, 그리고 르네상스 역사를 포함한다.

Early, Middle and Renaissance / for this course / topics / history / include

_____

_____

Hint   topics가 주어이다.

구조 파악

본격적인 영작에 앞서 자세한 설명을 읽어 보세요.

A consist of B
~A는 B로 구성되어/이루어져 있다

1 호박 파이는 호박, 우유, 달걀, 설탕, 그리고 양념으로 되어 있다.
<u>Pumpkin pie</u> <u>consists of</u> pumpkin, milk, eggs, sugar, and
　주어　　　　　동사
spices.

➡ 구성되다, 이루어지다라는 뜻 때문에 수동형으로 착각하기 쉬우나 항상 능동형으로 쓴다.

2 백서의 표지는 제목, 저자 이름, 날짜, 그리고 회사명으로 이루어져 있다.
<u>The white paper cover page</u> <u>should consist of</u> a title, authors'
　　　　　　주어　　　　　　　　　　　동사
names, date, and company.

➡ consist of 뒤에는 명사 형태를 쓴다.

3 자전거 차체의 모든 부품은 크로몰리강으로 되어 있다.
<u>All parts</u> of the bicycle frame <u>consist of</u> chromoly steel.
　주어　　　　　　　　　　　　　　동사

➡ 현재분사 형태인 consisting of로도 자주 쓰인다. 예를 들어 A book trilogy is a series
consisting of three books(3부작 도서는 3권으로 이뤄진 시리즈이다).

A include B
A는 B를 포함한다

1 점심 선택 메뉴는 샌드위치, 수프, 그리고 샐러드 종류를 포함한다.

<u>Options</u> for lunch <u>include</u> sandwich, soup and salad selections.
     주어   동사

➡ include는 진행형 시제로 쓰지 않는다.

2 발생 가능한 부작용으로는 시야 흐림과 호흡 곤란이 포함된다.

<u>Possible side effects</u> <u>include</u> blurred vision and shortness of
       주어   동사
breath.

➡ B가 A에 속한다고 바꿔 쓴다면 B is included in A라고 쓸 수 있다. 예를 들어 Batteries are not
included in the package. (배터리는 패키지에 포함이 되지 않는다)

3 전통 미국식 저녁은 고기, 감자, 그리고 채소를 포함한다.

<u>The traditional American dinner</u> <u>includes</u> meat, potatoes and
          주어   동사
a vegetable.

➡ 동사가 아닌 전치사 including의 형태로 쓰이는 경우가 많다. 예를 들어 It is $100 including
tax. (세금을 포함하여 100달러이다)

✏ Better Writer

주어+range from A to B는 '~의 범위가 A부터 B까지 이르다'라는 뜻으로 어떤 것의 전체 범위를 나타
낼 때 쓸 수 있습니다. 그 범위로는 수나 양, 종류 등이 나올 수 있습니다.

- Sizes available **range from** XXS **to** XXXL.
  구입 가능한 사이즈는 XXS부터 XXXL 에 이른다.

- Professional basketball players have **ranged in height from** 160 **to** 231cm.
  프로 농구 선수의 신장은 160부터 231까지에 이른다.

표현 영작

주어진 내용을 바탕으로 대화에 맞게 문장을 완성해 보세요.

1. A   Who's on the board of directors?

   B   _____ twelve people from a
      variety of industries.

   A: 이사회에 속한 사람들은 누구예요?
   B: 이사회는 다양한 산업 분야에 속한 12명의 사람들로 구성되어 있어요.

2. A   Did you get the results of your allergy test back yet?

   B   Yes, and _____ some rather
      common items like eggs and wheat.

   A: 알레르기 테스트 결과 아직 못 받았어?
   B: 응, 그리고 목록에는 달걀하고 밀가루 같은 꽤 흔한 항목이 포함돼 있어.

3. A   What do you eat on a ketogenic diet?

   B   _____ plants and animal protein.

   A: 케톤체 생성 식단(저탄수화물 고지방)에선 뭘 먹어요?
   B: 그 식단은 주로 식물하고 동물성 단백질로 구성되어 있어요.

4. A   My list of things to pick up for Thanksgiving is pretty long.

   B   Does _____ sweet potatoes and green
      beans?

   A: 추수 감사절에 사야 할 물품 목록이 꽤 길어.
   B: 고구마랑 그린빈도 포함되어 있어?

1. 이 겨울 장비의 선택 사항은 기본, 스포츠, 그리고 고급 패키지로 이루어져 있습니다.

_____

Hint option 선택 사항　gear 장비　luxury 고급

2. 어떤 선택 사항은 빨간색이나 파란색 형태의 드레스를 포함합니다.

_____

Hint option 선택 사항　version 형태

3. 저희 차량은 크기에 있어서 소형차에서부터 대형 트럭까지 이릅니다.

_____

Hint vehicle 차량　in size 크기에 있어서　subcompact 소형　full-size 대형

4. 최종 제품은 100% 재활용 재료로 구성될 겁니다.

_____

Hint recycled material 재활용 재료

5. 저희 제품 구성은 고양이와 강아지 둘 다를 위한 장난감을 포함하고 있습니다.

_____

Hint product lineup 제품 구성　both 둘 다

소셜 미디어와 메신저

힌트와 한글을 보고 빈칸에 영어로 써 보세요.

<

Fortin

The dish you brought to the potluck was great! What's in it?

포틀럭 파티에 네가 가져온 음식 맛있었어! 뭐가 들었어?

_____

_____

주로 뿌리 채소랑 양념으로 된 거야.

AM 11:15

Fortin

Can you share the recipe with me?

나한테 요리법 공유해 줄래?

Sure!_____

_____

물론! 채워 넣는 것들에는 냉장고에 있는 거 아무거나 들어가.

AM 11:19

Hint mostly 주로 root 뿌리 seasoning 양념 filling option 채워 넣는 선택 사항
whatever ~한 모든 것 have got 가지고 있다 fridge 냉장고

Unit 1. 정답

STEP 01. 어순 연습

1. It seems that you're going to win first prize this time.

2. This restaurant seems like a good place to have dinner.

STEP 03. 표현 영작

1. it seems that / like

2. seems to be

3. It seems like / that

4. It seems to be

STEP 04. 문장 영작

1. It seems like there isn't going to be an encore after all.

2. She seems to have caught a cold.

3. He seems like he isn't happy with the result.

4. It seems that there won't be enough time.

5. The dog seems to want to go outside.

STEP 05. 소셜 미디어와 메신저

- It seems like this image is out of focus.

- It's likely to be a mistake. / It seems to be a mistake.

Unit 2. 정답

STEP 01. 어순 연습

1. The call center representative was not sure how he should respond to his client's complaint.

2. The patient was not sure if she took the pill this morning.

STEP 03. 표현 영작

1. I'm not sure who

2. I'm not sure what

3. I'm not sure if

4. I'm not sure if

STEP 04. 문장 영작

1. I'm not sure if I have enough gas to get home.

2. She's not sure who will be available on Tuesday.

3. He's not sure if he'll be there on time.

4. They don't know where the musical will be performed.

5. She's not sure if there's a leak in the pipe.

STEP 05. 소셜 미디어와 메신저

- I'm not sure if I'll be working or not yet.

- I'm not sure who is going on the trip.

Unit 3. 정답

STEP 01. 어순 연습

1. I got interested in Yoga because it is said to be good for your body and mind.

2. He said he got interested in software development in high school.

STEP 03. 표현 영작

1. am interested in hearing

2. got interested in knitting

3. am interested in checking out

4. got interested in racquetball

STEP 04. 문장 영작

1. I got interested in baseball after attending a live game.

2. I lost interest in my job after our department got a new manager.

3. He started to get interested in Kumdo last spring.

4. They got interested in joining the club after watching a performance.

5. My boss is interested in getting feedback from his team.

STEP 05. 소셜 미디어와 메신저

• I got interested in Tidying Up with Marie Kondo

• Did you lose interest in keeping those clothes in your closet?

Unit 4. 정답

STEP 01. 어순 연습

1. I really enjoy talking to her because she makes me laugh all the time.

2. The coach had me go and pick up all the balls on the ground.

STEP 03. 표현 영작

1. make anyone do

2. have someone take

3. have you go over

4. make yourself feel

STEP 04. 문장 영작

1. I need to have a mechanic look at my transmission.

2. Can I have you take the boss to the airport next week?

3. He thinks buying a drink will make her go on a date.

4. She's trying to make him leave.

5. They've been trying to get the boss to agree to a holiday party.

STEP 05. 소셜 미디어와 메신저

• These tips will make me think more carefully when I write!

• This makes me want to study harder!

Unit 5. 정답

STEP 01. 어순 연습

1. The manager watched his staff call possible suppliers all afternoon.

2. The guide heard the sound of a distress whistle ringing in the valley below.

STEP 03. 표현 영작

1. saw the supervisor yelling

2. hear the storm crashing

3. noticed him going

4. noticed me coming

STEP 04. 문장 영작

1. Marsha observed the doctors talking about a patient, but she didn't hear a name.

2. Spencer heard a sound coming from the living room and went out to investigate.

3. The students watched their peers struggle against the opposing team.

4. The foreman observed his team installing the support beams.

5. Most of the audience felt joyful as the soprano's voice echoed through the auditorium.

STEP 05. 소셜 미디어와 메신저

• I feel excited that I'm going there soon!

• I can see myself having a lot of good food there.

Unit 6. 정답

STEP 01. 어순 연습

1. The boss must have given you a reason for denying your promotion.
2. She thought I must have been angry not to call her back right away.

STEP 03. 표현 영작

1. must have been
2. There must have been
3. The printer must have been
4. must have fallen

STEP 04. 문장 영작

1. You must not have gotten a good night's sleep last night.
2. It must have been difficult to adapt to living in a new country.
3. If they broke up, they must have been having problems.
4. He must have been using a dull knife while cooking if he cut himself.
5. The woman couldn't have committed the crime because she has an alibi.

STEP 05. 소셜 미디어와 메신저

- You must have been still drunk from last night!
- You must have been humiliated!

Unit 7. 정답

STEP 01. 어순 연습

1. He could have been a model to wear such clothes.
2. He may have changed his mind about our proposal.

STEP 03. 표현 영작

1. might / may / could have been
2. may / might / could have gone
3. could / may / might have been
4. could / may / might have been

STEP 04. 문장 영작

1. The train could have been late this morning.
2. There may have been a bug in the program.
3. It might not have been a good time for him.
4. She may not have been interested in a date.
5. It might have been easier just to call.

STEP 05. 소셜 미디어와 메신저

- Any idea what could have gone wrong?
- It may not have had anything to do with you

Unit 8. 정답

STEP 01. 어순 연습

1. I should have applied for the position in the sales department.
2. We should not have turned right at the last intersection.

STEP 03. 표현 영작

1. should have bought
2. should have submitted
3. shouldn't have sent
4. should have been turned in

STEP 04. 문장 영작

1. Marcel shouldn't have said anything to the team about the new policy yet.
2. It should have been ready last week.
3. You didn't have to go to the training if you

didn't want to.

4. All requests for holiday leave should have been submitted last week.

5. It should have been a simple task, but we didn't have the right tools.

STEP 05. 소셜 미디어와 메신저

- The microphone should have been closer

- I think I had to pay more attention in high school.

Unit 9. 정답

STEP 01. 어순 연습

1. The professor recommended that Mark consider more sources before submitting his thesis.

2. The miners insisted that additional safety tests be done before they returned to work.

STEP 03. 표현 영작

1. request that she apologize

2. suggests that I cancel

3. recommends that we call

4. advised that we install

STEP 04. 문장 영작

1. We strongly recommend that you tie your shoelaces securely before running a race.

2. It's essential that we study before an exam.

3. It's going to rain today, so I suggest that you carry an umbrella.

4. I advise that you take a taxi to make it to your appointment on time.

5. The landlord demanded that they pay their rent or move out.

STEP 05. 소셜 미디어와 메신저

- It's essential that you learn how to frame your pictures appropriately.

- I recommend you practice with the filters to understand how they change the mood.

Unit 10. 정답

STEP 01. 어순 연습

1. Gladwell says it takes 10,000 hours to master a skill.

2. It will take about six weeks to complete the office renovations.

STEP 03. 표현 영작

1. takes the contractor a week to build

2. it takes years to become

3. It usually takes me an hour

4. It takes a long time to process

STEP 04. 문장 영작

1. It takes a lifetime of practice for a chef to master the art of cooking.

2. It can be fun to spend your free time building models.

3. The doctor said it would take about two months for the break to heal completely.

4. It takes about six months to complete the quality assurance testing.

5. We waste thousands of dollars on health care system every year.

STEP 05. 소셜 미디어와 메신저

- It took me three hours to complete the third problem set

- I spent my whole Saturday on it.

Unit 11. 정답

STEP 01. 어순 연습

1. It is the way that I have always done it.
2. It was much later that I realized he was interested in me.

STEP 03. 표현 영작

1. It was marketing that
2. it is the package that
3. It is only wine that
4. It was Tabitha's idea that

STEP 04. 문장 영작

1. It was Amanda that brewed the coffee this morning.
2. It was much later that we remembered we were to pick up our niece from daycare.
3. It was with great regret that we turned down the offer on our house.
4. It is her transcripts that are required to send by the end of the week.
5. What she needs to do is to start minding her own business.

STEP 05. 소셜 미디어와 메신저

- What I need is to complete the real estate section by end of day.
- It was the real estate section that was giving me the most difficulty.

Unit 12. 정답

STEP 01. 어순 연습

1. It isn't clear from these instructions when to add this part.
2. I don't know how to organize these spreadsheets for the report.

STEP 03. 표현 영작

1. how to generate
2. when to take
3. who to replace
4. where to have

STEP 04. 문장 영작

1. The navigation app isn't sure where to find a coffee shop nearby.
2. The policy meeting will be about which companies to consider for suppliers.
3. Our HR director informed us about when to apply for our vacation.
4. I'm not sure who to call to get an appointment.
5. Can you please tell me by when to submit my application?

STEP 05. 소셜 미디어와 메신저

- Now I know when to use the function.
- I'm still not sure whether to use a comma or not in the last formula.

Unit 13. 정답

STEP 01. 어순 연습

1. Did you forget to send me the email last week?
2. Marshall remembered coming into the house, but not where he put his keys.

STEP 03. 표현 영작

1. forgot to tell
2. regret accepting
3. forget performing
4. remember seeing

STEP 04. 문장 영작

1. I regret deciding to come on this trip.
2. She forgot to send the return package back on time.
3. Paul remembered to water the plants before he went on vacation.
4. Joon tried to remember why he had come into the kitchen.
5. Travon regretted moving to Denver for work.

STEP 05. 소셜 미디어와 메신저

- I remember learning this in high school, but I forgot.
- I regret not watching it sooner.

Unit 14. 정답

STEP 01. 어순 연습

1. Does anyone feel like going clubbing tonight with me?
2. Jerry has difficulty working with the new machine.

STEP 03. 표현 영작

1. feel like going out
2. was busy seeing
3. having difficulty comparing
4. have been busy putting

STEP 04. 문장 영작

1. I'm getting used to drinking tea in London.
2. We've had difficulty finding an authorized testing center.
3. I feel like stopping for some coffee.
4. Mark's been busy training his replacement.
5. It was hard getting up at 5am, but I got used to it quickly.

STEP 05. 소셜 미디어와 메신저

- I've been having difficulty getting to the gym regularly.
- You'll get used to it.

Unit 15. 정답

STEP 01. 어순 연습

1. I can't help thinking you've been ignoring me.
2. She couldn't help but feel disappointed when her application failed.

STEP 03. 표현 영작

1. can't help but think / can't help thinking
2. can't help thinking / can't help but think
3. can't help but pet / can't help petting
4. can't help feeling / can't help but feel

STEP 04. 문장 영작

1. Darnell couldn't help buying extras at that price.
2. The movie was so scary I had no choice but to leave.
3. She couldn't help singing along when her favorite song came on.
4. I couldn't help but ask for help after failing for an hour.
5. The mayor had no choice but to declare an emergency.

STEP 05. 소셜 미디어와 메신저

- I can't help missing it.
- Sounds like you really have no choice but to go.

Unit 16. 정답

STEP 01. 어순 연습

1. This is the most delicious ice cream I've ever eaten.
2. It was easily one of the most useful workshops I've ever attended.

STEP 03. 표현 영작

1. the most annoying machine
2. the nicest place
3. the worst headache
4. one of the best

STEP 04. 문장 영작

1. This dress is one of the most popular items this season.
2. This is the worst vacation I've ever taken.
3. The coffee here is better than the shop next door.
4. He's one of the laziest managers in the company.
5. Autumn is the most beautiful time of the year.

STEP 05. 소셜 미디어와 메신저

- This is one of the best photos you've ever taken.
- I heard this hotel is more expensive than the others on the beach.

Unit 17. 정답

STEP 01. 어순 연습

1. The company training our staff was recommended by a colleague.
2. The food delivered at noon is for conference attendees only.

STEP 03. 표현 영작

1. The app showing my calendar
2. The report returned yesterday
3. The rain falling outside
4. the notice advertising positions

STEP 04. 문장 영작

1. A bagel spread with cream cheese is my favorite breakfast.
2. My mom is next to the lady wearing the blue hat.
3. Names starting with M line up here, please.
4. A meal made with love is as delicious as any restaurant.
5. We live in an apartment overlooking the lake.

STEP 05. 소셜 미디어와 메신저

- A festival featuring female artists is exactly my kind of event.
- You can get meet and greet tickets for some of the artists listed on the playbill.

Unit 18. 정답

STEP 01. 어순 연습

1. I'm looking for someone who can love me for who I am.
2. That dog is the one which bit me yesterday.

STEP 03. 표현 영작

1. the person who / that manages
2. the store that / which sells
3. anyone who / that repairs
4. the bus which / that takes

STEP 04. 문장 영작

1. The person that/who spreads rumors to you probably spreads rumors about you.
2. She is the woman who teaches math at the university.
3. It's the book which/that influenced me to become a writer.
4. My manager, who recommended me for promotion, is leaving for another company.
5. He is the nurse who cared for me after my surgery.

STEP 05. 소셜 미디어와 메신저

- Who was the man that helped you yesterday?
- Is he the one who studies law at Georgetown?

Unit 19. 정답

STEP 01. 어순 연습

1. The bicycle which I had rented on the weekend has a flat tire.
2. Ned has the album that I was looking to buy.

STEP 03. 표현 영작

1. The report which I received
2. The service center which I visited
3. The email that I have been avoiding
4. The author who I interviewed

STEP 04. 문장 영작

1. The woman whom I am engaged to will visit next week.
2. The book which I have been waiting to read is released tomorrow.
3. Monique is the woman that you need to speak with.
4. The movie that I wanted to see is already gone from the cinema.

5. Jasmine is the manager whom my team reports to.

STEP 05. 소셜 미디어와 메신저

- The artist who I like best right now is Lizzo.
- The person that I have been following is Chika.

Unit 20. 정답

STEP 01. 어순 연습

1. I want to know the name of the person whose belongings were left in my office.
2. The broadcaster, whose flagship news show was canceled, is laying off employees.

STEP 03. 표현 영작

1. The hospitals whose generators
2. a small company whose employees
3. The animals, whose owners
4. The students, whose dorm rooms

STEP 04. 문장 영작

1. He's decided to go and teach abroad, which will be an interesting experience for him.
2. I can't find the man whose suitcase I took by mistake.
3. Amanda, whose husband died last year, has now lost her job.
4. Our parents, whose retirement starts in a year, are planning to spend some time traveling.
5. My twin sisters whose birthday is on Sunday are hosting a picnic to celebrate.

STEP 05. 소셜 미디어와 메신저

- The model for this photo whose hair is short has the same earrings as I do!
- The picture looks photoshopped, which is hardly shocking.

Unit 21. 정답

STEP 01. 어순 연습

1. It's not that she looked tired but that she looked annoyed.

2. The movie is not supposed to scare but entertain you.

STEP 03. 표현 영작

1. not the travel but the time

2. not that I don't like it, but that

3. not my work but my manager

4. not that I don't care about other people, but that

STEP 04. 문장 영작

1. She's not American but Canadian.

2. It's not that I don't want to go but that I'm sick.

3. She's not missing class because she' lazy but because her father is in the hospital.

4. My room's not too cold but too hot.

5. It's not that you have to go home but that you can't stay here.

STEP 05. 소셜 미디어와 메신저

- It's not that I don't want to go, but that I have other things to do instead.

- Something that's not outside but indoors.

Unit 22. 정답

STEP 01. 어순 연습

1. While I was mending a broken window, I cut my finger.

2. We haven't spoken with them since we met them at the conference.

STEP 03. 표현 영작

1. before you send it off

2. after we leave work

3. While I'm in this meeting

4. since the last upgrade was installed

STEP 04. 문장 영작

1. These parts need to be assembled before the product ships.

2. The team's been playing terribly after they lost recently.

3. Can you please hold my bag while I'm in the bathroom?

4. I haven't been able to sleep since I started this new medication.

5. Come see me again if you're not feeling better by Tuesday.

STEP 05. 소셜 미디어와 메신저

- What have you been up to since we last chatted?

- Now I have to find a job before I need to start paying back my student loans!

Unit 23. 정답

STEP 01. 어순 연습

1. The first time I went to California, I learned how to surf.

2. The next time I need someone to help, I'll be sure to give you a call.

STEP 03. 표현 영작

1. The next time you see

2. the last time you saw

3. The next time you visit

4. the first time you met

STEP 04. 문장 영작

1. I didn't know how to dance the first time I went to a club.
2. The last time I rode a horse, I was able to make her walk.
3. Every time I sit down to read, someone calls me.
4. I think I'll ask James to join us the next time he comes to New York.
5. The first time I got promoted to a management position, I needed supervisor training.

STEP 05. 소셜 미디어와 메신저

- I get the chocolate cake every time I visit.
- I'll get that the next time I go.

Unit 24. 정답

STEP 01. 어순 연습

1. Even though the weather is good, I think I just want to stay home.
2. Although DaVon saw a doctor already, he wants to get a second opinion.

STEP 03. 표현 영작

1. Although it's supposed to rain
2. Even though I had
3. Although this project is
4. Even though this dress is

* Although와 Even though를 바꿔 쓸 수 있음

STEP 04. 문장 영작

1. Although I was late for the movie, I only missed the previews.
2. In spite of it being late, I still want to go for a drive.
3. Although she is a millionaire, she drives a second-hand car.

4. Even though it hurts my stomach, I love eating spicy food.
5. I think I should go to work today, even though it's Saturday.

* Although와 Even though를 바꿔 쓸 수 있음

STEP 05. 소셜 미디어와 메신저

- Even though you're by yourself, you look like you're having a great time!
- In spite of being broke, I am putting this on my travel list!

Unit 25. 정답

STEP 01. 어순 연습

1. I'm either going to take the bus or ride my bicycle to work.
2. She both writes and performs her own songs.

STEP 03. 표현 영작

1. Either Korean or Thai food
2. Neither marketing nor accounting
3. Neither Janet nor Darnell
4. both designs and manufactures

STEP 04. 문장 영작

1. Either Jared or Fatima will be on your team.
2. Both humans and animals will suffer the impacts of climate change.
3. You can choose either chicken or fish for your meal.
4. It's not only safer but (also) saves money, too.
5. Neither the current nor the previous government addressed the issue.

STEP 05. 소셜 미디어와 메신저

- Both Guam and the Philippines are good choices this time of year.
- Either Guam or the Philippines sounds like a good choice to me.

Unit 26. 정답

STEP 01. 어순 연습

1. As soon as the pizza comes, I'll call the kids in for dinner.
2. Once the product is launched, we'll throw a small celebration party.

STEP 03. 표현 영작

1. as soon as it started
2. Once classes are
3. as soon as you get
4. Once this project is wrapped up

STEP 04. 문장 영작

1. Call me as soon as the show is over.
2. Once the exam has started, you will not be permitted to enter.
3. I will let you know as soon as I have an answer.
4. The party ended the moment I left.
5. Once I leave the room, you'll hear the x-ray machine start.

STEP 05. 소셜 미디어와 메신저

- I want to know the results as soon as they are available.
- I'll be sure to call you the moment I know.

Unit 27. 정답

STEP 01. 어순 연습

1. The mood around the office feels as if there is a round of layoffs coming.
2. He talks to her as though she didn't have a PhD in the subject.

STEP 03. 표현 영작

1. as if you're worried
2. as if I were
3. as though I were
4. as though you want

*1~4번: as if나 as though 둘 다 가능함

STEP 04. 문장 영작

1. She's dressed as if it were going to snow today.
2. It looks as if we're going to be late.
3. My cat talks to me as though I can understand her.
4. Sometimes it feels as though I were the only sane person in my office.
5. You sound like you're against the decision.

*1~4번: as if나 as though 둘 다 쓸 수 있음

STEP 05. 소셜 미디어와 메신저

- You're talking like you're not very happy with how things are going.
- You sound as if you're going to explode anytime.
  (as though도 쓸 수 있음)

Unit 28. 정답

STEP 01. 어순 연습

1. This is the place where my boyfriend and I first met.

2. She doesn't seem to understand the reason why I keep calling.

STEP 03. 표현 영작

1. the day when
2. the time when a celebrity showed up
3. the reason why you're quitting
4. the place where Greta Thunberg held

STEP 04. 문장 영작

1. The best day of my life was the day when my daughter was born.
2. I don't know the reason why you can't go with me.
3. This is the way you tie your shoes.
4. This is the place where I first met your grandmother.
5. I clearly remember the day when I became vegetarian.

STEP 05. 소셜 미디어와 메신저

• I love the way you mixed patterns in this outfit.
• Content like this is the reason why I'm following you.

Unit 29. 정답

STEP 01. 어순 연습

1. No matter who wins, playing your best is the most important thing.
2. No matter which company gets to market first, the patent owner will reap the benefits.

STEP 03. 표현 영작

1. No matter what time it is
2. No matter where you're
3. No matter which case you buy
4. No matter how long it takes.

STEP 04. 문장 영작

1. You are both responsible, no matter who started it.
2. No matter how long it takes, we will never stop fighting.
3. Whoever wins the competitions will take home a cash prize.
4. No matter what the outcome is, it's been a good game.
5. No matter when you get home, please call me.

STEP 05. 소셜 미디어와 메신저

• No matter which one you decide to buy, I hope you're happy with the choice you made.
• No matter what the cost, you should get the one on the right.

Unit 30. 정답

STEP 01. 어순 연습

1. If I have enough time, I will exercise after work.
2. If I had more experience, I would apply for the position.

STEP 03. 표현 영작

1. If I had / I would visit
2. If you have / let me know
3. if I had / would have signed up
4. If I get off / I will absolutely go

STEP 04. 문장 영작

1. If Marcel had seen the advertisement, he would have applied for the position.
2. If I have a choice, I'd like to get sushi.
3. Sharon would have been a better actress if she had had a teacher.

4. If Jessica had known the fair was today, she would have tried to come.

5. If we stop using fossil fuels, we might be able to save humanity.

STEP 05. 소셜 미디어와 메신저

• If I had had the time off, I would have joined you.

• The schedule comes out tomorrow. If I'm not working, I'll be there!

Unit 1. 정답

STEP 01. 어순 연습

1. Give my regards to Michelle at the conference next weekend.

2. Say hello to your grandmother.

STEP 03. 표현 영작

1. say hello to

2. give my regards to

3. say hi to your wife for me

4. give him my regards

STEP 04. 문장 영작

1. When you get to the conference center, please say hi to Jacqueline for me.

2. Please tell the team I say hello and I miss working together.

3. Give my best to your mom when you're home next.

4. If you run into Hank, please say hello to him for me.

5. Please give my regards to your parents.

STEP 05. 소셜 미디어와 메신저

• Tell her I say hi!

• Say hi to your mom for me.

Unit 2. 정답

STEP 01. 어순 연습

1. Please congratulate Jeremy on his graduation.

2. We complimented Thomas on his excellent performance.

STEP 03. 표현 영작

1. compliment you on that new suit
2. congratulate you on getting
3. complimenting you on your handling
4. congratulate you on earning

STEP 04. 문장 영작

1. It is wise to compliment someone on succeeding publicly but to criticize in private.
2. I want to congratulate Martin on his appointment to the Board of Directors.
3. I can't speak highly enough of Michelle. She's one of my best employees.
4. Allow me to compliment you on your choice of wallpapers for this apartment.
5. The team was invited to the White House to congratulate them for / on winning the Superbowl.

STEP 05. 소셜 미디어와 메신저

- Please congratulate him for / on winning that award!
- Everyone speaks very highly of him.

Unit 3. 정답

STEP 01. 어순 연습

1. Thanks for driving me all the way home.
2. I'd appreciate it if you could let me know when Michael calls.

STEP 03. 표현 영작

1. Thanks for letting
2. I would appreciate it if you would do
3. Thanks for coming
4. I would appreciate it if you would turn

STEP 04. 문장 영작

1. I am grateful for the opportunity to present our organization to you today.
2. Thank you for your attention this afternoon. Are there any questions?
3. I would appreciate it if you would sign our guestbook before leaving.
4. We would like to thank you for your contributions to this worthy cause.
5. I would appreciate it if he could call me back after his meeting.

STEP 05. 소셜 미디어와 메신저

- Thank you for giving me a ride to work this morning.
- I'd appreciate it if you could give me a ride home tonight too.

Unit 4. 정답

STEP 01. 어순 연습

1. I would like to apologize to you for missing your birthday.
2. He says he's sorry he wasn't able to come today.

STEP 03. 표현 영작

1. am sorry I didn't finish
2. apologize to Fatima for speaking
3. am sorry I kept
4. apologized to Ned for standing

STEP 04. 문장 영작

1. I want to apologize to you for not replying to your message.
2. I think you owe her an apology for ruining her jacket.
3. James is sorry he won't be able to attend the party.

4. She needs to apologize to you for talking about you behind your back.

5. I'm sorry I was late for the meeting this morning.

STEP 05. 소셜 미디어와 메신저

- He owes her an apology for endangering her life!
- He absolutely needs to apologize to her for being so reckless.

Unit 5. 정답

STEP 01. 어순 연습

1. I hope to see you at the meeting this afternoon.
2. Mark wishes he knew how to play an instrument.

STEP 03. 표현 영작

1. hope to see
2. wish I could finish
3. hope to be able to
4. wish I were

STEP 04. 문장 영작

1. I hope to run into you at next year's conference, too.
2. Frida wishes she felt well enough to join us.
3. She hopes that her entry will make the final round of competition.
4. We are all looking forward to the next holiday.
5. Tamara wishes she didn't have to work late.

STEP 05. 소셜 미디어와 메신저

- I wish I were with you!
- I hope to be able to visit someday as well.

Unit 6. 정답

STEP 01. 어순 연습

1. I've made the decision to apply to graduate school.
2. Let me know when you make up your mind to come or not.

STEP 03. 표현 영작

1. make up your mind to stay
2. made the decision to propose
3. made the decision to apply for
4. make up your mind to do

STEP 04. 문장 영작

1. Susan has made up her mind to finish the project before she goes home today.
2. Elliott has made the decision to start working out twice a week.
3. Chinonso has not decided when to release their latest album.
4. Helen has made up her mind to run a marathon in the next year.
5. Logan made the decision to break the rules, but it was a big mistake.

STEP 05. 소셜 미디어와 메신저

- I haven't decided where to go yet.
- I've made the decision to go on a vacation somewhere warm.

Unit 7. 정답

STEP 01. 어순 연습

1. Suddenly, I realized that I was not alone in the room.
2. It occurs to me that we are unlikely to meet our target this quarter.

STEP 04. 문장 영작

1. realized that she had emailed

2. It occurred to Sahar that we should invite

3. realize before that you were

4. It occurred to me that you might be

STEP 04. 문장 영작

1. Janis realized that she had not turned off the oven.

2. It occurred to Richard that he had not submitted his application.

3. Blair noticed how the lights twinkled in Kelly's eyes.

4. Riley realized that it wasn't going to be as easy as she expected.

5. It occurred to me that we need to pick up some groceries for the weekend.

STEP 05. 소셜 미디어와 메신저

- It occurrs to me that we haven't taken the dog to the vet this month.

- I didn't notice that we missed the appointment last week.

Unit 8. 정답

STEP 01. 어순 연습

1. I am planning to apply for a position at another company.

2. Jenny said she is going to the opera on Sunday afternoon.

STEP 03. 표현 영작

1. I'm planning to run

2. I'm planning to finish

3. are going to win

4. you're going to take

STEP 04. 문장 영작

1. Pat is planning to apply for the senior management opening.

2. She's going to take some time before buying a new car.

3. Chad is thinking of recording an album of his latest tracks.

4. I'm planning to work with Tracy on the next project.

5. The results of the election are going to be published online later today.

STEP 05. 소셜 미디어와 메신저

- Are you planning to go back again next year?

- I'm thinking of just having friends over next year.

Unit 9. 정답

STEP 01. 어순 연습

1. Let us know if anything changes with your housing situation.

2. Please notify me of any changes in his condition.

STEP 03. 표현 영작

1. let you know

2. notify us of

3. notify you of

4. let me know

STEP 04. 문장 영작

1. Chandra says she'll let you know if we need anything else.

2. Please notify Nasim of any changes or updates to the schedule.

3. Bo asks that you keep her posted with updates about the new website.

4. If you get another shipment of these shoes, could you please let me know?

5. Manjeet said I should let you know if there were any problems.

STEP 05. 소셜 미디어와 메신저

• Please post again and let us know when they'll be for sale.

• Please keep us posted on when they'll be available.

Unit 10. 정답

STEP 01. 어순 연습

1. It is prohibited to take anything from a national park.

2. You aren't allowed to take pictures in some museums.

STEP 03. 표현 영작

1. aren't allowed to return

2. is prohibited to take

3. is prohibited to camp

4. aren't allowed to park

STEP 04. 문장 영작

1. It is prohibited to bring outside food into the movie theater.

2. You aren't allowed to drive on the sidewalk.

3. You aren't permitted to use the facilities without a membership.

4. In baseball, it is forbidden to run to the bases out of order.

5. In soccer, you aren't permitted to touch the ball with your hands or arms.

STEP 05. 소셜 미디어와 메신저

• Why aren't you allowed to use your own golf clubs?

• And it's forbidden to bring a guest?

Unit 11. 정답

STEP 01. 어순 연습

1. Claude agrees with increasing revenue through additional advertising.

2. I am in favor of aggressive action to fix the climate crisis.

STEP 03. 표현 영작

1. Shelley agreed to bring

2. I'm in favor of the move

3. I agree with Daniel's suggestion

4. I'm in favor of setting up

STEP 04. 문장 영작

1. Arden completely agrees with the suggestion to move to a new supplier.

2. I am in favor of starting schools later for teenagers.

3. Jung agreed to meet us there at 9pm tomorrow.

4. Harlow is in favor of getting some new flowers for the garden.

5. Chibuzo partly agrees with Joyce's opinion.

STEP 05. 소셜 미디어와 메신저

• I'm in favor of it.

• I partly agree that it's a good idea for us.

Unit 12. 정답

STEP 01. 어순 연습

1. I am against animal testing. I find it cruel.

2. Xavi is opposed to the merger with our competition.

STEP 03. 표현 영작

1. I'm against eating
2. I am opposed to it
3. I'm against it.
4. I am opposed to the charity

STEP 04. 문장 영작

1. Maria said she was against spending more time on the project.
2. Yafe is opposed to increasing the department budget for the coming year.
3. I heard Lisa was opposed to wearing fur.
4. Jayden doesn't think it's right to end negotiations before the deadline.
5. Bo is against moving production to a lower-cost nation.

STEP 05. 소셜 미디어와 메신저

• I don't think it's right to make fun of other cultures.
• Wouldn't you be opposed to people doing this to your culture?

Unit 13. 정답

STEP 01. 어순 연습

1. Carson is different from Jerry in that he isn't certified yet, so that matters.
2. This president is the same as the last one. Neither is interested in poor people.

STEP 03. 표현 영작

1. Theater is different from film
2. Acme is the same as Supreme.
3. is duck different from chicken
4. Rugby is the same as football

STEP 04. 문장 영작

1. Evening is different from morning in that the light is much warmer.
2. Your password is the same as your username.
3. The difference between my new apartment and my old one is their size.
4. Whole wheat flour is different from white in that it contains more fiber.
5. This project has the same requirements as the last one.

STEP 05. 소셜 미디어와 메신저

• The difference between the old and new car is that the new is much sportier.
• The new one is the same as the old one.

Unit 14. 정답

STEP 01. 어순 연습

1. Some people are early risers, while others like to sleep in.
2. Chan is really good with numbers. However, he's not so good with words.

STEP 03. 표현 영작

1. while you can take on
2. However, I'm
3. while Duha is bringing
4. However, I think

STEP 04. 문장 영작

1. Sales of SUVs have dropped, while sales of electric sedans have increased this year.
2. Many people think of Asian food as spicy. However, the pepper originates in the Americas.
3. Korean grammar is complex. On the other hand, its script is simple to learn.

4. White fat can lead to health issues, while brown fat is beneficial to health.

5. Durian has a delicious custard-like texture. However, its smell is terrible.

STEP 05. 소셜 미디어와 메신저

- However, you really need to try the pies at Alexandria's.
- Sauce is important to some people, while it's all about the crust for me.

Unit 15. 정답

STEP 01. 어순 연습

1. People can be divided into two groups: early birds and night owls.

2. There are two kinds of people: those willing to work, and those willing to let them.

STEP 03. 표현 영작

1. There are two kinds of flooring
2. There are two kinds of dessert
3. can be divided into
4. can be divided into

STEP 04. 문장 영작

1. Dogs can be divided into dozens of different breeds.

2. The designs can be divided into several styles.

3. There are two kinds of feedback: negative and positive.

4. These books should be categorized as fiction.

5. There are two kinds of fruit in this package.

STEP 05. 소셜 미디어와 메신저

- There are two kinds of people: those you can trust and everyone else.

- I'm not sure people can be divided into two simple groups like that.

Unit 16. 정답

STEP 01. 어순 연습

1. It is okay to take a day off if you're feeling sick.

2. It is possible to send this package via regular or express mail.

STEP 03. 표현 영작

1. It's possible to do
2. It's okay to work
3. It's possible to get
4. It's okay to spend

STEP 04. 문장 영작

1. It is okay to have a different opinion.

2. Everyone is allowed to choose their own seat in the cafeteria.

3. It is okay to arrive a few minutes late.

4. It is possible to get there on public transportation.

5. In my culture, people are allowed to choose who they will marry.

STEP 05. 소셜 미디어와 메신저

- It is not okay to be promoting this kind of unhealthy lifestyle to people.
- Are you allowed to lie in advertising like this?

Unit 17. 정답

STEP 01. 어순 연습

1. I'm sure that it is going to rain tomorrow.

2. I'm convinced that the intern is going to quit by the end of the week.

STEP 03. 표현 영작

1. is convinced that the world is
2. is sure that the CEO will be
3. I'm sure that this is
4. is convinced that the tumor isn't

STEP 04. 문장 영작

1. Adil is sure that we don't have enough money to last the month.
2. The roofer is convinced that we've got ten years left in our current roof.
3. Joshua is confident that these are a species of rose.
4. The meteorologist is positive that this tropical storm is going to strengthen.
5. Hazel is confident that exercise and eating well will have a positive impact.

STEP 05. 소셜 미디어와 메신저

- I'm convinced that if my kid went to bed earlier he'd feel a lot better.
- I'm confident that half their stress is from spending time on social media.

Unit 18. 정답

STEP 01. 어순 연습

1. Personally, I think that mint chocolate chip is the superior ice cream flavor.
2. The way I see it is that what doesn't affect me, it doesn't concern me.

STEP 03. 표현 영작

1. Personally, I think that it's
2. The way I see it is that I don't set
3. Personally, I don't think that it's
4. The way I see it is that I'm not paid

STEP 04. 문장 영작

1. Personally, I think the antique dealer in Springfield has the fairest prices.
2. The way Richard sees it is that fashion is a waste of time.
3. As far as Shirin is concerned, reporters have an important role in any democracy.
4. Personally, I think that lost civilizations are a fascinating topic.
5. The way that Theodore sees it is that space exploration is a growing industry.

STEP 05. 소셜 미디어와 메신저

- Personally, I think I will have to pass for financial reasons.
- As far as we are concerned, it would need to be a shoestring budget.

Unit 19. 정답

STEP 01. 어순 연습

1. Why doesn't Bella adopt an animal from a shelter?
2. I suggest that you take some time off work to get well.

STEP 03. 표현 영작

1. I suggest we work
2. Why don't we pick up
3. Stein suggested that we call
4. Why doesn't Mari work out

STEP 04. 문장 영작

1. Viola suggests that her husband spend more time taking care of their son.
2. It may be a good idea for Fu to get a part-time job.
3. Why don't we ask Senka to babysit on Friday night?

4. Jay suggested that we hire a lawyer to draw up the sale contract.

5. Why don't we call an insurance consultant for a quote?

STEP 05. 소셜 미디어와 메신저

- Why don't we stop using oil?
- It may be a good idea if we switch to renewable energy ASAP.

Unit 20. 정답

STEP 01. 어순 연습

1. I think you should call them back tomorrow.
2. If I were you, I would apply for the job anyway.

STEP 03. 표현 영작

1. Nora thinks I should see
2. Kuzman thinks you should try
3. If I were you, I would rent
4. If I were you, I would put

STEP 04. 문장 영작

1. I think you should check out the latest exhibit at the National Gallery.
2. If I were you, I would make sure to visit the Public Gardens.
3. You ought to express your disappointment to customer service.
4. I think you should send the report by email not by courier.
5. If I were you, I would see if you can get a refund.

STEP 05. 소셜 미디어와 메신저

- If I were you, I would start meal prepping to save money.
- You ought to eat at the cafeteria instead.

Unit 21. 정답

STEP 01. 어순 연습

1. Shri is in charge of our programming team.
2. Claire is responsible for customer relations.

STEP 03. 표현 영작

1. IT is responsible for
2. Amina is in charge of
3. Am I responsible for
4. Who is in charge of

STEP 04. 문장 영작

1. I wish people would be responsible for cleaning up after themselves in the break room.
2. Michael is in charge of keeping the beehives healthy.
3. It's the broadcaster's job to verify the content of advertising on their channels.
4. This position is responsible for development and testing of new medical devices.
5. The police officer is in charge of investigating criminal activity in the district.

STEP 05. 소셜 미디어와 메신저

- I wish people would be responsible for their own messes instead of just leaving.
- I think because it's someone's job to clean up they think they don't have to.

Unit 22. 정답

STEP 01. 어순 연습

1. I like skiing better than snowboarding.
2. I prefer Greek cuisine to Italian.

STEP 03. 표현 영작

1. prefers to hand wash / than to use
2. like having / better than getting
3. prefer to go out
4. like my bike better than the bus

STEP 04. 문장 영작

1. Karina prefers working with a private tutor to attending group classes.
2. Luna likes using a ride sharing app better than calling for a taxi.
3. Grace would rather buy bread from a bakery than the grocery store.
4. Joseph likes gelato better than ice cream.
5. Carter would rather stay home and read a book than go to a club.

STEP 05. 소셜 미디어와 메신저

• I prefer your reviews to your other videos.
• I would rather you went back to your old style than watch more reviews.

Unit 23. 정답

STEP 01. 어순 연습

1. Can we meet at 4 pm tomorrow for coffee?
2. Are you available at 10:30 on Tuesday for an interview?

STEP 03. 표현 영작

1. Can we meet on Wednesday next week
2. Is Vanda available / next week
3. Are you available at 9:45
4. Can Zoey meet us at 5 pm

STEP 04. 문장 영작

1. Are you available at 6pm next Thursday?
2. Can we meet at 10am this Friday?
3. Are you available to feed my rabbits on the weekend?
4. Does next week work for Sharon?
5. Can the psychiatrist meet us at 11 am on Monday?

STEP 05. 소셜 미디어와 메신저

• Are you available to see a movie on Saturday?
• Does next weekend work for you?

Unit 24. 정답

STEP 01. 어순 연습

1. I worked full time at the grocery store in order to afford tuition.
2. Sammie organized his friends so that they could plan a surprise party.

STEP 03. 표현 영작

1. in order to find
2. in order to make
3. so that you could pursue
4. so that I could raise

STEP 04. 문장 영작

1. You must confirm within two business days so that we can guarantee your booking.
2. Please fill out this form in order to register for the class.
3. The technician has arrived so as to repair the washing machine.
4. The programmers must work long hours so that they can complete their work on time.
5. You must qualify in order to be approved for a mortgage.

STEP 05. 소셜 미디어와 메신저

- I can't believe you went all the way to Spain in order to eat paella.
- I think she also went there so that she could walk the Camino de Santiago.

Unit 25. 정답

STEP 01. 어순 연습

1. I'm unable to attend tomorrow's meeting because a client is visiting.
2. The reason Nadiya is absent is that she's caught the flu.

STEP 03. 표현 영작

1. because she's gotten
2. is the reason we are changing
3. because a storm is predicted
4. The reason they are removing names is

STEP 04. 문장 영작

1. More geriatric specialists will be required because our population is aging.
2. The reason she is listening to music is that it helps her to focus.
3. Now that I've travelled to Africa, I realize I had a narrow opinion of it.
4. The government is reducing taxes because the economy is shrinking.
5. Now that I've lost weight, I feel much healthier.

STEP 05. 소셜 미디어와 메신저

- Because of fools like this, our country is becoming an international joke.
- Now that we've had an election we know how many idiots live here.

Unit 26. 정답

STEP 01. 어순 연습

1. I'm afraid there is a problem with the promotional materials for the conference.
2. I'd like to complain about the meal-it arrived to our table cold.

STEP 03. 표현 영작

1. I'm afraid there is a problem with the order
2. I'd like to complain about the temperature
3. I'm afraid there is a problem with the production schedule.
4. I'd like to complain about the detailing

STEP 04. 문장 영작

1. I'd like to complain about the speed of the wifi in this cafe.
2. I'm afraid there is a problem with the registration page on your website.
3. When you are dissatisfied with a service, it is important to make a complaint.
4. I'd like to complain about the bus driver speeding on the highway.
5. I'm afraid there is a problem with your credit card.

STEP 05. 소셜 미디어와 메신저

- I'm afraid there's a problem with the document your company sent over.
- I will pass on your concerns and make a complaint to the responsible department.

Unit 27. 정답

STEP 01. 어순 연습

1. What I mean is I don't think those two patterns go very well together.
2. All I'm saying is we should call the supplier and find out what's going on.

STEP 03. 표현 영작

1. What I mean is it takes
2. All I am saying is you don't seem
3. What I mean is we will probably experience
4. All I am saying is we need

STEP 04. 문장 영작

1. What I mean is we don't have any other choice available.
2. All I am saying is we don't have enough funding to hire that speaker for the conference.
3. What I'm getting at is that nobody knows how it's going to turn out.
4. What I mean is sometimes the right decision is the hard one.
5. All I am saying is that we won't know unless we try.

STEP 05. 소셜 미디어와 메신저

- What are you getting at with this video?
- what she means is that life is utterly meaningless.

Unit 28. 정답

STEP 01. 어순 연습

1. The turkey was so delicious that there weren't any leftovers.
2. It was such a close match that they went into triple overtime.

STEP 03. 표현 영작

1. so suddenly that I didn't have
2. so kind that she thought
3. such a thoughtful person that he drove
4. so late that we had to contact

STEP 04. 문장 영작

1. Thomas is so generous that he bought lunch for everyone on Friday.
2. It was such a beautiful concert that Max cried.
3. Thanks to our partnership with Timberwolf Enterprises, our costs have reduced ten percent.
4. It is such an expensive violin that I take special care of it.
5. Life has become a lot more convenient thanks to new technologies.

STEP 05. 소셜 미디어와 메신저

- This photo is so unbelievable that I have to go see this place for myself.
- Thanks to you, I have a new item on my bucket list!

Unit 29. 정답

STEP 01. 어순 연습

1. These dishes are to be used only if we have company over.
2. In case of emergency, the nearest exit is at the rear of the room.

STEP 03. 표현 영작

1. In case of power loss
2. Only if it does
3. in case of burning
4. Only if it doesn't work

STEP 04. 문장 영작

1. In case of a loss of cabin pressure, oxygen masks will drop from the panel above you.
2. Please use this machine only if you've been trained to use it correctly.
3. In case there is still snow on the ground, use winter tires on your car.
4. Please order more only if what we have sells out completely.
5. As long as there is food in the fridge, you're welcome to eat it.

STEP 05. 소셜 미디어와 메신저

- In case of the zombie apocalypse, I'm going to your place.
- As long as you bring your own food!

Unit 30. 정답

STEP 01. 어순 연습

1. All matter consists of atoms, which are invisible to the naked eye.
2. Topics for this course include Early, Middle and Renaissance history.

STEP 03. 표현 영작

1. The board consists of
2. the list includes
3. The diet consists mostly of
4. it include

STEP 04. 문장 영작

1. The options for this winter gear consist of basic, sport, and luxury packages.
2. Some options include red or blue versions of the dress.
3. Our vehicles range in size from subcompact to full-size trucks.

4. The final product will consist of 100% recycled materials.
5. Our product lineup includes toys for both cats and dogs.

STEP 05. 소셜 미디어와 메신저

- It consists mostly of root vegetables and seasonings.
- The filling options include whatever you've got in the fridge.

MEMO